大学应用文写作新教程（第二版）

吴伟凡　朱　琳　张小乐◎主编

DAXUE YINGYONGWEN XIEZUO
XIN JIAOCHENG

首都经济贸易大学出版社
Capital University of Economics and Business Press
·北　京·

图书在版编目(CIP)数据

大学应用文写作新教程/吴伟凡,朱琳,张小乐主编. --2 版. --北京:首都经济贸易大学出版社,2018.9

ISBN 978 -7 -5638 -2829 -6

Ⅰ.①大… Ⅱ.①吴… ②朱… ③张… Ⅲ.①汉语—应用文—写作—高等学校—教材 Ⅳ.①H152.3

中国版本图书馆 CIP 数据核字(2018)第 185344 号

大学应用文写作新教程(第二版)

吴伟凡 朱琳 张小乐 主编

责任编辑 洪 敏

封面设计 砚祥志远·激光照排 TEL: 010-65976003

出版发行 首都经济贸易大学出版社

地 址 北京市朝阳区红庙(邮编 100026)

电 话 (010)65976483 65065761 65071505(传真)

网 址 http://www.sjmcb.com

E - mail publish@cueb.edu.cn

经 销 全国新华书店

照 排 北京砚祥志远激光照排技术有限公司

印 刷 北京市泰锐印刷有限责任公司

开 本 710 毫米×1000 毫米 1/16

字 数 352 千字

印 张 20.75

版 次 2015 年 6 月第 1 版 **2018 年 9 月第 2 版**

2020 年 1 月总第 4 次印刷

书 号 ISBN 978 -7 -5638 -2829 -6/H·196

定 价 39.00 元

前言

随着新经济时代的到来，社会对创新思维与信息处理能力的渴求使得应用写作教育普遍受到重视，应用文写作课成为各高校和职业教育相关专业普遍开设的一门素质教育和创新能力培养的核心课程之一。由于这门课程不是纯理论课，也不是纯技能课，而是具有综合性和智能性的实用课，所以在思维能力和创新素质培养上的意义越来越明显。通过对这门课程的学习，学生不仅要掌握文体写作的核心理论知识，还应了解社会政治、经济、法律、管理和文化等各方面的相关常识，并进一步得到创新思维能力和写作基本技能的培养与训练，为今后走上工作岗位打下坚实基础。为此，我们编写了这部有鲜明特色的《大学应用文写作新教程》。

本教程从应用文的重要性及特征入手，帮助学生树立新理念、加强学生对应用文的认识。从历史上看，应用文是长期被轻视的文种。1 000 多年前就有人轻蔑地称之为"艺文之末品"，即文章中的下等品，认为它属于"雕虫小技"。这类观点对后世产生了极坏的影响。长期以来，应用文写作被认为是不成系统、没有理论的学科，学术界也未认同其应有的地位。其实，文字产生之初，最主要的用途是实用，即记载重大事件和重要交际、交流活动，其次才是抒发感情。不过，历史上还是出现了像曹丕这样的精英人物认识到应用文章："乃经国之大业、不朽之盛事"，是最首要的"政务"。今天看来，它不仅是和谐社会、和谐发展的工具保证，更是统一国家的改革步伐、推进文化建设、加强经济管理等的重要工具。当今时代的政治和经济生活一天都不能缺少应用文的存在。从特征上说，应用文是所有文章中具有明显规范体式的文类。尤其是行政公文，国家有针对行政公文发布的法规性文件，用来特殊规约行政公文的形式。学生在中学期间对这样的内容是相当陌生的。在高校学习中应强化他们对形式的认识，引导他们认识应用文在形式上的特殊要求，尤其是行政公文在形式上、细节上的要求非常严格。形式上要求越严格的应用文，它的严肃性、权威性越强。这样的认识必须通过一些重要环节上的练习来强化。比如，通过公文发文字号、版记体式等的练习能使学生获得具体而深刻的对应用文形式意义的认识。由于公文版式或文种的行文格式的学习技巧多于能力，学生只有通过反复、强化练习才能学会和掌握，在熟能生巧的练习中能够使学生觉得自己学会了很多过去不了解、不熟悉的技能，从而获得成就感，就此也能激起他们的学习兴趣。

本教程具有特定的写作理念和核心知识系列。高等教育和职业教育的不同，主要体现在前者培养的是高素质的综合型人才，后者则是培养学习知识和掌握某种专一技能的匠才。因此，本教程中不仅包含一般写作理论的讲授，也包含应用写作理论的讲授，这样才能使学生系统地吸收知识，知其然也知其所以然。应用写作课之所以是大学语文类教学系列的基础课程，最重要的理由即由此而来。它是一门有理论系统的课程。它的理论品格不仅建筑在写作学的理论系统上，也建筑在思维学的理论框架中。应用写作学尽管起步较晚，在中国直到20世纪70年代末80年代初才开始进行广泛的研究，但前人已有的丰厚的古代和近代写作理论已为它做了良好的知识积淀。20世纪70年代以来，写作界同仁又经过多年的深入研究，其学科理论体系的框架已基本形成，有了诸如十二论、四大文系、三大文类等系统理论和思维模式规律等的理论建构。这些理论框架和核心知识，尤其是创新思维的规律和方法，构建起写作课程的理论高度和智能特点，它能使学生打破原本比较平面肤浅的写作知识格局，打破轻视写作以及由此带来的自高自满的学习心理与浮躁的吸收心态，为学生重建高品格、全方位的写作理论新框架提供思路。

本教程突出典型文种系列的学习和范文的阐释。由于社会政治、经济和个人生活的丰富多样，目前应用类的文体种类多得惊人。我们的教学受时间限制，不可能也没有必要面面俱到。而抓住与现实密切相关的典型文种进行学习阐释，则可以使学生通过具体事例举一反三、获得真知、提升兴趣。在教学中提纲挈领地讲解各文种的性质特点和写作要点，注意引导学生学会在应用文共性和个性的辩证关系中进行思考，获得真知。不仅强调多种应用文的共性特征，同时，要点提示寓于共性中的文种个性，使学生在纵横比较中掌握思考和认识的方法，从而学到精髓。结合范文讲解文种的特色和写作要点，从抽象到具体，又从具体升华为更高层次的抽象。不讲范文的应用文学习将是空中建阁，中看不中用，无法激发学生对问题具体化的理解和领悟。文种特征和写作要点在范文的对应和精讲中，能启发学生并助力认识。应用文范文的现实性、典范性和一定程度的可读性成为教材内容必须具备的品格。目前很多应用文教材在文种特征和写作要点上长篇大论，范文的数量却相对偏少，而且范文陈旧过时、典范性欠强的情况非常明显，这是不适合学生学习规律的。我们在本教程的编写中，注重典型文种特征和典型文体写作理论的结合，不仅简明精要，让学生能够抓住精华，还通过对范文的学习和训练使学生产生具体的认识和体会，这样才能避免“空对空”，激发学生对未知领域探询的兴趣。而针对典型内容从典型文种形式入手进行的规范练习应是应用文学习的最直接目的,也是学生理论学习、基础写作学习和形式学习的落实点。学生只有在具体文种的学习和练习中,才能够真正体会理论如何指导实践、写作中的基本能力究竟如何表现、如何理解形式和内容的关系等重要问题。同时,通过具体文种的练习,还能使学生深刻体会到一种从未有过的工作心态和社会人的身份,并对自己的工作能力进行自我判断,从而激发学生更深入地理解应用文写作的意义,更认真地学习应用文写作,并把这样的认识和心态一直带到学生以后的学习和工作实践之中,使写作成为他们终生学习、实践和无止境追求的一种工作和生活的重要能力。

本教程特别注重系统能力的训练。应用写作课是研究应用文写作的规律、内容、格式、写法的课程,它不仅是一门知识性和应用性兼备的课,更是一门综合性、实践性很强的应用写作能力培训课。由于既要让学生掌握相应的文体写作知识,又要使学生通过实践掌握相应的写作技能,所以,应用写作课以知识性、经验性和能力性的教育为主,具有更多实用性和可操作性特征。应用写作的创新能力、思维能力、写作能力和办事人际能力等均可以从理论到实际进行系统训练,而其中创新能力的相关练习应是重中之重。创新能力的训练是应用写作课的基础内容,也是高端内容。由于创新思维是依靠社会信息系统进行智能劳动的过程,所以思维训练依靠语言和文章进行是最具体、最有效的思维训练方式。教学中不仅可以进行形象思维和逻辑思维的相关训练,还可以进行整体思维和半整体思维的训练,使学生提高思维品格、认识创新原理。另外,在写作基本能力,包括炼意、组材、布局和遣词的综合训练中也应全面贯彻创新精神、提升大学生写作的智能水准和创意境界。因为,具体到文种学习的阶段,外观版式或格式的学习是容易的,最难提升的是每个个体在最基本的写作能力中透显出的思维、创新和表达素养。一些学生轻视此类核心素养的训练,认为这样的练习支离、空洞,那是因为他们对基本功的理解肤浅,同时教师对他们的创新要求还不够高。其实,当学生进一步深入到文种写作时,最艰难的工作不是对文种一般格式的学习和掌握,而是如何获取材料、提炼主旨,如何用最成熟、稳妥的语言表述他们中学阶段不曾关注过的社会政治、经济和个人生活中的具体事件或要求,通过写文章来实现一些具体愿望、达到一些实际的目标。可以肯定地说,在思维和基础训练阶段成绩出色的学生既是在文种学习中触类旁通的学生,也是最能表达创意的学生。反之,一个只注意具体文种格式学习的学生,最终只能是胶柱鼓瑟,什么文章也写不好。

本教程系首都经济贸易大学文化与传播学院汉语言文学系教师集体编写,由吴伟凡老师整体策划,张小乐、朱琳老师分别对上、下编统稿,参与编写者为蔡建新、顾明、赵建梅、彭利芝、司新丽、汪艳菊、李培涛、赵志清、赵静。本教程不仅紧跟时代培养创新人才和经济人才的需要，也积极适应2012年4月国家最新公文管理办法——《党政机关公文处理工作条例》的需求，在思维与创新、智力与能力、理论与实践、素养与训练的整合上有新关注、新研究，形成新系统和新特点。

本次修订在例文、练习及细节上做了进一步调整，增加了相关附录文件。希望在新时代环境和新社会需求下，本教程能成为高校学生和各界读者学习的好帮手和工作的好助手。

本教程在编写过程中参考了学界的相关论著，在此谨向这些作者一并表示诚挚的谢意。

编者

2018年8月

目　录

下编　典型文种写作

绪论

应用文概述

应用文是文章中最具实用性的部分,应用文写作能力是每个有文化的社会成员,特别是大学生应具备的基本能力。

第一节　应用文的概念与种类

一、应用文的概念

从属概念上说,应用文是一种文章。“文”与“章”的本义是指错综的色彩或花纹,《周礼·考工记》里说:“青与白谓之文,赤与白谓之章。”《庄子·胠箧》中的“灭文章,散五彩”就是在这个意义上用“文章”一词的。先秦时,“文章”有时指“礼乐法度”,如《诗·大雅·荡·序》里说“厉王无道,天下荡荡,无纲纪文章”;有时指“典籍”,如《论语·公冶长》里说:“夫子之文章,可得而闻也”,意义并不固定。两汉魏晋时,“文章”又称“文辞”,即“辞章”之意,如西汉时司马迁在《史记·儒林传》中说“文章尔雅,训辞深厚,恩施甚美”,魏晋时曹丕在《典论·论文》中说“盖文章,经国之大业,不朽之盛事”,使用的“文章”一词近似于今天广义的“文章”的概念,指的是反映客观事物,表达思想、认识、情感,具有相对完整的意思、一定篇章结构的书面语言形态。

但这个广义概念的涵盖面似乎太广泛了。南北朝时,刘勰以有韵与否,分出“文”与“笔”。萧统从形式和内容结合考虑的角度,试图将那些“事出于沉思,义归乎翰藻”的“文”与“以立意为宗,不以能文为本”的“经子史”区分开来。尽管在中国文章发展史上,“文”“文章”“文学”的概念经常混淆不清,但经过从魏晋至清末的长期发展,更为科学的现代文章文体理论逐渐建立起来。

从内容和功能上划分,文章可以分为两大类:“文学文”和“实用文”。

属于“文学文”的有诗歌、小说、散文和戏剧(包括影视文学)诸体。文学创作以审美为宗旨,艺术地反映生活,主要凭借形象思维进行,传递的是情感信息，讲求"动之以情""寓教于乐"，满足人们精神上的审美需求。

"实用文"以实用为宗旨，真实地反映客观存在，写作依靠的主要是抽象思维，传递的是实用信息，"晓之以理""告之以实"，为互通信息、交流思想、处理事务、实施管理服务，这就是狭义的"文章"的概念。

狭义的"文章"即"实用文"包含的文体种类很多，我们可以从采用的主要表达方式的角度，对此类"文章"做一个粗略的划分：以记叙为主要表达方式的记叙类文章，包括新闻文章、史传文章和非虚构的散文等；以议论为主要表达方式的议论类文章，包括各类评论文章及学术理论著作；以说明为主要表达方式的说明类文章，包括说明文、科普小品和教科书等。

我们发现，在实用文和文学文之间，存在着一些难以归类的边缘文体，如随笔、游记、小品、杂文、报告文学、传记文学等，它们以非虚构为宗旨，以实用为目的，又大量使用文学化手段，兼有两种文体的特征，可以作为独立的一类即边缘文体或交叉文体来看待。

"应用文"是否等同于"实用文"呢？《现代汉语词典》中对"应用文"的释义是："指日常生活或工作中经常运用的文体，如公文、书信、广告、收据等。"①《新华词典》的解释为："日常工作、生活、学习中经常运用的，一般有惯用格式的各种类型的文章，如指示、报告、计划、总结、通知、书信等。"②台湾学者张仁青说："凡个人与个人之间，或机关团体与机关团体之间，或个人与机关团体之间，互相往来所使用之特定形式之文字，而为社会大众所共同遵循，共同使用者，谓之应用文。"③香港学者陈耀南由字面解释其义："'应用文'就是'应'付生活，'用'于实务的'文'章。凡个人、团体、机关相互之间，公私往来，用约定俗成的体裁和术语写作，以资交际和信守的文字，都叫应用文。"④由上述可见，实用文涵盖与文学文相对的所有文种，应用文则是实用文中有特殊用途的一类，实用性强、使用频率高、应用面广泛、格式性突出。我们可以如此认识：应用文是机关团体、企事业单位和个人在日常工作和生活中办理公私事务时经常使用的、有明确的使用价值和某种惯用体式的实用性文章。

二、应用文的种类

应用文种类繁杂，文体又在不断演变发展，目前已有的分类可谓五花八门，

① 现代汉语词典[M]. 北京：商务印书馆，1983：1514.

② 新华词典[M]. 北京：商务印书馆，1982：1013.

③ 张仁青. 应用文[M]. 北京：文史哲出版社，1989：1.

④ 转引自：裴显生. 现代实用写作学[M]. 南京：江苏教育出版社，1996：6.

但基于任何一种标准的分类都难以穷尽所有，各类文种之间的交叉、包容现象也在所难免。本着宜粗不宜细、宜简不宜繁的原则，我们从不同的写作者、写作目的和适用范围的角度，将应用文大致分为公务文书和私人文书两大类。

（一）公务文书

公务文书是政府机关、社会团体和企事业单位在处理公务活动中形成和使用的各种内容完整、体式规范的文书，包括通用文书和专用文书两个系列。

1. 通用文书。通用文书指一切机关、团体和企事业单位在公务活动中共同使用的应用文章，包括法定的 13 种国家行政机关公文；对公文起延伸、补充作用的机关事务文书，如计划、总结、调查报告和简报等；还有其他用于公务活动的日常应用文。这一类日常应用文种类繁多，有用于礼仪应酬的，如请柬、祝词、讣告、悼词和碑文等；有公启类的，如海报、启事和声明等；有契据类的，如协议书、借条和收据等；还有介绍信、证明信等专用书信。

2. 专用文书。专用文书是具有专门职能的机关和团体为特定的目的而写作，并在一定范围内使用的公务文书，具有特定的内容、用途和格式要求。如财经文书有市场调查报告、经济预测报告、经济活动分析报告、审计报告、经济合同和商品广告等；法律文书有民事起诉状、民事上诉状、民事反诉状和民事答辩状等，外交文书有国书、照会、条约和公报等。

（二）私人文书

私人文书是个人处理自身事宜、表达个人意向，为实现个人目的而写的应用文，如个人的计划、总结、申请、契约、条据、启事、书信、日记和演讲稿等。其中不少的种类与用于公务活动的日常应用文相同，只是应用者和使用的范围不同。

第二节　应用文的产生与发展

一、应用文的初创时期

应用文是社会发展到一定阶段的产物，经历了从应用到文章的演变。《易·系辞》中说："上古结绳而治，后世圣人易之以书契，百官以治，万民以察，盖取诸夬。"当人类有了一定的社会形态，就有了以文字交往、管理、认识和记录的需要。汉字文字的产生目前已经追溯到新石器时代，而迄今见到的最早的文章是殷代中期的甲骨文，距今有3 000多年的历史。这些刻在龟甲兽骨上的文字，是中国最古老的规范文字，记载的是殷商王室占卜的内容，所以被称为“卜辞”。“卜辞”所记有天文、气象、历法、祭祀、征伐和世系等事项，最长的“卜辞”有100多字。文字较长者，有一定的写作之规，文辞虽简约，但已显现出应用文的雏形。

甲骨文后出现的铸在青铜器上的钟鼎文，内容有记载帝王文功武德和征战胜利的，也有记载王的诰词、训示和命令及贵族间物资交换活动的，在内容完整和条理清楚方面，钟鼎文较甲骨文有了进步。

中国现存最早、保存最完整的文章总集《尚书》，是一部以应用文为主体的文集。此书相传为孔子所编，是上古的历史文献的汇编。后人将其中文章分为六体：典、谟、训、诰、誓、命。“典”记载了尧舜二帝采纳各方意见后的决策，成为上古的典章制度。“谟”是君臣就国事进行的讨论。“训”为开导、教诲之意，以言词感化君主。“诰”为告，可上行、下行、平行。“誓”是出征时的告诫、宣誓之辞。“命”是用于命官、封爵、赏赐的册封之辞。这些相当于今天的规章制度、布告、命令、会议纪要的文章，显然是上古时代的应用文。

上古时代的应用文有用于宗教、政治、军事方面的，有用于司法的，如西周时的亻朕匜铭文，是中国迄今发现最早的诉讼案例记录和法律判决书。此时不仅有用来处理国家大事的文书，处理私人事务的契约和书信也应运而生，如西周中期的格伯簋上的铭文记述了格伯以四匹良马换得三十田一事，实际上就是作为生意凭据的早期契约。

二、应用文的发展时期

战国时期，在各诸侯国复杂的政治和军事斗争中，士人们积极参与，出谋划策，表达他们治国处世主张的文章大量涌现，文章的写作技巧有了长足的进步。如李斯的《谏逐客书》，成功地说服秦王收回“逐客”的命令，是奏议的典范。

秦代在应用文特别是公文的发展上功不可没。秦始皇统一中国，建立了封建帝国，统一法令，改革文字，文书体制趋于统一，并有了较严格的分类和明确的行文关系。“命为‘制’，令为‘诏’”，只有皇帝才能使用。臣上呈皇帝的议政文书为“奏”，格式也相对固定。在用语方面，王称“皇帝”，自称“朕”，臣民称之为“陛下”。制诏等下行文的开头语为“制诏某某官”，结尾写“某年某月某时下”。奏文开头写“臣昧死言”，收尾处写“稽首以闻”。在书写格式上，凡提及“皇帝”或“始皇帝”，都要另起一行，顶格书写，这就开创了公文的抬头制度。

随着社会的发展，治政管理日益具体化，汉代公文渐渐纳入规范，分类细致，各司其职。下行文有“策”（封王侯）、“制”（颁赦令）、“诏”（告百官）、“敕”

(戒州郡)等。上行文“章”用来谢恩,“奏”用以弹劾,“表”陈情,“议”议政。平行的有“书”“移”等。除公牍文书外,其他应用文也有较大发展:各类诉状都已出现;经济文书方面出现许多作为买卖凭证的券书。

先秦两汉,“文”“笔”界限不分明,文章、文学难以区分。早期的应用文表现出文学化的特征,如李斯的《谏逐客书》,出于实用,但讲求生动形象,善用铺张、排比、对比、比喻等手法。汉代大赋盛行一时,不少奏章书议受赋体影响,通篇对偶押韵,句式整齐,辞藻华丽。这种刻意追求“文采”、不惟实用的应用文往往以文害意。魏晋时期,人们逐渐发现了不同文体在用途上的差别,努力把握它们各自的文体特征和规律,使得实用文体的写作进入一个比较自觉的阶段。以后“文”“笔”仍经历了一个长期纠缠不清的过程,但也一直致力于取得各自在文体观念上的独立。

经历朝历代,应用文的种类日益丰富。齐梁时期刘勰的《文心雕龙》以“文”“笔”之别分出33种文体,其中“笔”远多于“文”。“笔”每一种下还分小类,如在《书记》篇中,又将书、记两体分为谱、籍、簿、录、方、术等24类。明代徐师曾的《文体明辨》里,文体有127类,其中公牍文书有30类,其他实用文40多类。清代张相的《古今文综》将文体分为400余体,其中绝大部分都是应用文。

应用文的体式逐步发展并完善,公文是其中典型的代表。为满足特定的社会需要,从秦汉开始,公文有了统一的体式。唐宋时,公文的行文关系有严格规定,违者受罚;对公文的拟制、誊写、用纸都有制度。明清时更强调公文的统一与规范。其上行文有“题”“奏”“表”“启”“笺”“讲章”“书状”“文册”“揭帖”等;下行文有“诏”“诰”“制”“敕”“策”“谕”“符”等,平行文有“咨”“关”“移”等。明太祖朱元璋曾“令中书定奏对式,俾陈得失无繁文”(奏对式就是奏疏类公文的格式),他还“命翰林儒臣择唐宋名儒表笺可为法者。翰林诸臣以柳宗元《代柳公绰谢奏表》及《贺雨表》,上命中书省臣录二表为天下式”。清代规定国家公文20多种,对格式、写法做出了规定。

其他应用文也如此,如契据文书从先秦时的“质剂”,到清代的“合同”,由早先的粗疏,发展到后来的周全细致。

为满足越来越细致多样的社会需求,应用文在发展中种类增多、体式完备,写作水平不断提高。

三、应用文的变革时期

辛亥革命废除帝制,新文化运动宣传科学民主思想和倡导白话文,使得整个汉语写作进入崭新时代,现代的写作理论建立起来。

就应用文而言,从形式到内容都产生巨大变化。与旧的政治、经济关系相适应的一大批文体，如制诏策戒、章表奏议、刑律格式都被淘汰，新文体和体式纷纷出现。1912 年，南京临时政府颁布了辛亥革命以来第一个公文程式条例，废除了旧有体式，确立的新体式有“令”（公布法令、任免官吏、下指示）、“咨”（同级官署间使用）、“呈”（对上陈情、报告时用）、“示”（相当于布告）、“状”（百姓对官署有所陈述时用）等，在用语方面，废除一些带封建等级色彩的称号，公文写作使用白话和新式标点，但很长时期仍难脱文言窠臼。

中国共产党成立后，在工作中，对传统应用文特别是公文进行改造。抗战时期的公文改革，改变了公文的名称、格式，废除了旧公文的陈词套语，用白话文写作，倡导朴实自然的文风。演讲稿、调查报告、经验介绍和快报书信等也出现了许多佳作。

新中国成立后，应用文的应用更加广泛，作用更为突出。党和政府采取一系列改革措施，对行政公文加以改进和完善，充分发挥公文在施政管理方面的重要作用。其他在社会生活中常用的应用文写作也得到人们的高度重视。

改革开放以来，随着社会转型、社会交往扩大和社会需求的细化，应用文在社会生活中的作用愈益突出。比如，随着就业方式的变化，求职信、推荐信和简历的写作要求都提高了；聘任制的实行，使得述职报告的写作必不可少；社会民主化、法制化进程的加快、经济形势的迅猛发展，使得公文、法律文书和经济应用文日趋繁荣。应用文的研究和教学因而得到极大的重视和关注，有关应用写作的专著、论文和教材纷纷出版，高等院校将应用写作作为公共基础课程，社会上的各种教学班也将应用写作列为必修课程。对现代人来说，应用写作能力是一种必备的技能。重视应用文的写作，已成为社会的共识。

随着经济全球化和科学技术发展进程的加快，应用文写作面临新的发展机遇和新的挑战。为了适应国际交往日益增多的形式需求，应用文写作树立起国际化、标准化的目标。网络技术的发展，带来了应用文写作和传播方式的诸多变化。这就要求我们更全面深入地研究应用文写作，力求能在社会活动中得心应手地运用这种重要工具。

第三节　应用文的特点与作用

一、应用文的特点

准确把握应用文自身固有的、区别于其他文章写作的特点，是学写应用文的必要准备。从内容和形式两个方面看，应用文有六个特点。

（一）实用性

实用性是实用写作的出发点和归宿，是这类写作的本质属性。应用文不同于文学作品，并且在实用文体中独树一帜，就在于它突出的实用性。

从广义上说，一切文章都是为适应某种现实需要而写作的。文学作品除了审美作用，还有教育和认识作用，如孔子所言："诗可以兴，可以观，可以群，可以怨；迩之事父，远之事君；多识于鸟兽草木之名。"（《论语·阳货》）一般评论文章从现实需要出发，提出问题、分析问题、解决问题，运用多种论证手段，摆事实，讲道理，以理服人。但应用文的功利目的最为突出，发生现实效应最直接。应用文完全是"为用而作"，它为实现某种实际效用服务，是达到实用目的的一种不可缺少的手段、工具，因此，刘勰对应用类文章有"虽艺文之末品，而政事之先务"之说。

就公务文书而言，《国家行政机关公文处理办法》第二条明确指出，行政机关的公文是"依法行政和进行公务活动的重要工具"。机关事务中离不开计划安排、分析总结、了解情况、交流经验、明确职责等工作，相应的文书诸如计划、总结、调查报告、情况简报和规章制度等便必不可少。私人文书的写作则是为了达到处理个人事务的实用目的。学生要制订学习计划，写学习小结、读书笔记、选课申请、书信及各种条据等，临近毕业时需要写求职信、自荐信、个人简历，担任学生干部的要写通知、启事，制定社团章程，进入社会后更是如此。应用写作是每个现代人终生不可离开的生活需要和劳动本领。

实用不仅是应用文的写作目的，也是衡量应用文优劣的重要标准。应用文的工具性质决定了写作者在写作时要注重务实，目的明确，内容翔实，表达明了，要言不烦。

（二）真实性

对文中使用的材料严格把关，保证真实可靠，是应用文的又一特征。

人们对所有文章都有真实性的要求，即使是充分发挥想象、虚构的文学作品，也要摒弃虚假。但是文学写作的真实与应用写作的真实是不同的，前者追求的是艺术真实，后者要达到的是事实真实。文学创作选材时"不必实有其事"，只需符合"会有的实情"；而应用文中的一切材料，都必须"实有其事"，有根有据，符合实际。

应用文对严格的事实真实的追求，是由其实用性的特点所决定的。应用文的现实效应直接，如果失实，产生的负面后果不可忽视。报告虚假，上级了解的是不真实的情况，做决策可能就会出现失误；总结虚假，对未来工作失去指导作用；调查数据虚假，据此会得出错误的结论，调查报告就失去了存在的价值。司法公文中的事实若与现实真相有出入，导致的损失是难以弥补的。对事实的反映要真实，对理论依据的引用也要辨别真伪，文中涉及的法律法规、政策决议，作为我们处理问题的依据，都必须出处明确，有案可查。所以，应用文所使用的材料，不论是事实材料还是理论材料，不论是现实材料还是历史材料，不论是概况还是细节，都要经过细致的调查核实，务必准确无误。

（三）针对性

针对性指的是意图清楚，目的明确。一是受众对象明确，二是行文内容针对性强。

文学作品是全民性的，一般而言，作者都希望拥有尽可能多的读者、尽可能大的传播范围；应用文则只涉及与该事项有关的特定读者群，例如，经济合同只针对签约的各方，规章制度只对特定的团体组织和特定的人群适用，书信有特定的收信人，公开张贴的通告、公告、启事等也都有各自特定的受众对象。

应用文的内容方面自然也具有极强的针对性，请示工作、布置任务、答复问题或推销产品，有一说一，有二说二。应用文明确的写作目的和它的实用功能是充分一致的，写作意图与接收效果之间的一致性，是评价这类写作成功与否的重要标准。

（四）时效性

要使应用文在人们的社会实践中更好地发挥工具作用，不能不注重它时效性强的特点。

文学作品在某一个历史时间创作，反映某一个历史时代的生活，有鲜明的时代特点，但因为它表达的审美情感是具有人类普遍性的情感，优秀的文学作品便得以超越时空。写作者并不专注于作品的速成，而是追求其价值的永恒性。一部优秀的文学作品，作者可能会投入毕生的时间和精力，像曹雪芹写《红楼梦》那样，"披阅十载，增删五次"，在文学史上并不罕见。

应用文则是为反映实际情况、解决实际问题而作的。情况随时有变化，应用文要适应变化；问题的解决有时间限制，不能拖而不决；问题解决了，目的达到了，应用文的作用也完成了。因此，不管时效的长短，应用文总是有着明显的时效性。这种时效性表现为内容需新鲜，撰写要及时，办文得迅速。

（五）规范性

体式的规范性是应用文实用性在形式上的体现。

规范性首先在于不能错用文体。应用文的种类繁多，不同种类有不同的功用，使用时要明确适用范围。如公文中，同是向上级机关呈报的上行文，"报告"用来汇报工作、反映情况；若有请示事项，就得用"请示"行文。单位和个人有事需要向公众说明,或者需要公众对某事的参与或支持应当使用各类“启事”,不能滥用“公告”。

其次要遵循文种格式。应用文的格式有的是法定的,如行政机关公文的书面格式,由国务院发布的《国家行政机关公文》做出了明确规定;有的是约定俗成,在写作实践中形成了惯用体式,如经济合同的主体必须写明必备条款:标的;数量和质量;价款或酬金;履行的期限、地点和方式;违约责任。即使是个人的一般书信,也得具备称谓、问候语、正文、署名和日期五个部分。

应用文的结构模式和所用语言也有规范性的特点,尤其是公文,结构上较为定型,语言上有着惯用的格式语,使用名词、时间、数字都强调遵守规范。在财经类、司法类专用文书中,会大量使用行业性、专业性用语,体现其特有的语体感。

（六）平实性

应用文的表达心态和接受心态都是求实用,重实效,因此行文内容须简明扼要,表达要清晰流畅,风格上平易朴实,避免艰深难懂或华而不实。

表达方式是文体特征的重要标志。叙述、议论、说明、描写和抒情是文章的五种表达方式,而应用文的基本表达方式是叙述、议论和说明。描写和抒情在应用文中并不是完全不使用,日记、书信、商品广告、演讲稿、解说词和科普小品等,时常会用生动的语言对人、事或景做出具体、形象、生动的描绘。这些文体也会用到抒情,特别是间接抒情的表达方式。但行政公文、事务文书和财经、司法等专用文书,忌用生动的描绘、热烈的抒情。就是叙述、议论和说明,应用文在使用时也有自己的特点。

在应用文中,介绍有关单位或人员的事迹、经历,陈述事件发生、进展的过程,都需要运用叙述。应用文选择的事实材料呈现出简约的形态,带有一定的抽象概括性。叙述时要求非情节化,不求曲折生动,一般采用顺叙手法,线索单一,条理清晰,“直叙事状”。对客观事实或问题进行评议,表明态度立场,引出处理意见,在应用文写作中使用得十分广泛,但应用文在议事说理上有自己的特点。应用文的说理重点在旗帜鲜明、直截了当地表明观点,针对已叙写的事实,就事论事,据事说理,不做理论上的复杂论证,不追求论证方式的丰富多样。行政公文、司法文书和科技文书等议论时力求客观、公正、严谨,不为个人主观情感左右。说明对于应用文写作是必不可少的。文学文以及文学性的解说词,常常使用渲染、比喻、拟人等手法,公文和行业专用文书的说明,要求客观、平实、精确,常使用规范用语、专业术语,还常用图形和表格代替或补充自然语言的说明。

在语言风格上，应用文有自身的语体要求，以准确简明为要，不像文学文那样追求语言的形象感、生动性、音韵美及个性化色彩，不标新立异，不堆砌华丽辞藻，所用语言只求达意得体。

二、应用文的作用

应用文区别于其他写作的本质属性是突出的实用性，它的作用也就是它的实用功能。在这些具体的实用功能中主要有四种作用。

（一）联系交往作用

社会是一个复杂的共同体，群体与群体、群体与个体、个体与个体之间有着各种联系和交往的需要，应用写作就是实现人际交往的重要桥梁和途径，用于团体、机关和个人的公私往来。行政机关之间上情下达、下情上传，相互商洽工作、询问和答复问题，都要使用公文，公文这个信息流程若不通畅，就会给整个管理体系造成障碍。简报、调查报告和私人书信，都可用于交流思想、互通情况、协商事项。在经济领域，市场调查报告、预测报告及商品广告等是传播市场经济信息的重要载体。应用文正是由于它对人际交往沟通和社会有序发展的推动作用，在社会活动中占据不可替代的地位。

（二）宣传教育作用

在中国，党和国家的路线方针、决策举措，通常是利用各种应用文（特别是公文）层层传达，广泛宣传，才得以贯彻、落实和实施的。这些具有宣传教育作用的应用文，帮助人们认清形势，提高认识，统一思想，协调行动。

（三）规范导引作用

用来制定政策、发布法规、指导工作的应用文，在特定范围内对机关、组织以及个人起着规范和指导的作用。贯彻指挥意图的公文，具有作为行政工具的权威性和约束力，受文对象要依照执行，付诸实施。规章制度尽管种类很多，但都是人们的道德规范和行为准则，对相应范围内的机关团体和个人具有强制性和约束力，违反有关规定，将会受到相应的处罚。

（四）资料凭证作用

公文具有行政效力，上级机关所发的“批复”“决定”“通知”等文，是下级机关处理工作、解决问题的依据；下级机关的来文，又是上级做决策、给指示的参考依据；协议书、合同、公证书、条据和遗嘱等，用以认定事实、提供佐证，应用文的凭证作用显而易见。许多应用文，由于储存了重要的社会信息，在发挥现实效用后，仍具有为历史作证的史料价值，留存下来，妥善保管，成为随时备查的历史档案资料。

应用文整体上的实用功能显现在不同方面，在实际运用中，很少承担单一功能，但也并非平分秋色地发挥作用，而是彼此关联又有所侧重。

思考与练习

1. 什么是应用文？应用文常见的种类有哪些？
2. 与其他文体相比，应用文有哪些特点？
3. 应用文经历了怎样的发展变化，在社会生活中承担着什么样的作用？

上编　主体核心素养与能力

第一章 情智素养

所谓应用写作主体，就是为一定实用的写作目的进入写作思维、创制写作文本的人。在写作活动中，主体即作者，支配着写作过程的全部，无论什么类型的应用文章，都要经过作者大脑中枢的思考，为表达其特定的写作意图服务。写作活动的成功和写作成果的质量所依凭的绝不只是关于写作的技术，也不只是关于表达的能力，最终依凭和调动的是写作主体的综合素养。应用文写作主体的素养在应用写作活动中具有重要作用，它不仅直接影响应用文撰拟制作的质量和效用的发挥，同时还影响办事效率的高低。写作主体的综合素养主要有智能层面和非智能层面两大部分。从智能层面说，写作的素养主要是文章思维与语言表达及文体形式的素养。从非智能层面说，主要是以言语人格为核心的综合素养，包括人的思想、道德、品质、人格、性格、情感、意志、学识和阅历等。这两个层面的素养必须加以整合，并通过教育形成合力，进行针对性的训练。同时，作者自身必须通过各种途径长期不懈地自我完善，祈望立竿见影的收获和短时教学方面的全面提高，一般而言是不可能的。写作教育须以写作素养的培植为基础，使智能的与非智能的教育和训练齐驱并进，尤其重视人格素养的培育，才能全方位、更有效地提高写作者的整体水平。

第一节 思想素养

思想与思考和理性相联系，是人思维能力的本身及成果。思维与劳动是人区别于动物的特质。帕思卡尔在《思想录》中曾说，人只不过是一根芦苇，是自然界最脆弱的东西；但他是一根会思想的芦苇。我们人类全部的尊严就在于思想。由于思想，人囊括了宇宙。思想形成人的伟大。严格地说，并不是能思维和思考的人都拥有思想。在人类思想的意愿中，人意求太多，所能太少。真正拥有系统性的认识和理论的人是人类中的少数精英。而与写作素养相关的思想是从广义上说的，是指一般性的观点或看法。这种一般性的观点或看法，不仅与人丰厚的知识积淀，对对象世界相对完整、成熟并个性化的认识和反映紧密联系，也与人一定的人生阅历及其在此基础上形成的世界观和历史观、文化观、政治观和道德观等息息相关。法国文艺批评家泰纳曾指出："一个科学家如果没有哲学思想，便只是个做粗活的工匠；一个艺术家如果没有哲学思想，便只是个供玩乐的艺人。哲学思想不是别的什么，而是世界观。"世界观并不是具体的知识，而是关于世界的解释系统或解释模式。只要一个人思想着、行动着，他就必然要体现出某种世界观，尽管其中有自觉或不自觉的差别。从根本上说，世界观作为主体的思想结构，构成了认识的必要条件。虽然世界观在认识过程中会限制某些东西，但限制的同时也规定或肯定着某些东西，即它是人们实践和认识的成果，反过来又制约着实践和认识。世界观是人观察、理解和解释世界上各种事物和现象的观念方法的总体。而思想素质的核心是世界观和方法论，前者表示人们对世界形成了基本的看法，后者则意味着人们掌握了认识世界和改造世界的基本方法。就写作活动而言，作为写作活动成果的文章就是以语言文字为媒介，直接或间接传递作者心智信息的载体。思想素养是人最内在、最深刻、最具意识形态属性的素养，缺少这些基本的素养是不可能把文章写好的。

一、普遍思想素养

人类思维对象的一致性和思维内容的普遍性孕育了人类拥有的普遍思想。当写作主体凝神静心进入写作活动之时，写作身份无论是公务还是私务，其写作目的无论是宣事明理还是表情达意，写作者都需要输出思想、表达情感。思想本身就具有意识形态的属性，情感本身不是空洞虚幻的心理活动，它背后潜隐着的审美判断、审美态度都来自思想的熔铸。但思想的生长既依赖民族文化又超越民族文化，具有人类普遍精神的印记。

（一）守护善美，敬祖爱国

在人类的心灵深处，善美是一种普遍重要的价值追求。阿尔伯特·爱因斯坦在《我的世界观》中曾写道："要追究一个人自己或一切生物生存的意义或目的，从客观的观点看来，我总觉得是愚蠢可笑的。可是每个人都有一定的理想，这种理想决定着他的努力和判断的方向。就在这个意义上，我从来不把安逸和快乐看作是生活目的本身。照亮我的道路，并且不断地给我新的勇气去愉快地正视生活的理想，是善、美和真。要是没有志同道合者之间的亲切感情，要不是全神贯注于客观世界——那个在艺术和科学工作领域里永远达不到的对象，那么在我看来，生活就会是空虚的。人们所努力追求的庸俗的目标——财产、虚荣、奢侈的生活——我总觉得都是可鄙的。”虽然善美除了文明视阈中普遍内涵的部分,尚有所谓民族和阶级的性质,但它无不在人本的意义上具有人类普遍性的思想。一个写作者只有拥有了对世界普遍存在善美的信念,并在自己对其的要求和追求精神中,努力实现对对象世界的认识和把握,才能有表达的内在愿望,才能有信念、有追求地输出内在的文化信息。

从人的群体性社会特征出发,敬祖爱国成为人类最普遍的精神坚持。祖国是一个充满感情的综合概念,它集自然、政治、经济、文化和历史于一体,其最基本的内容就是爱故土、爱祖先、爱人民、爱国家。这是人类历经数千年而巩固起来的对于故土,对于父母之邦,进而发展成对于祖国的一种最深厚的感情。列宁说过,爱国主义是由于千百年来各自祖国彼此隔离而形成的一种极其浓厚的感情。祖国是一种从故土意义上发展起来的社会共同体,无论哪个民族都是如此。个人从爱父母、爱祖先、爱故土到爱父母之邦,是人类最重要的情感体验。古今中外,人们都把祖国比作母亲,英文“祖国”也是母亲与土地的合成。可见,对祖国的热爱是人类最普遍的思想情感。同时,爱国也是世界各民族公认的价值标准。随着历史的发展、社会文明的提高,不同民族的人民为爱国的情感不断赋予精神内涵,比如,反对民族侵略、抵抗外来压迫、维护国家主权与和平统一、促进社会和谐进步等。中国《宪法》明文规定:“公民有维护国家的安全、荣誉和利益的义务。”“保卫祖国、抵抗侵略是中华人民共和国每一个公民的神圣职责。”这表明,爱国主义是每一个人都应履行的政治责任和法律义务,爱国思想成为各民族人民普遍追求的一种思想财富。成就大业的人更把自己的命运与祖国的命运紧密联系在一起。胸中怀着对祖国的情感,强调国家利益高于一切,才能在工作文件中表现出特殊的使命感、光荣感和正义感。

(二)崇尚智慧,追求真理

智慧与愚昧相对,是人类普遍崇尚的质素。中国古代的圣人们早就提出了仁、义、礼、智、信的价值原则,其中“智”即智慧。古希腊人也是最崇尚智慧的民族,他们心目中掌管智慧的女神是神通广大而美丽无比的雅典娜。没有几个古代文明像古希腊一样出现过那么多的智者、圣贤。大自然月移星动、花开花落,充满无尽神秘和挑战。在追问自然和探索宇宙面前,人类总是灵光闪动,思索不竭,执着于亘古不变的真理。真理即客观事物及其规律在人的意识中的正确反映。真理即规律的揭示与运用,是科学的一般目的和我们一切行为目标的前提。在人类的各个阶段,都有为了追求真理而不懈奋斗、抛洒热血甚至奉献生命的斗士。只有冥顽不化、对科学没有知觉的人,或没有理性精神的人,才会拒绝真理和科学。科学是通向真理的唯一道路。对真理是否热爱,可以作为一个人是否具有科学精神的基本判断。科学精神不仅反映为一种世界观,更体现为一种不折不扣的追求真理的行动,两者是不能相互脱节的,否则即意味着对科学的背叛。秉持科学精神,支持合乎规律的均衡发展理念,不论是人与社会的,还是人与自然的,也不论是眼前的,还是长远的,尊重科学就是尊重真理。科学思想是人类智力的集结、智慧的结晶,是认识和改造世界的锐利武器。人类认识世界、改造世界的重要成果都凝聚在科学思想中。人类社会所取得的所有历史进步,所创造的一切人间奇迹,包括天翻地覆的变革,气壮山河的斗争,无不是在科学思想指导下进行的。没有科学思想,在现代社会不仅会处处碰壁,而且必定一事无成,写作也不能例外。

(三)尊重劳动,守岗敬业

劳动是一个基本的社会和经济概念,在人类发展的历史进程中表现为各种不同形式,并具有不同的地位和作用。但不论哪种形式的劳动,都是人类文明不可缺少的普遍内容和推动力量。在意大利思想家布鲁诺看来,劳动使人区别于甚至凌驾于其他物种之上。劳动是人类文明进化的基础,也是使人产生神圣尊严的基础。人类社会历史经劳动而发展的过程是艰难曲折的。劳动无论是体力还是脑力,无论是简单还是复杂,都是不可或缺并充满艰辛的,都是需要受到尊重的。其实,人类最初的劳动都是脑力和体力的结合,只是发展到一定的历史阶段,二者才相对分开,有的人专门从事脑力劳动,有的人专门从事体力劳动。从某一事项的整个过程看,二者又必须紧密结合。例如,盖一幢高楼,如果只有脑力劳动者提供图纸,没有体力劳动者添砖加瓦,那只是纸上的房屋,现实中的房子根本盖不起来。实际上,马克思早就指出,创造商品价值的"都是人的脑、肌肉、神经、手等的生产耗费……都是人类劳动"。真正的劳动者一定是从事有价值、有意义的"劳动"的人。劳动创造了世界,劳动创造了人类,劳动创造了财富。尊重劳动就是尊重人本身。这已经成为我们普遍的思想共识。

与尊重劳动相连的是守岗敬业。随着社会的进步和社会分工的细化,劳动都是在一定岗位上进行的。一个工作岗位的存在,是人类社会存在和发展的需要,也是一个人赖以生存和发展的前提保障。忠诚敬业不仅是个人生存和发展的需要,也是社会存在和发展的需要。守岗是对人们工作态度的一种普遍要求。坚守岗位、热爱本职,就是职业工作者以正确的态度对待各种职业劳动分工的结果,进而努力培养对自己所从事工作的幸福感、荣誉感。一个人,一旦爱上了自己的职业,他的身心就会融合在职业工作中,就能在平凡的岗位上做出不平凡的业绩。敬业就是用一种严肃的态度对待自己的工作,勤勤恳恳、兢兢业业，忠于职守、尽职尽责，一个人只有首先尊重自己的职业，才能唤起他人对其职业的尊敬，才能使其为从事的行业增添光彩。爱岗就是热爱自己的工作岗位，热爱本职工作。不论在哪个时代，忠诚、敬业都有深厚的内涵和意义。电影《泰坦尼克号》中的提琴手，在巨轮倾斜、波浪翻滚、人声鼎沸、人们四散奔逃的时刻依然面不改色、认真地演奏，履行着自己的职业职责，在职业精神的完成中诠释和成就了大写的人和大写的爱。风靡全球的《给加西亚的信》，也因为弘扬了这份最普遍也是最难得的忠诚与敬业精神，使它成为岗位培训的必读书籍。忠诚、敬业的实质就是不怕千难万险，脚踏实地，勤奋务实，不怕艰难困苦，兢兢业业，一步一个脚印地完成岗位职责。在我们的日常工作中，看似每天都在做着一些微不足道的小事，但是我们每个人都会觉得自己肩头的担子并不轻。因为这些工作虽然琐碎，但是一件事处理不好就会影响到其他同事、其他工作，影响到整体的效率。

二、特殊思想素养

应用文写作是国家政府和执政党各部门、各单位中极为重要的工作。1950年5月16日，邓小平《在西南区新闻工作会议上的报告》中指出："实现领导最广泛的方法是用笔杆子"，"拿笔杆子是实行领导的主要方法。"显然，"拿笔杆""实现领导"，绝不是指通过写小说、散文、诗歌来实现领导，而是通过写应用文"实现领导"。正因为应用文的这种"经国之枢机"的特殊地位和作用，决定了应用文写作是一项政治性、政策性极强的工作，这就对应用文撰写者提出了与一般文章作者有所不同的要求。

应用文在思想性上的要求主要表现在写作主体的政治觉悟、理论造诣与法律政策水平上。尤其是在社会主义国家里输出思想、表达意见、解决问题，就更需要那些属于最基本的、最普遍的原则和精神，作为主体制造精神产品的精神源泉和精神驱动力。

（一）政治敏感与政治热情

中国人民有着特定的理想和奋斗目标。在这片土地上生存和发展，就要有对政权的认同和支持，对既定社会秩序和权威的自觉认可和服从的良好状态。要热爱党，热爱祖国，热爱社会主义，坚决拥护党的路线、方针、政策，高度认同邓小平理论和"三个代表"重要思想，要充分信赖党中央，对坚持走中国特色社会主义道路、实现全面建设小康社会的宏伟目标充满信心。要关心国家的前途、人民的命运、社会主义现代化建设事业，乃至人类的未来。只有如此，才能实事求是，把事业和事情办好。

（二）政策与法律水平

在市场经济条件下，应用写作具有很强的政策性、法律性。应用文写作者面对日常工作和生活时，总是自觉和不自觉地在起草的文件中表明自己的立场观点，渗透自己对党的路线、方针、政策的思想感情，当然也反映出写作者的政策水平。对方针、政策理解得越深，在自己起草的文件中所阐述的问题就越深；反之，对方针、政策理解得很肤浅，那么在自己起草的文件中所阐述的问题就必然一般化。应用文写作者的政策水平，直接关系到他起草的各种文件的水平。以撰写工作经验总结为例，同样的素材，落在政策水平较高的文秘工作者手里，可以提炼出具有真知灼见的经验来；而一个政策水平不高的文秘工作者，却只能将这些素材拼凑成一篇说明不了多少本质问题的文字材料。即使是同一个秘书，在对有关的方针、政策比较明确时，起草的文件水平就较高；反之，起草的文件水平就较低，甚至不能准确表达精神。政策水平是政治思想水平的体现。可以说，它是文字秘书的灵魂，无时无刻不在支配着文字秘书的笔杆。衡量一个文字秘书是否成熟，首先应以他的政策水平作为最重要的标志。不断提高政策水平，是文秘工作者始终要坚持的方向。对于这个问题的重要性，新担任文字秘书的人并不一定很快就能领会到，但随着时间的推移，认识和体会必将愈加深刻。

中国的公务员制度是建立在社会主义制度基础之上的，有着鲜明的政治性，不实行西方所谓的“文官中立”原则。中国的法律知识、法律素养在经济建设和民主政治建设中有着重要的作用，尤其是应用文中大量的公文写作活动，作为公文写作主体的国家公务员必须对国家相关法律有深刻的理解。不仅对《宪法》，还应对《行政诉讼法》《行政处罚法》《行政复议条例》《国家赔偿法》《地方人民代表大会和地方人民政府组织法》等，尤其是对 2006 年 1 月 1 日起实行的《公务员法》有学习和理解的基本积累和能力。《公务员法》的实施，为建设一支优秀人才密集、善于治国理政的高素质专业化公务员队伍提供了法律保障。一方面，公务员作为党的路线、方针、政策和国家法律、法规的制定者、执行者，代表着党和政府的形象，对于建立和谐的党群、干群关系负有重大责任；另一方面，公务员作为公共行政、公共管理和公共服务的主体，承担着管理国家事务和社会公共事务的职能，对于整个国家机器的正常运转、社会秩序和公民权益的维护有着不可替代的重要作用。《公务员法》的颁布实施，既为公务员依法行政提供了法律保障，也为依法管理公务员提供了法律依据。《公务员法》还以法律的形式规范了公务员管理的基本原则、基本制度和基本方法，为依法管理公务员提供了法律依据，体现了坚持依法治国的要求。只有公务员的公共行政、公共管理和公共服务素养提高了，服务水平才能提高。尤其是在市场经济条件下，应用文写作具有很强的政策性、法律性。法律素质必须得到迅速提高，在公文写作中能自觉遵守党的基本路线、方针、政策和法律、法规，这是写好应用文的前提。

（三）理论与知识造诣

写出好文章需要理论与知识的积淀，应用文写作是综合性很强的实践活动，更需要理论和知识，这些理论既源于实践又反作用于实践，没有正确的理论指导的实践活动必然是盲目的甚至有害的。任何一个专业研究领域都有自身的特殊性，内容十分庞杂，涉及多个领域、学科及各项工作，但也有其独立存在的基础理论与专业理论，掌握尽可能多的专业学科方面的基础理论，会减少我们从事公文写作活动的困难。精读公文名篇特别是经典著作，重点是用心钻研马列主义、毛泽东思想和邓小平理论。通过对这些著作的学习，不仅可以培养公文写作的感受能力，从中学习公文写作的方法、体式规范、结构的安排及各种手法和技巧，更重要的意义在于学会运用马列主义基本原理与方法观察和分析问题，提高理论水平和认识能力，除此还有特殊知识的修养，如专业知识的修养、写作体裁知识与语言知识的修养等。一个有成就的作者，必然是一个知识丰富的人。

（四）生活常识与经验储备

无论对公对私，应用文写作都与工作实际和生活实际密切相关。除了专业性的知识修养，还需要一般性的生活常识和生活经验的积淀。所谓一般性生活常识即指人的社会经验、人际常识以及衣食住行等方面的常识，甚至对奇闻轶事、民生风情和历史典故等也需了解和熟悉。这些知识和经验看似不大重要，与写作似乎也没有直接关系，但往往是写作不可缺少的辅助材料，这些知识对公文写作会产生许多意想不到的效果。

三、如何提高思想素养

（一）阅读经典，对比思考

学习各种理论往往比较枯燥，必须在提高认识的前提下阅读经典，形成系统性认识。要高标准，严要求，增强宗旨观念和大局意识，不停留于理解表层意义的水平，要努力弄懂和深刻领悟马克思列宁主义、毛泽东思想、邓小平理论的精髓，结合社会实际，不断学习和理解党的方针、政策。还要放眼古今，打开视阈，对比思考，深入学习中国古代哲学思想、西方古典哲学思想和当代欧美哲学思想，不断更新观念，注入新的思想活力。

(二)联系实际,参加实践

人的思想认识不是先天就有的,而是后天在社会实践中获得的。只有社会实践才是人们认识外界的真理性标准。人的真知灼见的获取来自社会实践的各个方面。这种实践既有利于思想认识的深化,也有助于写作材料的积累和主题的开掘、提炼。要学习联系历史实际,也要联系当代实际,尤其要学会联系生活实际和岗位实际,以科学理论为指南,以科学方法为根本,在实践中把握问题、解决问题。

(三)勤于内省,善于体悟

古今许多大思想家、大作家、大科学家都重视对自身品德、言行进行省察。鲁迅有许多文章都是进行内省的产物。我们对自己的言行进行内省,必须从严要求,要像鲁迅那样勇于剖析自己灵魂里的"毒气"和"鬼气",即内心深处的不良思想和性格中的弱点、错误,不逃避问题,不应付工作,进一步解放思想,增强进取精神,提高思想境界。

第二节 道德素养

道德产生于人类社会生活的需要。通俗地说,道德是一种"应该",是一种"价值"。应用文写作与道德是不可分的。古有"铁肩担道义,妙手著文章"的训词,《荀子·正名》中也说:"以仁心说,以学心听,以公心辨,不动乎众人之非誉,不冶观者之耳目,不赂贵者之权势,不利传僻者之辞。"这实质上是"文德"的表现,亦可作为应用文撰写者的座右铭,保持"应用良心"和"写作贞操"。经济应用文写作既需要写作主体具备良好的公共道德素养,也需要具有严谨的职业道德素养。

一、公共道德素养

公共道德是由大到文明世界、小到社会全体成员普遍认同、约定遵循的道德准则。公共道德的核心是以人为本的价值观,公共道德的形成是在一定的文明背景下为解决人们在社会生活中难以避免的利益冲突而约定的。它通过建立一种普遍和公认的标准,构筑了人们的行为框架。在一定社会的意识形态之中,它是人们共同生活及其行为的准则和规范。公共道德的基础是人类精神的自律,这种自律证明了人对道德要求和命令的自觉理解、把握和遵守。这种"要求"和"命令"的实现,表现为反映社会道德生活的价值准则转化为个人内心隐秘的命令、良心的召唤,因为道德的真正价值在于它是共同利益的维护者。应用文写作既然是“经国之大业”，其撰写者就应具有一种公民的道德义务意识、道德责任感，所写的应用文真正是为大多数人谋福利的，是推动社会不断进步的。为此，我们可以从三个方面认识公德。

（一）公德与私德相对

公是指公共领域；私是指私人领域。私人领域并非仅指一个人的空间，也指存在于小于社会大众的小群体中间的道德。比如，中国古代儒家以孔孟为代表的伦理思想，大力肯定和提倡的就是父慈、子孝、兄友、弟恭这些主要适用于团体性家庭关系的私德规范。首先，儒家伦理始终主张：人们应该以血亲私德为本根、进而才能逐步实现恻隐仁爱的社会公德，如孔子要求“弟子入则孝，出则弟，谨而信，泛爱众”（《论语・学而》），有子强调“孝悌也者，其为仁之本与”（《论语・学而》），孟子把“仁义礼智”的实质性内容归结为“事亲”“从兄”（《孟子・离娄上》）等。在儒家伦理看来，人类道德生活的根本内容，主要就是人们在某些特殊性人际关系中应该遵守的团体私德，尤其是家庭私德。社会公德是建立在家庭私德的基础上的，这是儒家伦理思想的一大特色。其次，儒家伦理又进一步赋予它以至上性。这一点尤其体现在孟子的理论中，如：“事孰为大？事亲为大”（《孟子・离娄上》），“孝子之至，莫大乎尊亲”（《孟子・万章上》），相比之下，儒家也强调恻隐仁爱的社会公德只能处于派生从属的地位，不能在道德规范体系中享有“为大”的终极意义。这也是中国公民普遍私德意识多于公德意识的重要原因。因此，在当前的公民道德建设中，应该调整和否定那种主张把家庭私德凌驾于社会公德之上的儒家伦理观念，明确肯定社会公德的本根基础性和至高无上性，摆正社会公德与家庭私德之间的关系，既把那些维护全体公民整体利益的公德规范放在首位，又特殊发展那些旨在规范家庭内部人际关系的私德规范。在普遍地尊重他人的基本权利、关爱他人的人性生活的本根基础之上，继承儒家提倡的泛爱、仁爱，积极弘扬儒家提倡的具有正面价值的私德品质，在普遍性恻隐仁爱的基础上实现特殊性的父慈、子孝。只有这样，我们才能在全体公民心中真正树立起遵守社会公德的自觉意识，形成良好的公共道德风尚。

（二）公德的约定俗成性

公德就是公众道德，公德是生活于社会中的人们为了群体的利益而约定俗成的应做什么和不应做什么的行为规范。一个国家、一个民族或者一个群体，在其文明发展的历史长河中，在社会实践活动中积淀下来的道德准则、文化观念和思想传统都属于公德的范畴。公德不在法律约束的范围，它是大众在社会实践中依公众的文明水平特殊积淀而成的规矩，是相沿成习的结果。《荀子・

正名》曰:“名无固宜,约之以命,约定俗成谓之宜,异于约则谓之不宜。”社会公德是全民性的道德,它为社会公众所承认,并被绝大多数人所拥护和遵守。任何社会公德都是一定社会、一定时代的产物,它的内容和形式以及它所服务的对象都随着社会形态的变更而发生变化。在当今地球村和泛媒体时代,社会空间的加大,使公德的内容有了新的发展,面临新的流变和挑战,变得更加丰富多彩。

社会公德对维护社会公共生活的正常秩序,改善社会的道德风气,建设社会的文明与和谐具有重要的意义。随着社会的发展和进步,社会的公共生活更加丰富多彩,社会公德的作用也更加重要。传统的中国社会是一个农业社会,也是一个“熟人社会”,人们的生活圈子非常小,在“低头不见抬头见”的熟人圈中生活,一个人有任何不良行为都会被“记录在案”,并直接影响他的人品声誉。在这样的环境中,社会会自发地培育出适应性的公共道德。而现代社会不仅从时间上发展了,更从空间上变化了,人口的流动性远非昔日可比,就此形成了从某种意义上说的陌生人的社会交际圈。与你打交道的对象来无踪去无影,转眼之间即可消失在茫茫人海中,因此,人们的行为因失去了熟人的监督而肆无忌惮起来。这是如今一些人道德水平滑坡的一个重要原因。在信息化、全球化的今天,地球成了一个小小的村落。借助于互联网的高速传播,人们采集和发布信息的成本越来越低。在这样的大背景下,在一定程度上,人们交往的空间无形中扩大,但信息的密集程度又无限提高,这既改变着社会的空间区域,也使人的交际特性发生巨大的变化,信息的密集程度及技术的发展,也使人的社会定位性功能日益增强,社会进一步由陌生人社会向熟人社会转化。个体的不道德行为,很可能被人借助网络媒介广而告之,对当事人形成强大的舆论压力。这都是今天社会公德内容发生变化的社会条件。

(三)新时期社会公德的内容

在市场经济时代与社会主义和谐社会大发展的新时期,我们社会倡导的是建立和发展平等、团结、友爱、互助的新型人际关系;要创造的是和睦友善的社会环境,要树立的是社会主义核心价值观。同时,我们倡导的社会公德是文明礼貌、助人为乐、爱护公物、保护环境和遵纪守法等。

文明礼貌是社会公德的重要标志。人们在交往中相互尊重,行为文明,讲究礼仪,守时守约,相互礼让。

助人为乐是社会公德的本质要求。助人为乐、乐善好施、忘我奉献和见义勇为等是正直善良的人怀着道德义务感,主动给他人以帮助,并从中感到愉快的一种道德行为和道德情操。

爱护公物是社会公德的重要表现。在建设节约型社会的今天,爱护公物还要求在全社会树立节约意识,建设节约文化,倡导节约文明,教育每个公民过文明健康科学的生活,形成“节约光荣、浪费可耻”的社会风尚等。

保护环境也是社会公德的重要内容。我们知道,人类只有一个地球,地球已经存在了几十亿年,但是它非常脆弱,现在更是受到各种灾难的威胁:水污染、空气污染和江河断流等。保护环境,就是要保护自然资源并使其得到合理利用,防止自然环境受到污染和破坏,创造适合于人类生活、工作的理想环境。环境保护是个庞大的、系统的工程,关系着千千万万人的命运,所以,需要所有人的配合与努力。中国传统文化讲“天人合一”,在强调人与人及人与社会之间关系协调的同时,注重人与自然的和谐统一。今天,每个社会成员都应牢固树立起生态环保、公共卫生理念和绿色生产、绿色消费等意识。

遵纪守法则是社会公德的重要保证。遵纪守法,是指每个社会成员既要遵守国家颁布的有关法律、法规,也要遵守特定公共场所的有关规定。法治与德治,从来都是相辅相成、相互促进的。每个社会成员,尤其是应用文写作的学习者和实践者,都要自觉用法纪指导和约束自己的行为,把严格遵纪守法作为践行社会公德的自觉行动,增强法律意识、强化法纪观念,养成遵守和维护生产秩序、工作秩序、交通秩序和社会秩序的良好习惯,真正做到学法懂法,遵纪守法,才能保证写作思想的积极、写作内容的正确。

二、职业道德素养

从社会学的角度看,在人类社会生活的大千世界中,除了公共社会生活外,还有丰富多样的职业生活。职业道德就是从事一定职业的人在其特定的工作中特殊行为规范的总和。人生在世,大半时间是在职业生活中度过的,因而逐步形成了与职业生活相关的职业道德。人类的职业生活是职业道德产生的前提。可以说,一个社会有多少种职业,就有多少种职业道德。

(一)职业道德的内容与形式

职业道德既是社会道德在职业生活中的具体化,也是从业人员在职业活动中的行为标准和要求。在内容方面,职业道德要特殊表达职业义务、行业责任以及岗位实践行为上的道德准则。它不是一般性地反映社会道德的要求,而是要反映职业及产业特殊利益的要求;它不是在一般意义上的社会实践基础上形成的,而是在特定的行业实践基础上形成的,故而不仅要表现某一职业特有的道德传统和道德习惯,更要表现为从事某一职业的人们所特有的道德心理和道德品质,而且职业不同,要求也有不同侧重。比如,公务员职业道德是指公务员在本职工作中应当遵循的道德规范和行为准则。公务员的职业特点,使公务员职业道德产生的过程与其他职业有所不同,不仅有《公务员法》调整性质、职责等,也以制定成文的方式形成公务员职业道德规范。公务员职业道德的基本内容在于维护国家的统一、安全和尊严,维护政府的声誉和权威,要保政令畅通,努力成为人民根本利益的忠实代表,要公道正派、求真务实、遵纪守法、清正廉洁、艰苦奋斗、开拓进取、品行端正和情趣健康等。其他职业也各有各的要求和规范,如医生要救死扶伤、商人要诚信无欺等。因此,从业时间久了能造成人们在道德品貌上的差异。如教师的儒雅气派、军人的"硬汉作风"、工人的" 直爽性格"等。而职业道德的表现形式一般则是从本职业的实践活动特点出发,采用制度、守则、公约、条例或标语口号等比较灵活、多样的表现,这些具体形式既易于为从业人员所接受和实行,也易于形成一种职业的道德要求与习惯。

（二）职业道德的特征

职业道德调节的范围主要限于同一职业的成员,不仅是本职业从业人员同其服务对象之间的关系,也调节从事同一职业人员的内部关系,对于从事其他职业的人是不一定适用的。其特征有三"性"。

1. 实践性。职业道德是一个职业集体,甚至一个行业全体人员的行为表现。它不仅要通过意识,更要通过行为来实现。职业行为过程,就是职业实践过程,只有在实践过程中,才能调整职业关系,对从业人员职业活动的具体行为进行规范,解决现实生活中的具体道德冲突,最终体现出职业道德的水准。如果一个人只停留在道德意识阶段而不采取行动,不履行道德义务,他就只能具有某种道德意愿和动机,而不具有实际的道德品质。

2. 继承性。职业道德是在长期实践过程中逐渐形成,并被作为经验和传统继承下来的。随着社会的发展、行业的进步,其先进性和时代性内容会随之不断渗入,但即使在不同的社会经济发展阶段,同样一种职业因服务对象、服务手段、职业利益、职业责任和义务的相对稳定,作为职业行为的道德要求的核心内容仍将被继承和发扬,就此才能形成被不同社会发展阶段普遍认同的职业道德规范。

3. 服务性。社会是由不同行业组成的互相服务的整体。不论是事业还是企业单位,其形象、信用和声誉都需要通过各自提供的行业行为与行业产品的服务最终得以实现。职业道德不仅要体现社会集团的政策性、政治性,更要体现社会对职业的理想要求和职业对社会的有效贡献。没有服务社会的意识,就没有职业道德的要求。从业人员职业道德水平高是产品质量和服务质量的有效保证。

三、提高道德素养的意义与途径

良好的道德修养是立人之本，也是交际之本，是人作为公民立足社会、发展自我的前提。良好的职业素养更是成就事业人生的基本保证。人在成长过程中从家庭走出，进入成人社会，第一步就是要进入职业角色，在职业生涯中进行人际交往，进而为自己的目标和社会的发展去打拼事业。职业道德是人在行业空间中成就自己的角色和带来工作成绩的重要思想意识与行为能力，没有它，就没有走向成熟和成功的基础。职业道德素养是写好应用文的根本保证。应用文本身是在实际工作和生活中被广泛使用的写作文种，没有良好的职业道德，职业者就没有追求，也没有职业行为能力，就谈不上站在职业角度完成各项宏观与微观的写作任务。中国正处在社会转型时期，在市场经济的条件下，原有的道德或遭到破坏，或被人怀疑，而新的道德观念和行为模式又尚未被人们普遍接受，随着文化多元化、价值取向多元化，个人价值追求与社会价值追求出现种种错位，应用文写作者的精神世界和形式表现都面临着严峻的挑战，社会对应用文写作者提出了更为严格的职业道德修养要求。

（一）热爱劳动，树立职业荣誉感

应用文写作者尤其是在各级党政机关从事应用文写作的人，要热爱自己从事的职业，树立职业荣誉感，在应用文写作活动中发挥出更大的积极性和创造性。应用文写作既需要高尚的道德情操，又需要懂得管理知识、法律知识和具备处理日常业务工作的能力。尤其是从事计划、总结和合同等公文的写作，大多不以自己的名义发表，因此，是一项极其光荣、需要付出艰苦劳动、无私奉献的工作，每一位应用文撰写者，都应努力培养起对本职工作高度的责任感，不为名利所困扰。忠于职守就是要忠实地履行职业责任，而职业责任就是职业活动的中心，它是在一定的职业活动中所承担的特定的责任和义务。在物质、金钱面前做到“富贵不淫”，在权势或邪恶势力面前做到“威武不屈”，使自己的行为符合国家的利益、公众的利益。

（二）丰富阅历，处理好自律与他律的关系

道德行为有习惯性、自律性和他律性的不同。在应用文写作的道德建设中，要更新观念，勤于学习，才能最终做自己意识和行为的主人。道德的实践行为有它的规律性特点，首先是他律，诸如社会、环境、权威和他人对自我的约束，而后这种外在的规矩通过自身的觉悟和理解逐渐内化，成为自觉的行动准则，进而在任何情况下都能进行自我约束，即自律。比如，我们小时候被教导说谎是不对的行为，我们被动地服从大人的指示，处于对权威信服的他律阶段。当

我们逐渐长大,形成了自己的世界观和价值观,看到了纷纭的社会现象时,我们进一步知道了世界上还有“善意的谎言”存在。我们的认知变成“某些时候说谎是不对的,但是有时候善意的谎言也是必需的”。此时我们就把原本“说谎是不对的”这个简单的道德规范经过经验和理解内化成自身的认知。此时我们对“说谎”的道德评判有了深刻的自我定位,开始根据情况来决定是否说实话。

(三)加强学习,积极树立道德理想

应用文写作者要认真学习理论,避免人生的盲目性,树立道德理想,提高道德实践的自觉性。修养的过程实际上是个人的主观能动性发挥的过程。有了修养的自觉性,才能在道德实践中时时处处做有心人,加强自我督促,获得心理健康,摆脱或摒弃低级趣味和灰暗心理,从而得到情操的陶冶和心灵的净化。在不诉诸道德理想和规则的前提下,追求高尚的道德行为,在没有抽象原则和一般理论可以依靠的情况下,在具体的、偶然的情景中从事道德活动,并将道德行为传统抽象或提炼形成道德理想和规则。利用一切机会锻炼和培养自己,坚定自己的信念和理想,这样,才能坚持实事求是,不追求个人名利,尊重他人,团结协作,有利于职业的和自我的发展,做好本职工作。

(四)亲近自然,广交良友

大自然是人类的老师,在和谐中显示着万物的规律。在回归自然的向往和亲近自然的活动中,人性美好的部分会唤醒并升华。人还要结交人性善、品德好的朋友。孔子说,益者三友,友直、友谅、友多闻。在交朋友的过程中,不仅可以见贤思齐,还可以见不贤而内自省,孟母择邻三迁的故事就是最好的说明。

第三节　思维素养

写作思维活动与主体智能之间有着密不可分的关系,它们之间相互影响、相互作用。写作思维活动是写作主体在写作过程中逐渐形成的,是适应写作活动需要的一种心理活动,也是整合、序化主体的心理内容并为其寻求、发现或创造内在语言物化形式的思维过程。首先,写作思维首先是一种表现思维,因为写作这一活动的性质或目的就是表现活动,思维必然以这一性质或目的为内容。其次,写作思维就是把人的心理活动由繁杂的混乱无序状态加工改造成完整的心理内容,形成明确的表现对象和表现意愿。再次,写作思维具体的任务就是发现——创造语言的物化形式,就是运用语言文字同化心理内容的过程,它本质上就是语言文字思维。发生认识论心理学家皮亚杰说:“写作才思维。”这是因为,写作需要思维,写作就是思维,写作发动思维,写作活跃思维,写作创造思维。不仅如此,思维的过程始终伴随着认识、思考、情绪与情感的创造与新生。

一、常规思维素养

虽然人类在文明上的进步可以用日新月异来形容,但人们对人的思维、智慧和心理的研究还在步履维艰中进展。从现有的研究情况看,理性思维的研究稍微领先一步,因而,在常规思维的领域,人们获得了基本的共识。

(一)形象思维

形象思维是以形象为单位认识事物、表现事物本质的思维活动。形象也即表象,是离开具体物质的记忆形象;或者是具象,是以具体物质为基础的知觉形象;或者是经过意义浓缩及提炼的艺术形象,此种思维是运用形象再造新形象的思维形式。

(二)抽象思维

抽象思维是运用概念、判断和推理的形式反映客观事物的运动规律,以认识事物的内在联系和本质特征的思维方式。美国著名学者阿恩海姆认为,形象思维和抽象思维是相互表达的。

(三)灵感思维

灵感思维也称直觉思维。它是人们借助直觉启示所豁然迸发的一种理解或顿悟。屠格涅夫称这种思维为"神的君临",钱学森则称它是"第三思维",艾青从诗人的角度解释说:"所谓'灵感',是诗人的主观世界与客观世界的最愉快的邂逅。"

常规思维对写作主体具有重要意义。写作作为一种特殊的精神生产活动,是人的思维活动的结晶。任何写作本身都是思维活动,思维是与每个写作的阶段同步进行的,写作的一切环节都离不开思维,没有思维就没有写作。若要叙述抒情,达到感动人的目的,就需要调动形象思维;若要议论证明,达到以理服人的目的,就要运用逻辑思维中的归纳和演绎思维;若要分析说明,达到以事晓人的目的,就要使用分析综合的思维方法。苏联生理学家巴普洛夫还将人的气质分为思维型、艺术型和中间型三种。他认为,思维型的写作者适合在逻辑思维的天地里开创天地,艺术型的写作者更适合在形象思维的境界里发挥作用,介于思维型和艺术型两者之间的写作者则属于中间型。逻辑思维与形象思维的和谐统一,使得中间型写作者可以发挥其兼有的优势,融说明、议论、叙述、描写及抒情于一体,成为写作上的"两栖"人才。应用文写作作为以逻辑思维为主的写作活动,要求写作者首先要具有思维型和中间型的气质,发展自己的逻辑思维能力；其次要具有艺术型的气质，以增强应用文表达的形象性。

二、创新思维素养

创新思维就是具有崭新思维内容，并能产生全新思维成果的高级思维形式。创新是人类大脑思维高度进化的结果，是人类与客观自然交互作用，运用思维规律反映自然、改造客观的能动结果。创新是人类为了满足生存进化和发展的内在客观需要，为了一定的目的，遵循事物发展的规律，对对象进行变革，从而使其得以更新与发展的活动。创新的本质是一种智能劳动，是人类利用社会信息系统的智能劳动。这个关于智能劳动的定义，也就是创新研究的生长点。这样说是由于智能劳动不同于智能，智能是“人化自然能”，是不同于体能的一种能量。智能劳动是脑力劳动，是不同于体力劳动的劳动。创新是一门综合性学科，创新学是思维学和智能学的应用科学。抓住创新思维的特征，就能有意识地提高创新思维素养。

创新的特征表现在四个方面。

（一）主体的能动性

创新是一种智能劳动，是人类主观见之于客观的活动，是客观性和能动性的辩证统一。说创新具有客观性，是因为人的实践活动本身就必须遵从客观事物发展的规律，实践的成果也一定是客观规律的反映；创新更是一种具有主观能动性的结果，是人们自觉的、有目的的创造性活动。马克思明确指出，人区别于动物的本质特征就在于人是自由自觉的存在物。“一个种的全部特性、种的类特性就在于生命活动的性质，而人的类特性恰恰就是自由的自觉的活动”。人之所以是自由的，是因为人是有意识、有目的、有理性的存在物。人能够把自身和外在世界区分开来，在认识外在世界的基础上改造外在世界。动物只是按照它所属的种的尺度和需要来建造，而人却懂得按照任何一个种的尺度进行生产，并且懂得怎样把内在的尺度运用到对象上去。由此可见，人是通过能动的创造活动挣脱了自然界的直接规定，开始了自己创造自己、自己规定自己的生命过程，成为一个永远无法满足、永远不能达到、永远无畏、永远具有未来的自由的存在物。进一步从思维的属性上看，人类的能动性思维也恰是人类创造自己与改造世界的集中体现。其主体的能动性表现在三个方面：一是自觉地坚持发散思维，能够多方面地进行比较；二是不轻易确信传统习惯的现成方法；三是自觉坚持先扩散后收敛的思维程序，因而比较自觉地运用想象、形象、直觉与逻辑思维方法。所有这些现象都体现了创新思维的自觉能动性的特征，没有这样的特征就没有创新。创新的直接目的性则是主体能动性的一个重要方面。人类的创新总是围绕一定目的而展开的。虽然对个体而言,有时对目的的意识明显,有时却相对笼统模糊。有时目的直接,有时目的间接,但从本质上是可以分析的。心理学早已阐明,人的需要转化为行为动机,动机必指向目的,因此,目的是创新的基本动力之一。实践也证明,那些创新数量多、质量高的科学家都是具有很强的创新动机和目的的。托马斯·爱迪生拥有1 093项专利,这个纪录迄今尚未有人打破,他总是为自己和助手们明确创新目的、确定发明目标。马克思列宁主义、毛泽东思想、邓小平理论和"三个代表"重要思想都是产生于不同历史时期的,面向不同的时代问题的伟大理论,但其在目标指向上完全是一致的——人类的发展和社会的进步。

(二)过程的艰巨性

首先,从主体的客观性上说,人是一种从形态学上存在着诸多缺陷的存在。与动物相比,动物在体质上比人特定化,其本能图式设计的相当精致和完美,能适应每一种特定的生活条件,因此,动物是一种"自足"的存在。而人在体质上是未特定化的,因此,人是一种"匮乏"的存在。人的未特定化的生理缺陷一方面使人成为一种"易受损害的、易遭受危险的"生物,以至格伦将他称之为"被剥夺的存在";另一方面,人的这种否定性的生理缺陷却与肯定性的更高能力联系在一起。这就是说,人靠先天本能无法满足自身的需要,因此,人必须通过后天的文化创造弥补先天本能的不足。动物先天本能的优势成为其后天发展的劣势,而人先天本能的劣势则变为后天发展的优势。虽然这种本能上的劣势激发了人的创造性欲望,使文化创造得以生成,但主体客观上的劣势使创新的过程充满坎坷。其次,从主体的主观上而言,任何创新都必须有主体主观上诸种条件的满足。比如,缺乏特有的专业知识,或是某方面知识尚可但哲学思维、智能水平低,都不可能有高水平的创新成果。因此,创新需要有广阔的视野、合理的知识层次结构和很强的实践能力。最后,从对象而言,任何对象都有自己的存在历史、条件、形态和意义,人的价值是主体根据自身需要而做出的评价。创新的目的性使创新活动必然有自己的价值取向。创新活动的成果如何满足主体需要,满足多少,程度如何,都是需要不断探究、深入研讨的难题。如果这些难题轻易就得以解决,人类的生存道路将是一片坦途,但这才是天方夜谭。

(三)成果的新颖性

新颖性,简单理解就是贡献的成果是"前所未有"的。用新颖性来判断劳动成果是否是创新成果时依据两个特点。

1. 主体能产生出前所未有的成果特点。文化史、科学史和历史上的原创性成果大多属于这一类。这是真正高水平的创新,是从社会角度检验得出的评价。即从纵向历史上看没有出现，从横向现实中看，其他人也尚未发现，有其独特性。之所以必须从社会角度看，是因为人是有社会性的，人能够思维也是人与人之间信息交流的结果，离开信息交流、共享，不可能有个体思维的发展。因此，成果是否有新颖性，要由社会做出判断，要取得社会的认可、社会的承认。当然，这种社会认可也是有历史性、条件性的，比如，在相对封闭的年代，只为某一社区、地域内的前人、他人未有过的，社会就会承认其新颖性，而在信息网络化、高速化的今天，就必须在更大范围以至在全球范围才能承认其新颖性。

2. 创新主体能产生出相对于另外的创新主体来说具有新发展的特点。也就是说，即使前人、他人已经有了类似的思想认识或成果，但是创新主体能在某一点上有所深化或有所提高，才称得上新颖性。因为世界上任何新都是与旧相对而言。新与旧是辩证的关系，新出自于旧，完全与旧没有联系的新是不存在的。所以，只要有对旧的扬弃、对旧的发展（变化），也就具有新颖性。另外，成果的新颖性与成果的社会价值性密切相关。人的需要决定其价值观，一般人都不会把出坏主意、危害群众、危害社会的成果（即使是新颖的成果）视为创新。但是应当看到，科技成果的新颖性本身对人类社会进步已经具有价值，它自身不存在对社会危害的问题，但是对其进一步开发利用，即转化为应用的创新成果时则其价值会有正负两个方面，例如，原子能作为科技创新成果，对人类具有正面价值，但是利用它开发制成原子弹，则存在正或负的价值问题。

（四）方法的综合性

思维方法运用上的互补性、综合性，又是创新的重要特征。综合就是创新，这句名言不仅指创新的内容，而且也关系到思维的方法，更关系到创新的成果。一般简单的问题可以用单项方法，复杂的高级的创新思维就要将多种方法同时并用，或转换地用或互补综合地用。比如，逻辑思维与非逻辑思维（如形象思维、直觉思维等）的并用，演绎、归纳、类比等思维方法的合用；发散（扩散、辐射）思维与聚敛（集中、辐轴）思维的转换；溯源思维与反向思维的兼顾，想象、联想、幻想与理想、推理的互补综合；系统思维方法（如先见森林后看树木）与矛盾分析方法（主要从事物内部对立统一性进行分析）的综合；显思维与潜思维的互补，都是复杂的高级思维过程所必需的，它体现着创新思维的基本特征。它发挥的是创造性思维的多向性特点，打破传统思维定式，悖逆常规常态。

三、创新思维对应用文写作的意义

创新作为智能劳动，是人们利用社会信息系统的直接成果，尤其是高级思维的直接成果。而越高级的思维活动，其本身具有的灵活变化、综合协调的特点就越明显。所谓方法的灵活性是相对于思维的僵化性而言的。重复性思维有别于创新性思维正是因为它每次思维的展开其变动性少、灵活性要求不高。而创新思维则相反，要求有很强的敏感性、灵活性和变动性。而这种灵活性必然渗透到方方面面。比如,方法选优的灵活性、方法转移的灵活性、目标变动的灵活性等。创新一般都是为解决某一特定问题而展开的，因而思考有一定的目的性。然而,解决某一特定的问题要有一个过程，而且最终未能解决问题的事是常有的，但是思维过程中可能带来副产品或意外的、非原目标的收获与成果，对此必须有清醒的头脑。也就是说,创新思维灵活性还要表现在目标转移的灵活性上，既要看到目标的多元性，又要善于发现偏离原目标的有价值的东西。某种意义上说是把副产品变成正产品，以此推动自己的思维深入。这也是创新思维要把握的一个重要特点。

写作过程中的创新是复杂的智力输出过程。创新思维不仅可以作用于写作的灵感积累与调动联想,也可以帮助构思、巧出新意,更可以多向发散思维,形成新颖主题,也可以对比思考,凝练精彩、新鲜的语言。写作过程中的一切在创新思维的意识和规律的催动下,都能超乎常态地创造出意义非凡的成果。

第四节 情感素养

情感素养是写作主体的重要素养。情感是什么？情感是人对客观外物与自己的关系进行感性评判时得到的一种心理反应。《礼记·礼运》说:“喜、怒、哀、惧、爱、恶、欲,七者弗学而能。”情感是人类天然拥有的心理活动结果。用科学的语言说,情感不是客观事物在人类头脑中的直接影像,而是人对事物在价值需求中通过人的感觉器官在感知事物中与事物建立的特殊关系。价值是事物的一种特殊属性,它作为一种特殊的刺激信息依附于或隐含于视觉、听觉、味觉、嗅觉和触觉信息之中。有需求就有价值,需求得到满足就快乐、满意;反之就伤心、愤怒。人类就是通过情感感受认识事物价值的。

人是感情动物,没有丰富的感情,是无法完成写作活动的。情感既是文学写作的生命和灵魂,也是非文学写作需要的重要素养。虽然应用文写作主体基本不直接抒发感情,较少调动个体的情感表情达意,但工作中不仅要表达一般公民的道德情感、爱憎情感,也要代表机关组织和社会团体表达一般意义上的政治是非和社会情感。社会情感也是社会群体自然情感和个人情感的凝聚和浓缩,自然必须通过熔铸个体情感加以表现。一些公文或事物文书经常直接表现歌颂弘扬与憎恶惩戒的典型社会情感,一些新闻报道也要经常表达个性情感与倾向态度。应用文写作主体必须具有良好的情感素养,才能写出产生良好社会效果的文章。

一、情感的分类

在社会实践和现实生活中,与人的心智素养相关的情感可以分为两种形态:生活情感与写作情感。两者之间互相融合,互相影响,形成写作活动强大的驱动力。

(一)生活情感

在中国道德伦理体系中,无论从何种角度看,都无法排除人首先是自然的、感性的存在这一现实。这是所有时代和种族的人都具有的共性。人无时无刻不处在现实时空的环绕中,其中因受到外界各式各样的刺激而产生的各种心理反应都是生活情感的范畴。生活情感在外在形态上具有明确的、易于为人理解的表征,它来自生活本身,是个体内心最容易直观到的情感,如喜欢、爱慕、愤怒和悲伤等。每个人都是七情六欲的主体,都会随时生发各式各样的情感。如果对生活情感作一种细微的分析和客观地评估,不论是它的外表形态还是内涵底蕴,它都具有从本能到需要,再到生活的较强的层次性特征。鲁迅先生曾言及的"杭育杭育"派和《淮南子》举重劝力之歌中唱到的"今夫举大木者,前呼邪许后亦应之",所表达的更多的就是一种劳动或生存的需要而已,具有较强的原始性和本能性的特点。同时,由于生活情感一般只是立足于人的感官活动和一般性的感觉体验,所以它又具有偶然性和被动性特征,既不够生动,又比较简单化,是不受人的主观意识支配的,所以,在某种意义上它只显示了人与现实生活之间的关系。

(二)写作情感

写作情感是一种经过沉淀、更有理性支撑或更深刻、更主动而有导向性的情感。它随写作的类型不同而不同。由于文学写作是一种以抒发情感为旨归的活动,所以,能激发和导致这种活动的情感是最有意义的。比如,激情是一种强烈的、迅速来去的情感状态,激情常伴以灵感的降临和思绪的纷呈,并引发明显的写作冲动,如诗人郭沫若的许多诗作就是在激情的助力和灵感的指引下一挥而就的。人在激情的支配下,常能调动并发挥出自身的巨大潜力。而在经济应用文写作中,激情写作情感要被热情取代,热情与激情同中有异。热情是与人的人生观、价值观和工作观相关联的一种更持久、更深厚、更主动和更稳定的情感状态。在写作经济应用文的过程中,热情还蕴蓄着坚强的意志力量和工作的使命感与责任感。司汤达说:"在热情的激昂中,灵魂的火焰才有足够的力量把造成天才的各种材料熔于一炉。"[①]经济应用文的写作多不是出自个体的需要,更不是为了宣泄和抒发个人情怀,而更多情况下是为集体、为公务、为党和人民的事业,为集体的利益理解政策、表达抉择、说事论理和传递信息,同时也要宣传符合党和国家利益的人物与事迹、批评离心离德的现象,完成这些任务都需要热情和意志。有人认为,应用文写作只是管理的需要,只有实务意义没有感情可言,这也是不对的。无论从历史发展上认识,还是从现实实践中观察,应用文写作的情感追求不可或缺,只是它比较内在,比较隐晦,是在理性统摄之下的情感态度和社会价值判断的内在表现。任何事物,只要对人类生活、社会文明具有积极意义就具有情感的认识和美的品格,应用文写作是机关管理职能和文字表现形式的有机结合和高度统一,既体现应用文写作的特殊功能,也能凝练和激发普遍的社会情感。

二、情感的作用

(一)生活情感的作用

生活情感作为一种具有较强表层性特征的情感形式,任何具有感知和反应能力的人都会因外界的刺激和影响而产生变化多样的、合乎逻辑的生活情感。尽管它没有按照审美的要求进行升华和提炼,但它是人类在写作这种高级思维与心理活动中表情达意的出发点。一方面,这种生活情感是写作主体自身在长期的、有意识的生活体验中逐步产生和积累起来的;另一方面,这种情感还能影响到写作主体的世界观、人生观、审美观和价值观,更重要的是,在一定程度上它还直接作用于主体的写作心态和写作内容。一个情感冷漠的人,很难歌唱生活、热爱工作,也很难有写作的热情。只有积极不断地增加自己的情感厚度,热情生活、关心生命,大胆流露自己的爱和恨,让积极的情感体验成为写作活动强大的情感源和动力源,才有望使情感向更高级的理性和审美层次攀升。总体而言,由于生活情感的特殊性质,其在写作中主要是基础和储备性的,尤其是对应用文的写作而言更是前位性和边缘性的,是需要升华和发展的。

(二)写作情感的作用

首先,情感是写作者进入写作状态的心境保证。心理学认为,情绪情感是人对客观事物的态度,是人脑对客观外界事物与主体需要之间关系的反应。积极良好的情感情绪是提高办事效率、保证完成智力任务的必备条件。如果内心

① 司汤达. 给路易—格芳塞的信//段宝林. 西方古典作家谈文艺创作[M]. 沈阳:春风文艺出版社,1980:284.

积蓄着无数负面情感，对写作任务没有信心，没有意志力，是绝对不能把自己的智力调动到赋予创造性的状态的。俗话说“热爱是最好的老师”，应用文写作是复杂而艰苦的精神劳动，如果没有对写作的强烈兴趣，是很难写出佳篇力作的。写作者的个人兴趣和情绪对写作过程中的材料选择与主题提炼、内容的倾向性和生动性及风格的形成都有直接的影响。因此，写作者应当具有广泛、持久、深刻和健康的兴趣，才有可能写出好的应用文作品。

其次，情感是写作的动力。白居易说，诗者根情、苗言、华声、实义。文学写作往往出自某种强烈情感的驱使，然后发而为文。情不仅是作品可以感人的基本条件，也是文学写作的根本动因。当作家被外界事物深深感动的时刻，就会产生一种强烈的创作冲动，这时，在极其敏锐、活跃的创作心境下，大脑表层异常活跃，不仅记忆力旺盛，推动作家进入创作过程，而且想象力也特别发达，灵感不断闪现，使创作达到最佳状态。经济应用文写作虽然以情感作为动因的情况极少，但也不是绝对没有。是国家的利益和符合国家利益的人物要求写作者理解和领会人物的情感和精神境界，与国家的利益感同身受是最好的写作动力。进一步说，写作者的情感主要表现在他对外物的感知、认识、推理、判断及感情意志等心理活动中，在应用文写作的过程中，对题材处理、主题提炼、文种驾驭、语言表达及个性风格的形成都会产生深刻的影响。

再次，情感影响选材、构思和结构。写作中有特定的情感推动作者朝着一定的方面和角度进行观察和思考，并通过不同的情感联系，把某一事物和其他相关的事物结合起来，进行提炼和概括。写作实践证明，即使同一作者，描写同一对象，由于寄托的感情不同，选材的角度和构思的特点也就千差万别。在写作过程中，现实中的各种表象是分散的、零散的，有时甚至是对立的，在理性分析和感情联想的双重作用下，那些分散的、不典型的、彼此对立的各种表象才可以互相连接起来，组合起来。不仅逻辑有结构作用，情感和想象也有结构作用。在许多作品中都有两条结构线：一是主题思想；二是情感基调。文学写作中情感的作用大而显，例如，苏轼的《赤壁赋》中，一条线是体现文章主题的对人生哲学的思辨，另一条是由喜到悲再到喜的感情线。经济应用文写作中情感的结构作用弱而隐。

最后，情感进入文章成为写作的内容。情感不仅在写作过程中对写作主体有着特殊的意义并起着不同的作用，而且还进入文章成为写作的直接表现对象。在应用文写作中，情感是作者表现的直接或间接的内容。应用文也有叙述性的文章，作者会时而站出来代表集体或国家抒发对所述事件的态度和情感；在以议论为主的文章中，情感的成分是相对较少的，但不失时机地加进一些抒情性内容，也会在辅助说理方面起到不可忽视的作用。

三、情感的培育途径

叶圣陶说:“它(指情感)给我们极大的恩惠,使我们这个世界各部互相关联而且固结不解地组织起来;说我们深入生活的核心,不再去计较那些为什么而生活的问题。它是粘力,也是热力。”①情感是我们人类的黏合剂。但是,感情是与生俱来的,人人皆有感情,却并不意味着人人都具有合乎写作需要的感情。但写作情感是可以培育的。

叶圣陶说,情感的强弱周偏各人不同。有些人对于某一小部分的事物倾致他们的情感,对其他事物则不然。更有一些人对于什么都淡漠,不从这个方面倾致,也不从那方面倾致,只是消极地对待,觉得什么东西都辨不出滋味,一切都是无边的空虚,世界是各不关联的一堆死物,生活是无可奈何的消遣。所以至此的原因,在于与生活的核心向来不曾接近过,永久是离开得远远的;而所以离开,又在于不多观察,少具经验,缺乏切实的思想能力。由此可见,我们避免误入这条路,就得从经验、思想上着手。有了真切的经验、思想,必将引起真切的情感;成功则喜悦,失败则痛惜,不特限于一己,对于他人也会兴起深厚的同情。他的话告诉我们,情感培育的主要路径有两条:一是丰富生活,多看多听,从细体察,塑造个性。感受从生活中来,如果裹足不前,不接触一切新事物,不面对生活中特殊的机遇和挑战,就不是在生活,而只是在活着,就会陷入狭隘、偏激、麻木与冷淡,对生活失去新鲜感,就不能积累经验,凝练感受。二是加强学习、提炼思想,丰富生活,扩展视野。加强学习,就能理解生活的本质和意义,不至于远离社会和工作的真相,不至于不理解生活中最要紧的事情。一个人丰富、美好的写作情感必须在长期的社会实践中和良好的教育条件下形成。

思考与练习

1. 写作主体的综合素养及对写作的意义是什么?
2. 思想素养的内涵是什么?特殊思想素养与经济应用文写作有何关系?
3. 道德素养的内容与形式?什么是职业道德?提高职业道德的途径有哪些?
4. 创新作为智能劳动的特征有哪些?创新思维对写作的意义是什么?
5. 情感对写作的作用与培育途径是什么?

① 叶圣陶. 作文论//. 叶圣陶语文教育论集[M]. 北京:教育科学出版社,1980.

第二章

信息素养

随着网络技术、计算机技术和多媒体技术的发展,信息已成为人们学习、工作和生活的重要部分,信息的获取、分析、处理、运用和表达在当今社会显得尤为重要。因此,信息素养已成为人们必备的一种素养。作为写作行为的主体、写作系统的枢纽,应用文写作者自身的信息素养必然成为影响和制约写作活动的主体内在因素。

信息素养是一种涵盖面较广的以获取、评估、利用信息为特征的传统。与现代文化素养相结合的科学文化素养,是思想意识、文化积淀和心智能力、信息技术有机结合的一种综合能力。应用文写作者信息素养的组成要件有四个:信息意识、信息知识、信息能力以及信息安全。信息意识是获取信息的前提,只有意识到信息的重要性,才能在信息获取过程中占得先机。信息知识是基础,除了包括传统的文化素养,还需要掌握专业信息知识、应用文体知识和法律道德知识等。信息能力是核心,能够熟练运用信息技术工具,在大量无序的信息中辨别出自己所需要的信息,并对信息进行有效的加工,创造出更有效的应用文体适合的新信息。信息安全是保证,写作者在信息获取、使用、创造和传播过程中应该遵守国家和社会的法律、法规以及伦理道德规范。

第一节　信息意识

信息意识是人们对信息的感知和需求的能动反映,包括捕捉判断信息,并及时抓住有用信息的敏感力。信息意识是信息素养中非常重要的一个方面,是培养信息素养的前提。信息意识较强的人,会主动关注各种信息资源,能够及时了解和掌握最新的信息动态,跟踪先进技术和成果,以便更好地进行各方面相关的工作。应用文一个很重要的特征是注重时效性,即内容要新鲜,撰文要及时,办文要迅速。这需要作者能在第一时间内得到相关应用文的最新信息,因此,要求写作者应该具有很强的信息意识。信息意识是应用文写作中获得材料的内在动因。

一、信息意识的内涵

信息意识属于意识形态范畴,从心理学讲,包含人们对信息和信息工作的感觉、知觉、情感和意志等,还包含脑生理机制对人体各感受器官的信息刺激作用,从而产生神经冲动又会在人脑中转化为心理活动的对象和内容。信息意识既是信息主体对信息的认识过程,也是其对外界信息环境变化的一种能动的反映,是人们在认识世界和改造世界中开发和利用信息的观念和自觉能力。信息意识有自身的特性。首先,信息意识本身是看不见摸不到的,它虽然可以形成信息活动,但它本身不等于行为,所以信息意识是一种内在的结构,具有内在性的特征。其次,信息意识能够支配和调节意志与情感体验,以及认识活动等整个心理过程,因而具有能动性的特征。再次,信息意识是人脑的机能,不但受社会历史条件和生产力水平的制约,还受社会提供信息能力的制约,可见其依赖性的特征。另外,信息意识形成后,将持续一段时间而不轻易改变,信息意识中有的部分已成为人格的一部分,但信息意识的态度控制系统(即认识、情感、意志三者)可以因为新经验、新知识、新情况而引起变化。由此可见信息意识具有稳定性和可塑性的特征。总而言之,信息意识是指人对信息的自觉能动反应,是人脑对信息的感知、思维等各种心理活动的总和。通俗地说,信息意识是指人们从信息的价值与作用的角度来认识、分析、判断自然界和人类社会产生的各种信息,以及获取、选择、利用和传播信息等行为倾向。

信息意识与信息能力是信息素养构成的两个方面,信息意识是社会意识的一种,它以内在的观念形态存在,对人的信息活动行为具有支配作用,并非是一种具体的能力。信息能力是指人们在从事信息活动过程中应该具备的各种技能,具体表现为人们对信息的获取、分析、选择和利用等方面的能力。但信息意识和信息能力存在相辅相成的内在联系,提高信息能力,可以强化信息意识。信息意识的加强,则又可以促进信息能力的提高。

信息意识是人脑的机能和属性,是信息主体对信息的认识过程,也是对外界信息环境变化的一种能动的反映。因此,信息意识对信息主体的信息行为必然起着控制作用,信息意识的强弱则直接影响到信息主体信息行为效果的优劣。对信息主体的影响而言,信息意识的能动性主要表现在以下三个方面。

(一)信息意识可以影响主体的信息需求

人们的信息搜集活动是受信息需求驱使的,影响需求的力量的大小主要指需求意识的清晰程度——意识越明确,行动目标越清楚,则信息活动的动机越稳定、持久、强烈，努力程度也就越高。因此，信息意识的强弱直接影响人们信息需求程度的高低。

（二）信息意识可以支配信息主体的行为

信息意识可以能动地影响和控制信息主体的行为。就信息检索过程而言，信息意识可以帮助检索者确定信息检索的目标和任务，规范信息开发行为，指导检索者制定科学合理的检索策略，达到利用信息的目的。

（三）信息意识可以可推动信息主体创造新的知识信息

信息意识可以驱动信息用户摄取信息，经过整理加工和思维活动，生产出更有价值的新的知识信息。这不仅能丰富社会信息资源，而且能推动信息用户转变为信息创造者和提供者，因而它是信息意识巨大能动性的更深层的表现。

二、应用文写作者信息意识的构成要素

应用文写作者的信息意识主要由信息主体意识、信息传播意识、信息更新意识、信息评判意识和信息安全意识等构成。

（一）信息主体意识

创新时代的主体是人，因而人是信息时代的主要因素。作为单个人的应用文写作者在信息活动中要保持高度的自主性、独立性和规范性，要清楚自己的信息需求，并能在此基础上阐明自己的信息需求，能够识别潜在的信息源，懂得如何学习，知道信息是怎样组织的、怎样寻找和利用，具有独立学习和终身学习的好习惯。

（二）信息传播意识

在信息社会中，信息的交流是普遍存在的。写作者要能够对信息进行正确传递、报道与沟通，以防止信息闭塞。了解信息传播的媒体有广播、电视、报刊、出版物与互联网等；了解信息的各种承载形式有印刷型、电子型（磁带、缩微制品、软件、光盘和网络等）和无载体型等。信息传播途径有多种，任何一种都无法将某些信息收集齐全，所以必须学会利用各类信息源，从不同角度评价信息，利用尽可能多的机会扩散信息以增大其收益面。

（三）信息更新意识

信息的快速递增使新信息层出不穷，这样就会构成原有信息资源的一些变化。写作者为了保证所获信息源的真实、可靠、有效和准确，必须有更新意识。一方面，要掌握已有的关于应用文写作主题的相关信息，避免重复劳动，节省人力、物力，提高信息的利用率；另一方面，要随时了解有关应用文写作主题的最新动态，才能使自己写出的应用文在社会实践中更好地发挥工具作用。

(四)信息评判意识

面对铺天盖地、混乱无序的信息,既不能盲目接收,也不能全盘否定,而应对其做出批判性的处理,要养成鉴别、筛选信息的好习惯。任何不符合客观实际的主观信息或误传信息都将导致信息行为产生不良后果,因此要对信息进行多方面、多角度的辨别,认识信息的本质,不要被错误信息的表象所迷惑。

(五)信息安全意识

对于机密性信息,如个人隐私、商业秘密、国家安全等问题,一定要严守保密原则;有效地控制信息的使用方式,保证信息的完整性、系统性;严防信息被篡改或毁坏;遵守有关信息安全方面的法规与规定。

三、应用文写作者信息意识的表现形式

(一)对信息敏锐的感受力

对信息敏锐的感受力是指信息主体能够敏锐地感受信息,尤其是对各种新的或有重要价值的信息的感悟。这是信息意识的突出表现,是一种自觉的心理倾向。能敏锐地捕捉信息,并善于从他人看来是司空见惯的、微不足道的现象中发现有价值的信息,这是应用文写作者积累写作材料的一条重要渠道。

(二)对信息持久的注意力

对信息持久的注意力是指对信息应有一种习惯性倾向,无论在任何地点、时间和环境中都对信息保持密切关注。具有信息意识的人,对信息的关注不受时间和空间的限制,无论是工作范围以内,还是日常生活中,都习惯地观察周围一切事物,并思考问题,把这些信息和自己所要写作的内容联系在一起。

(三)对信息价值的判断力与洞察力

对信息价值具有判断力与洞察力是指对纷繁复杂的各种信息能做出批判性的处理,鉴别其真伪,把握其本质。应用文写作者面对各种信息,要能够准确地找出适合所写相关文体的合适信息。

四、应用文写作者信息意识的培养

信息意识是人们利用信息系统获取信息的内在动因。信息意识有两种形式:一是被动接受状态,是指人们从社会的信息环境中被动地接受事先未料及的信息;二是自觉活跃状态,是指信息意识的觉醒状态,它促使人们制订信息活动计划,主动关心和了解各种变化,并做出相应的选择。处于被动接受状态的人们缺乏对信息的捕捉、判断和利用能力,其信息需求不高,不善于开发利用信息和消化吸收信息中的精髓,难以提炼出有真知灼见的新思想、新知识;处于自

觉活跃状态的人们，对信息相当敏感，善于挖掘有价值的信息，遇到问题时知道并善于依靠信息进行判断、分析和决策。因此，信息意识越强，信息活动的动机就越稳定、越持久、越强烈，获得的知识和成就也越高。信息意识属于意识形态范畴，比较抽象复杂，它的发展变化和培养既受社会因素的制约，又受自身文化素质的制约。但信息意识是可以调节和培养的，可以从没有到有，也可以从被动接受状态到自觉活跃状态，它会随着人们自身文化素质的提高和对信息活动的进一步认识而逐步提高。培养自觉活跃状态的信息意识是每一个应用文写作者应该自觉完成的任务。

信息意识是一种心理反应，它的形成条件分为外在环境因素和内在主体因素两个方面。外在环境因素又分为自然环境和社会环境，其中，自然环境是主体意识产生和发展的基本条件；社会环境尤其是文化环境，包括思想意识形态、民族心理等，对主体信息意识的生成和发展影响巨大。在迅速变化的环境因素的刺激下，主体会产生内在强烈的信息需求，客观上促进开放的信息意识的形成和发展。个体信息意识的强化，使人的思维模式、爱好兴趣和学习生活都发生有益的变革，使他们的智能开发、创新意识、潜力发挥得以升华。信息意识的培养和提高需要经过长期的教育，需要在学习和生活中进行潜移默化的熏陶，尤其是思维的培养。

应用文写作者信息意识的培养，可以从五个方面入手。

（一）培养思维对感知信息的定向作用

信息敏感的养成首先是对某一领域事物注意的结果。当人们经常思考某专业领域的问题时，或在一定时期集中思考某一方面的问题时，这种思维活动就能调动人的感觉、知觉和记忆等心理活动集中指向其对象。此时，当信息源发出信息时，信息就会立即被注意，并能被迅速捕获。作为应用文的写作者可以有意识地培养关于应用文体写作信息的定向感知和注意的能力。

（二）培养思维对感知信息的选择作用

人们在工作和生活中触及感知到的信息比较多，但一定是从中选择，为己所用。比如，在一座山上，地质学家关注的是矿藏信息；植物学家感兴趣的是获得稀有植物，原因就在于他们对感知信息活动的选择。对于一个应用文的写作者而言，写作经济文书和法律文书需要不同信息，需要对感知信息做出恰当选择，否则就不可能写出好的应用文。

（三）培养思维对感知信息的渗透作用

观察总是在理性思维指导下的主动寻找信息的行为，而不是被动的反应。同样是看一张人体的 X 光透视片，未经过专业训练的人只能看到明暗交错的不规则的图形,而医生却能清楚地看出人体的病灶。写作者信息意识越强,对所感知信息的渗透力就越强,就越能抓住感知信息的本质,因而就会恰当运用信息。

(四)培养思维对感知信息的强化作用

在生活和工作中,当一个人把某个问题的解决当作他孜孜以求的目标时,他的大脑皮层就会建立起一个相应的优势灶,使得神经细胞对相关信息刺激的敏感性强化起来,别人未察之纤微之迹,他却已看出对解决问题的重大意义。因此,写作者培养思维对信息刺激的强化作用,就能在某个确定的领域内细察事物的微小变化,认识事物的趋向和规律。

(五)培养思维对感知信息的配合作用

在实际生活和工作中,我们看到的任何个人的“独具慧眼”,其实都不是孤立的,一定是结合其他方面的能力,特别是想象、联想、抽象和概括等思维功能的配合,才能形成敏锐而深刻的“独具慧眼”。因此,写作者在培养信息意识的过程中,一定要培养思维对感知信息的配合作用。

第二节 信息知识

一、信息知识的内涵

信息社会是一个急剧变化、竞争激烈的社会。人们为了在竞争中求得生存,在变化中求得发展,都渴望获得各种有用的信息。信息是一种用之不竭的资源。“信息”是一个比较复杂的概念,在社会科学、自然科学等不同学科中具有不同的定义。由于观察的角度不同,研究的侧重点不同,不同学科有不同的信息定义。自然科学、管理科学中所说的信息,多指数据、指令;社会人文科学中所说的信息,多指消息、情报和资料;人们在日常生活中所说的信息,多指各种音讯、消息和通知等。即使在同一个学科内,由于研究者对研究对象和条件进一步缩小和做出限制,对信息的定义也会有很大的差别。现代信息科学认为,信息的基本特点在于:信息是可扩充的、可压缩的、可替代的、可输送的、可扩散的和可分享的,信息既可以为个人所分享,又可以为社会所共享。

信息的概念有狭义与广义之分。狭义信息是指通信系统,即通信、广播、电视、雷达、导航、计算机、电子对抗及自动控制的应用,信息的度量、方法、信源、信道的描述,信息的传输、交换和处理等。广义信息包括生物学、生理学、心理学、神经学、语言学、教育学、经济学、社会学和哲学等各个领域。美国的《韦柏字典》把信息解释为:"用来通信的事实,在观察中得到的数据、新闻和知识。"英国的《牛津字典》认为:"信息就是谈论的事情、新闻的知识。"日本的《广辞苑》中说:"信息是所观察事物的知识。"尽管说法不尽一致,但是,以知识作为信息的基本内容则是共同的。如同信息一样,古往今来,人们对知识的理解也是仁者见仁、智者见智的。《现代汉语词典》(1991 年版)对知识的定义是:"人们在改造世界的实践中所获得的认识和经验的总和。"还有的人从知识与信息的关系入手对其进行定义,认为"知识是信息的一部分","知识是对信息加工的产品"等。知识本身是人类智力的产物,是物化了的自然信息。知识是来源于客观物质世界的信息经人脑提炼、转化而成的,是经人类认识、挑选系统化和深化了的信息,是同种信息的积聚结晶。信息,就其本性而言,是原始的、粗糙的、具体的、局部的、个别的、表面的和分散的,甚至是杂乱无章的。它们只是各种客体事物运动状态及其变化方式的直接或间接的表述,是人们认识世界的原材料。因此,在获得信息之后,需要通过适当的加工把它转换成为具有抽象性和普遍适用性品格的信息,才能成为知识。

信息知识指与信息有关的理论、知识和方法,是信息素养的基础,包括传统文化素质、信息理论知识和信息技术知识。应用文作者的信息知识指与应用文写作相关的文化知识、应用文体写作知识、理论知识、信息技术知识以及法律道德知识等。

二、信息知识的分类

(一)直接信息和间接信息

按信息来源分,信息知识分为直接信息和间接信息。

直接信息要通过实地调查、实验和观察等途径获得。古人说过:"纸上得来终觉浅",通过调查、实验和观察得来的直接信息,可以丰富或纠正间接信息,还可能得到知识创新的第一手材料,获得新知。因此,信息获取特别重视直接信息。间接信息分为口头信息和借助载体传播的信息。口头信息即他人口口相传的信息,虽然没有文字记载,但是其中除了一些属于街谈巷议、无稽之谈之外,也往往有真实的未被人重视过、利用过的信息。调查工作往往不忽略口口相传的材料,古代的"采风"很重视这方面的信息,用于制定政治、军事、社会建设诸方面决策的参考材料。借助载体传播的信息一般是借助文字、符号和图像等形式,通过相应的载体(如纸制品、缩微胶片、幻灯片、光盘和磁盘等)进行传播的信息,这类信息是人类记忆的活化物,是重要的智力资源。

(二)事实性信息和观念性信息

按信息形态分,信息知识分为事实性信息和观念性信息。

事实性信息是指客观存在的现实事物,主要包括人物、事件、事物、现象和统计数字等。事实性信息可以通过直接实践经验获得,也可以通过新闻媒体或其他信息载体获得,在写作中,事实性信息占有重要地位。观念性信息是作者从他人的引用中证明自己观点的理性认识。这是通过对信息的分析、鉴别、综合与归纳后产生的。

(三)个别性信息和综合性信息

按信息性质分,信息知识分为个别性信息和综合性信息。

单独存在的事实或个人的观点,用于信息都是个别性信息。综合起来加以认识的普遍现象或公众观点,用于信息时就是综合信息。在应用文写作中,个别信息显示局部,综合信息显示整体,一般需要结合起来运用。

(四)现实信息和历史信息

按信息时间分,信息知识可分为现实信息和历史信息。

与作者的写作行为共有一个时代背景的信息都是现实信息;在以前的历史时期中发生或存在过的事实和观念都是历史信息。不过这种区分只是相对的,对不同的文体而言,现实和历史的含义会有所变化。例如,总结类应用文,当年的事实和数据是现实信息,往年的事实和数据就会被看作是历史信息。

三、信息知识对应用文写作的作用

信息知识是应用文写作的基础,它对应用文的主旨、材料、结构以及语言都起到了基础性作用。比如,信息知识不仅是应用文产生观点的基础,而且是表现观点的支柱。观点是在一定的信息知识基础上产生的,观点也需要从信息知识中选取材料的支撑。没有作者平时积累的信息知识,应用文的写作只能成为空中楼阁。

四、应用文写作者应具有的信息知识

(一)深厚的文化信息知识

写作需要知识,需要学问,从一定意义上说,写作就是做学问,它能够把一个人深厚的底蕴和学识都调动起来,涌上笔端,派上用途,并激发作者的想象力和创造力。丰富的社会经验、生活常识和天文地理知识,是写作不可缺少的辅助材料。应用文写作虽然不像文学创作那样需要文化底蕴和才情,但也需要文化信息知识,没有丰富的文化信息知识,文章就会显得干涩、单调。

(二)广博的专业信息知识

应用文写作的内容往往涉及社会的各行各业,这就要求作者应当具有广博的信息知识,否则就会捉襟见肘,力不从心,不能写出正确反映社会生活的文章。首先,应该努力掌握相应的专业信息知识。在写作中根据实际情况和具体要求,准确地运用专业概念、术语和专业常识,不仅可以发挥应用文的实际功效,而且可以避免由于外行的表述而贻笑大方。其次,应该广泛涉猎各学科的信息知识,如马克思主义的基本理论、哲学、经济、法律、历史、办公自动化、天文和地理知识等。只有广泛浏览,多方涉猎,写起文章来才能左右逢源,得心应手。

(三)应用文体的信息知识

应用文体的知识包括应用文的概念、特征和种类,各类应用文体的格式和写作要求,应用文主题的确立、材料的选择、结构的安排和语言的组织等。要写出符合实际、质量较高的应用文,必须学习写作的有关理论知识,掌握写作的基本特点和规律。只有了解和掌握必要的应用文体信息知识,才能把应用写作与其他性质的写作区别开来,才能把各种应用文体区别开来。

(四)规范的信息安全知识

信息作为一种资源,它的普遍性、共享性、增值性、可处理性和多效用性,使其对于人类具有特别重要的意义。但同时信息资源会受到各种类型的威胁、干扰和破坏。作为应用文而言,尤其是应用文中的公文,起着记录和传递社会管理信息的作用,如果其安全受到干扰和破坏,那么将会对社会造成重大的影响和破坏。因此,作为一个应用文的写作者,必须具有规范的安全知识。

(五)先进的信息技术知识

作为应用文的写作者,为了更快地获得信息知识,需要掌握计算机、因特网等现代信息技术的操作,更需要熟练掌握通过现代信息技术查找、传递和处理相关的信息。因此,写作者需要熟练掌握先进的信息技术知识和技能。

第三节　信息能力

一、信息能力的内涵

信息能力是社会发展到一定阶段的产物,是一个动态的概念,其内涵随着社会信息化程度的提高而不断拓展。20 世纪 70 年代,人们把信息能力解释为:遇到问题时知道求助于信息的帮助,掌握获取信息的方法和技巧,能利用所获得的信息解决实际问题。20 世纪 80 年代,计算机技术广泛应用于信息处理过程,信息专家给予信息能力一个清晰的轮廓,其中心就是在各种信息交叉渗透、技术高度发展的社会中,应具备处理信息的实际技能和对信息进行筛选、鉴别及利用的能力。20 世纪 90 年代,研究人员对信息能力作了较为全面的概括:信息能力包括获取和评价信息的能力,组织和保持信息的能力,传译和交流信息的能力,使用计算机处理信息的能力。总之,信息能力是对各种信息的获取、理解、分析、加工、处理、传递的理解和活用能力。信息能力是一种基本的信息素养,它是一种在技术层面、操作层面和能力层面上的素养。信息能力是信息素养中最重要的核心能力。对于应用文的写作者而言,信息能力是指对应用文的写作要素和各种行政机关公文、事务文书、经济文书和法律文书,以及各种日常应用文等相关信息的获取、理解、分析、加工、处理和运用到写作中的综合能力。

二、应用文写作者信息能力的培养

一个人的信息能力会极大地影响他的信息行为,包括他所习惯使用的信息源和信息类型、获取信息的途径和渠道与查询资料时花费时间的长短等。应用文写作者的信息能力包括对相关应用文写作材料信息的获取、管理、评价、利用和传播五个方面的能力。如图 2－1 所示,获取、管理、评价、利用、传播这五个范畴之间相对独立,不是单纯的线性逻辑关系,它们之间的协同作用是一种互补关系。

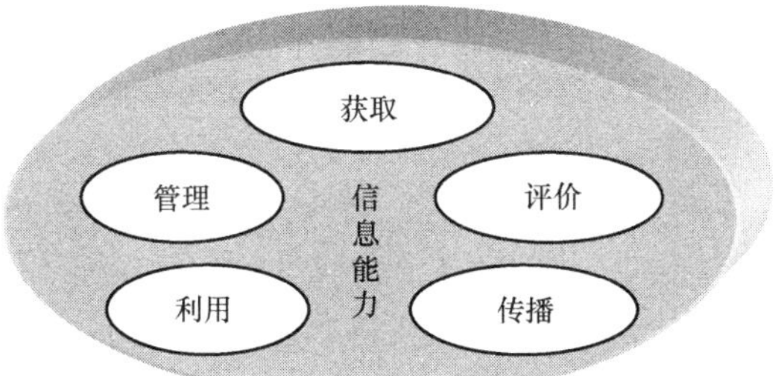

图 2－1 信息能力

(一)信息的获取

应用文写作者信息的获取能力是指通过对自然的感应、人际交流和大众传媒,利用一定的信息技术获取信息的能力,是写作者能够利用信息的最基本能力。写作者在获取信息的过程中,需要注意三种能力的培养:一是信息搜集能力,除了通过亲身实践、观察、调查获得信息外,更需具有掌握一定的信息检索方法、运用基础的信息技术获取信息的能力;二是信息选择能力,应用文写作者要注意信息的选择是否符合应用文主旨、是否真实可靠、是否典型和新颖;三是信息检索能力。对于一个应用文写作者而言,学习和利用已有的相关信息也很重要,要具有利用一定的工具,有目的地检查已经加工储存的信息的能力。

(二)信息的管理

学会管理信息的方法,养成将信息分门别类的习惯,计算机存储信息的树状目录结构是在人脑中建构信息很好的模仿体系。如果把关于应用文写作的信息在大脑中建立一个目录结构,无论是写什么题材的应用文都会得心应手。可见培养良好的信息管理能力将为有效地利用信息创造条件。

(三)信息的评价

信息评价是应用文写作者选择恰当信息运用到写作中非常重要的环节。只有准确判断信息的可信度以及价值,才能选择更恰当的信息为文章的主旨服务。要做好信息的评价,需要注意三种能力的培养:一是信息理解能力,这是指能明了信息的本来意图,洞观信息的本质性意义;二是信息分析综合能力,这是指在人们把握已获信息实质的基础上,分析信息资料的细节,并将信息资料重新组合起来的能力;三是信息批判能力,这是指对于搜集和选择的信息,在理解的基础上进行仔细研究和推敲,形成自己的观点。

(四)信息的利用

在信息搜集、选择、理解和批判的基础上,能准确地概述、综合、改造和表述所需要的信息,使之恰如其分地应用到应用文的写作中来。信息的利用是应用文最后成文的一个关键步骤,懂得信息的取舍决定应用文选材是否恰当。

(五)信息的传播

应用文是机关团体、企事业单位和个人在日常工作和生活中办理公私事务时,经常使用的、有明确的使用价值和某种惯用体式的实用性文章。当它以成文的方式在上传下达或通过网络的方式流通在人际交流中时,应用文已经起到了它的传播作用,也表现了作者信息传播的能力。

三、提高应用文写作者信息能力的途径

应用文写作者除了要树立良好的信息意识和拥有丰富的信息知识外,要从根本上认识到提高自身信息能力的迫切性,并在实际写作中逐步提高自身的信息能力。提高信息能力的途径有以下三个方面。

(一)提高应用文写作者获取信息的能力

应用文写作者获取信息的途径有两条:一是利用传统的方法获取;二是利

用现代信息技术获取。

1. 通过观察获取信息。观察,就是对某些事物有选择、有目的、有计划地伴随着理性思维所进行的知觉过程。观察的常见方式有定点观察法、移动观察法、比较观察法和连续观察法。定点观察就是从一定的角度去观察;移动观察就是为了多方面地了解事物,不断变换位置、变换时间、变换角度进行观察;比较观察就是对不同的观察对象进行比较或是对同一个观察对象的不同方面和阶段进行对比观察,可以抓住事物的特征;连续观察就是对客观事物进行连续性的反复观察。

2. 通过调查获取信息。调查搜集信息的目的性、计划性和时间性都很强,因而广泛使用于应用文体的信息搜集。按调查时间的连续性,调查方法可分为经常性调查和一次性调查。按被调查对象涉及的范围,调查可分为全面调查和非全面调查,全面调查包括普遍调查和全面报表制度;非全面调查包括典型调查、重点调查和抽样调查。普遍调查是指专门组织的一次性的、在一定范围内对所有涉及对象进行的全面调查。典型调查是指在对研究对象进行全面分析的基础上,有意识地选出若干代表该类事物本质的典型单位,进行深入细致调查的一种调查方法;重点调查是指在一定范围内的调查对象中选择一部分重点对象进行调查;抽样调查是指按照科学的原理和计算从总体中抽取部分单位作为样本进行调查,用以推算总体数量特征的一种调查方式,被公认为是非全面调查方法中用来推算和代表总体的最完善、最有科学根据的调查方法。按取得调查信息的具体方式,调查方式可分为实地勘察、集体询问、个体询问、实验和间接了解等。

3. 通过阅读获取信息。通过阅读获取的信息包括书籍、报刊、文件、档案、手稿、图片、图表、声像、光盘和因特网等一切记录和传播人类知识载体中的信息。要通过阅读获取信息,要求作者掌握检索信息的途径和方法,利用书目、索引和年鉴等检索工具,通过书名、著者、分类和主题等检索途径寻找所需信息。在信息时代,从书籍、报纸、杂志到广播、电视,再到因特网等,国内国外、天上地下,经常不断地传播着各种不同的信息,供选择和利用。为了更快、更好地获取信息,要求作者掌握计算机信息技术,了解和熟悉各种信息源的使用规则和方法,提高信息的检索能力。利用计算机检索信息包括四种方法:一是利用计算机检索图书馆馆藏信息数据库;二是利用光盘检索数据库;三是联机检索所需信息;四是检索互联网上的信息资源。

(二)提高应用文写作者分析信息的能力

信息分析是指能够将获取的丰富信息进行筛选,鉴别自己所需要的信息,判断它的可信度，然后对真实有用的信息进行分类。分析信息的方法有以下三种。

1. 综合分析法。综合分析法是信息处理的一种重要手段，它通过对原始分散的信息进行整理加工，使其成为系统的、有条理的信息，从而使原来基础性的信息由单一变集成，由分散变完整，由零碎变系统的一种信息分析方法。在写作过程中，对所获取的信息不进行分析综合，就不能认识事物的本质，不能认识事物间的内部层次及相互间的关系，也不可能对事物有整体全面的认识，因而就不可能准确地利用信息。所以，要提高应用文写作者的综合分析能力。

2. 因果分析法。因果分析法是寻求事物或现象之间因果联系的方法。因果分析法能够帮助写作者找到信息之间的实质性关系和内部联系，根据文章主旨不同准确选择所需要的各类信息。

3. 比较分析法。比较的方法有多种：同类比较法、异类比较法、纵向比较法、横向比较法、宏观比较法和微观比较法等。这种方法是把从不同角度、不同途径获得的不同性质的信息加以整理、归类比较，在各种信息的比较中发现适合写作应用文所需要的信息。

以上三种分析信息的方法是培养写作者对获取信息的识别和选择的能力，其实质就是培养写作者的思维能力。在常规逻辑思维的基础上，要有意识地培养写作者的创造性思维能力。创造性思维有两种类型：一是发散性思维，是指以要解决的问题为中心，自由广泛地进行联想、想象，从各个方面探索解决问题的各种可能性的一种思维活动；二是收敛性思维，是建立在发散性思维基础上的思维活动，通过分析、比较、抽象、概括和综合等，将发散性思维获得的各种想法进行去伪存真、去粗取精、由表及里的处理，或是从多种想法中概括和抽象出它们共同的本质属性，从中选择主要的、有代表性的关键想法，得到思维结果。

(三)提高应用文写作者利用信息的能力

在获取、分析信息的基础上，能够充分恰当地利用信息对应用文的写作至关重要，虽说“巧妇难为无米之炊”，但在占有大量与主旨相关的信息后，如何使信息变为文章的材料也是关键。要做到恰当地利用信息，须注意以下三点。

1. 选取与主旨相配合的信息。文章的主旨来自作者选取的信息，因此被选用的信息一定要与文章的主旨相配合。比如，在总结、调查报告等强调以事实说话，又无须观点统领的叙述性文体写作中，尤其要注意选取信息与文章主旨的配合。选取与主旨不配合的信息，就说明作者不具有利用信息的能力。因此，要提高作者利用信息的能力，就要充分考虑文章主旨和所获取信息之间的关系。

2. 利用信息要有取有舍。在选用说明主旨的信息时，不是堆砌信息，滥用信息,要有取有舍,有多有少。要根据所写应用文种类的要求和具体的文章布局决定信息的用量。信息的取舍要遵循三个原则:一是信息要真实、确凿;二是信息要有典型性,典型信息既有鲜明独特的个性特征,又有明显的共性特征;三是信息要新颖,文章新颖很重要,否则读者就没有兴趣。应用文也同样需要新鲜感,虽然它不像文学作品那样讲究创造性,但它所表达的主旨、所运用的信息也不能是老生常谈。对于事实性的信息而言,要选用新近发生或发现的;对于观念性的信息而言,要选用那些与现实的最新趋势密切相关的,或者与新的社会现实相结合能产生新鲜意义的。应用文的价值就在于实用。

3. 提高利用信息的能力。提高应用文写作者利用信息的能力,还需要作者通过学习和训练,提高自己的语言文字修养和表达技巧,具备较高的表情达意的能力;否则,仅拥有鲜明的主旨和占有丰富的信息,依然不可能产生好作品。写好应用文,要具备叙述、阐述、说明和概括等语言表达能力。叙述能力是指用简洁的语言对事实作总体性的介绍,而不是像叙事文体那样详尽、细致地叙述。阐述能力是指运用逻辑性的语言陈述某种观念、原理或论点的内涵及其联系。说明能力是指着眼于事物的存在和特性,主要通过不带主观倾向和感情色彩的语言把事物的客观存在揭示出来,使读者在不受外在因素的影响下做出自己的判断。概括能力是指在对内容进行综合与归纳的基础上,把要点加以高度提炼、浓缩。

(四)应用文写作的信息安全策略

信息作为一种资源,它的普遍性、共享性、增值性、可处理性和多效用性,使其对于人类具有特别重要的意义。信息安全的实质就是要保护信息系统或信息网络中的信息资源免受各种类型的威胁、干扰和破坏,即保证信息的安全性。根据国际标准化组织的定义,信息安全性的含义主要是指信息的完整性、可用性、保密性、可控性和不可否认性。

1. 应用文写作者要严格遵守相应的法律、法规。写作应用文,写作者除了遵守基本的法律、法规外,还要遵守《国家行政机关公文处理办法》。

2. 应用文写作者要提高自己的信息道德。道德对人们行为存在一定的约束力,信息道德对维护信息安全发挥着重要的作用。首先,信息道德对人们的信息行为具有规范作用,规范作用体现在两个方面:一是鼓励合乎道德的信息行为的实施;二是限制不道德的信息行为的实施。其次,信息道德对人们的信息行为具有制约作用。在人们的信息行为做出之时,对其行为加以制约,这种制约主要依靠主体的"自律",其制约作用有利于保证信息安全。再次,加强信息道德建设将有利于加快信息安全立法进程,也有利于发挥信息安全的技术作用。

3. 应用文写作者要掌握计算机等先进的信息安全技术。先进的信息安全技术是网络安全的根本保证。写作者在搜集信息、利用信息及传播信息的过程中,一定会用到计算机、网络等先进技术,学会先进的信息安全技术,对保障信息安全至关重要。

思考与练习

1. 信息素养的内涵及应用文写作者信心素养的组成要件是什么?
2. 信息意识的内涵是什么?应用文写作者应如何培养自己的信息意识?
3. 信息知识分为哪几类?应用文写作者应该具备哪些方面的信息知识?
4. 应用文写作者如何提高自己的信息能力?
5. 信息安全的内涵及应用文写作者的信息安全策略是什么?

第三章

表达素养

语言表达方式,古人称为“笔法”,今人称为表现手段。语言表达方式是运用语言介绍情况、陈述事实、阐述观点、总结经验、探索规律和表达感情的具体方法和手段。通常,人们使用的文章表达方式有五种,即说明、叙述、议论、描写和抒情。受应用文作用(或写作目的)的制约,其语言的主要表达方式有说明、叙述、议论,有时也会用到描写手法。说明、叙述和议论三种表达方式在不同的应用文中,或交替使用,或以一种为主。本章介绍应用文的主要表达方式。

第一节　说明

一、说明的定义

说明,是用简洁明了的文字,对事物或事理的属性,如性质、特征、形状、成因、结构和功能等,进行客观的解释和介绍。在应用文中,说明是主要的表达方式之一,说明的使用相当广泛,它是科学报告、教材讲义、辞书类书、产品介绍及广告宣传等文体的主要表达手段。在国家行政机关公文中,命令(令)中的办法和措施,决定中的内容指示,报告、请示中的条款行文和通知、通报中的情况介绍等,都是说明的具体运用。在通用事务文书中,调查报告的部分情况,工作总结中的经验和缺点也是说明涉及的内容。至于介绍信、证明信、协议书、意向书以及合同等,更是说明广泛使用的领域。

二、说明的对象、材料

说明的对象可以是具象的,也可以是抽象的;可以是事物,也可以是事理;可以是现象,也可以是观念。举凡人物、事物、组织、团体、机关、企业、学校、思想、理论、状态、格局、概念、计划、程序、法则、技术、工艺和模型等都可以作为对象,进行科学的客观解说。

说明的材料，就是对说明对象进行解说的事实依据或相关材料。说明必须揭示事物或事理的本质属性，讲求科学性和知识性，因此对用来说明的材料的真实性、公正性和全面性的要求非常严格，言必有据，只有这样才能做到符合客观实际。说明所用的材料大致分为事实性材料和文献性材料两大类。

事实性材料来自观测、调查、勘测、挖掘、解剖、实验、分析和体验等实践活动，例如，《中国名胜辞典》关于西安小雁塔的介绍使用了事实性材料①。

【小雁塔】 小雁塔位于陕西西安市南约1公里处的荐福寺内。荐福寺建于唐文宗元年（公元684年）。初名献福寺，是为唐高宗李治献福而建立的寺院。寺院中的塔修建于景龙年间，因比慈恩寺大雁塔小，故名小雁塔。塔身为密檐式方形砖构建筑，初为十五级，后经多次地震，塔顶被震坍，塔身破裂，现余十三级，塔基座亦呈方形，塔底层每面长11.83米，通高43米，塔体秀丽美观。

上例关于小雁塔的方位、外观、层级的情况和相关数据都来自实地观察和测量，非常真实、具体、精确，因而具有可靠性和可信性。

文献性材料来自收集、阅读、鉴别和对比，以及考证相关的文献、著述、作品和典籍等研究工作，强调出处、凭据和关联性。例如，《兰亭序》就具有很强的文献性。

《兰亭序》又名《兰亭宴集序》《兰亭集序》《临河序》《禊序》《禊帖》。散文篇名、行书法帖。东晋穆帝永和九年（公元353年）三月三日，王羲之与谢安、孙绰等四十一人，在山阴（今浙江绍兴）兰亭“修禊”时所做的诗序。法帖相传之本，共二十八行，三百二十四字。唐时为太宗所得，推为王书代表，曾命赵模等钩摹数本，分赐亲贵近臣。太宗死，以真迹殉葬。存世唐摹墨迹以《神龙兰亭》为最著；石刻首推“定武本”。经郭沫若考证，以为相传的《兰亭序》……为隋唐人所伪托，但也有不同意其说者②。

上例对《兰亭序》内容的概括和法帖行数、字数的介绍，依据的是作品本身，对该帖的创作、归属的叙述，依据的是相关史书记载。而对流传至今这篇书法作品的真伪，历代学者见解不一，在一时难以定论的情况下，对不同见解都有所交代，这样就避免了片面性，显得较为客观公允。

三、说明的种类

（一）定义说明

定义说明是对事物的本质属性做简要说明的方法，重点是讲明事理、事物

① 国家文物局．中国名胜辞典［M］．上海：上海辞书出版社，1981：1000.

② 辞海［M］．上海：上海辞书出版社，1980：282.

的质的规定性。一个完整的定义由两部分组成:一是被定义概念的“属”,即被定义事物所属的更高一个层次的概念;二是“种差”,即被定义对象与它同类事物之间的本质差异,也就是被定义事物的本质属性。“定义”可用公式表达:被定义概念 = 种差 + 属概念。例如,钱学森为物理和数学所做的定义是:“物理,是研究物质运动基本规律的学问;数学,是指导我们推理、演算的学问。”其中,“学问”是“物理”和“数学”这两个概念的属概念,“研究物质运动基本规律”和“指导推理、演算”则是“种差”,两者合起来准确揭示了被定义概念的内涵和外延。再如,《电子出版物管理规定》第2条对什么是电子出版物做这样的定义说明:“本规定所称电子出版物,是指以数字代码方式将图文声像等信息编辑加工后存储在磁、光、电介质上,通过计算机或者具有类似功能的设备读取使用,用以表达思想、普及知识和积累文化,并可复制发行的大众传播媒体。”其中,“大众传播媒体”是“电子出版物”的属概念。再如,“商品是为交换而生产的劳动产品。”“法院是行使审判权的国家机关。”在定义说明中,判断词“是”的前、后项是可以互换的,互换后对所定义的内容并无影响。定义说明不能用否定和比喻的形式,不能使用相对、含混的词语。

(二)分类说明

分类说明是事物按一定标准划分出类别,并对各类别加以说明。这种方法适用于较复杂的事物。例如,《2011年国家留学基金资助出国留学人员选拔简章》就“申请类别及要求”进行了说明,用分类说明方法对其做了详细介绍。

1. 博士研究生

申请时年龄不超过35岁(1975年3月20日以后出生),具有硕士学位,或申请时为应届本科毕业生,或在读硕士生(含应届硕士毕业生)或博士一年级学生。来自高等院校的申请人申请时应为就读高校的全日制在读学生(委托培养和定向生除外)。申请时须提交国外教育机构的入学通知书复印件、免学费或获得学费资助证明复印件、雅思/托福考试成绩单复印件或外方院校/导师出具的外语合格证明。入学时间原则上为申请当年。

2. 联合培养博士生

申请时应为就读高校/科研机构的全日制在读优秀博士研究生,年龄不超过35岁(1975年3月20日以后出生);需提交国外院校正式邀请信复印件、国内外导师共同制订的研修计划、就读学校学籍证明、推选单位出具的外语考试(核)证明和可能发生的与学习相关费用说明;入学时间为申请当年。申请人如无法在规定毕业时间内完成留学计划,需推选单位单独出具同意推迟答辩、毕业的书面证明。

3. 硕士研究生

申请时年龄不超过30岁(1980年3月20日以后出生),应具有学士学位,或为优秀应届本科毕业生;申请时须提交国外教育机构的入学通知书复印件。仅限申请规定的专项硕士研究生项目,详见《2011年国家留学基金资助出国留学项目一览表及项目指南》。

4. 访问学者(含博士后研究)

申请时年龄不超过50岁(1960年3月20日以后出生),应为高等学校、企事业单位、各级行政单位、科研单位的正式工作人员。本科毕业后一般应有5年以上的工作经历,硕士毕业后一般应有2年以上的工作经历。对博士毕业的申请人,没有工作年限的要求。

博士后研究申请人应是高等学校或科研单位具有博士学位、具体从事教学或科研工作的优秀在职青年教师或科研人员。申请时距其博士毕业时间应在3年以内(2007年3月20日以后毕业)。申请时年龄不超过40岁(1970年3月20日以后出生)。

5. 高级研究学者

申请时年龄不超过55岁(1955年3月20日以后出生);除应符合访问学者的申请条件外,还需具备以下条件之一:

①国家重点实验室、教育部重点实验室、国家工程(技术)研究中心骨干;

②"长江学者"特聘教授或教育部当年确定支持的创新团队中的骨干或"新世纪优秀人才计划"入选者及其他国家级人才计划入选者;

③教育部批准的国家重点学科学术带头人;

④中央国家机关、地方行政管理部门、国有大中型企业高级行政管理人员。

其中教学科研人员应为教授、博士生导师;中央国家机关、地方行政管理部门管理人员应具有副司局级(包括副司局级)以上行政职务;国有大中型企业管理人员应具有相当于副司局级(包括副司局级)以上行政职务。

对类别条件有特殊要求的项目,按具体项目规定执行。

关于选派类别及留学期限介绍,同样使用了分类说明的方法:

(1)高级研究学者:留学期限为3—6个月;

(2)访问学者(含博士后研究):留学期限为3—12个月;

(3)博士研究生(赴国外攻读博士学位):留学期限为36—48个月,具体以留学目的国及院校学制为准;

(4)联合培养博士研究生(攻读博士学位期间赴国外从事课题研究):留学期限为6—24个月;

(5)硕士研究生(赴国外攻读硕士学位):留学期限为12—24个月,具体根据所申请奖学金项目的相关规定执行。

重点选派领域为能源、资源、环境、农业、制造、信息等关键领域及生命、空间、海洋、纳米、新材料等战略领域和人文及应用社会科学，详见《国家留学基金优先资助学科、专业领域》。

这种说明方式既可以让读者了解某一事物的概貌特征，又可以使事物的各个部分得以清晰地展示。

分类的方法一般有一次分类法和多次分类法，可以根据说明对象的复杂程度和作者的目的自由选用。分类说明应当遵循三条原则：包举、对等和正确。包举是指分类后的小类之和应等于大类的全体；对等是指各小类按统一的标准划分，各小类之间是并列关系，互不交叉也互不包含；正确是指所分类别确实符合客观事物的本来面目和内部规律，具有科学性。在使用分类说明时，要注意每次分类只能选用一个标准，不能多标准，否则会导致类别之间互相交叉，关系混乱。例如，如果把一般性文章分为"记叙文、议论文、说明文和应用文"，那么，这样分类后的类与类之间是重叠交叉的，原因是一次分类使用了两个标准：前三者是按表达方式划分，后者以用途的标准划分。

（三）举例说明

举例说明是列举具体的例子说明事物特征的方法，其作用是把比较抽象、复杂的事物和事理解说得更加具体而清晰。通常有典型举例和列举性举例两种。典型举例能使被说明的事物更为具体、清楚；列举性举例能使被说明事物的范围更清楚。例如，在《细菌冶金方兴未艾》[1]一文中，介绍了细菌冶金的优点：

①可以充分利用资源。一些不值得开采的贫矿、尾矿、外表矿、废矿和某些难采或常规处理很不经济的富矿等，它都可以大显神通。②技术效果好。一般低品位的黄铜矿，如用酸浸只能浸出10%左右的铜，而加入细菌后，铜的浸出率可提高到30%～40%，俄罗斯过去用氰化钠处理含砷的金精矿，浸出率仅为10%～20%，而细菌除砷后再用氰化钠处理，金浸出率提高到80%～90%。③生产成本低。据美国统计，生产1吨海绵铜，成本仅为220美元；生产1吨电解铜，成本仅为880美元。④生产能力大。虽然细菌冶金周期长，但因它可以同时浸出几千万乃至几亿吨矿石，产量仍然十分可观。⑤生产投资少。美国肯尼考特铜矿公司建成的年产6万吨海绵铜的堆浸置换厂，投资只有2 000万美元，仅为常规厂投资费用的1/10。

① 李湘洲．细菌冶金方兴未艾[J]．金属世界，2001(5)．

⑥建设周期短，设备简单，操作方便。⑦耗能少，不污染环境。因此，这项冶金工艺越来越被世界各国采矿业所重视。

该文在介绍细菌冶金具有“生产投资少”的优点时，举了美国肯尼考特铜矿公司的例子，很典型，起到了说明和强调的作用；而在介绍“细菌冶金历史上早已有之”时，列举了四个铜矿的事例，收到了令人信服的效果。

举例说明要求所选例子真实、具体，有代表性，否则不能达到变抽象为具体、变复杂为简明的目的。举例说明一般作为定义说明、分类说明的辅助手段。

（四）比较说明

比较说明是将相似或不同的事物进行类比、对比说明事物特征的方法。比较说明通常有两种具体方法：一是同类事物之间的比较，如甲超市草莓日销售量与乙超市草莓日销售量的比较；二是不同事物之间的比较，如激光与太阳光的比较。通过比较，可以使被说明事物更加清晰明了。如国家统计局2011年国民经济和社会发展统计公报，在介绍中国粮食生产时指出：

全年粮食种植面积11 057万公顷，比上年增加70万公顷；棉花种植面积504万公顷，增加19万公顷；油料种植面积1 379万公顷，减少10万公顷；糖料种植面积195万公顷，增加4万公顷。

全年粮食产量57 121万吨，比上年增加2 473万吨，增产4.5%。其中，夏粮产量12 627万吨，增产2.5%；早稻产量3 276万吨，增产4.5%；秋粮产量41 218万吨，增产5.1%。

在使用比较说明时，应考虑比较事物之间的可比性，比较的标准要一致。如今年全年粮食产量与去年全年粮食产量相比，而不能与去年夏粮产量相比。中国先秦典籍《墨经》云：“木与夜孰长？”“智与粟孰多？”就已提出异类不比的道理。

在应用文中，除了经常使用上述几种说明方法外，还常用数字说明、图表说明和引用说明，在特殊情况下还使用比喻说明、描写说明等。数字说明是用确凿的数据说明事物和事理。用数字说明事物，能更科学、精确、简捷地勾勒出事物的客观面貌，给读者十分具体的印象。在应用文中，比较说明常与数字说明同时使用。通过数字对比反映出量的变化，将客观事物的变化特征给予鲜明的展示。图表说明是以图或表格的形式说明事物的方法。引用说明是引用有关的资料、故事、名言和诗词等作为说明的依据，从而更充分地说明事物。比喻说明是通过打比方，用人们常见、熟知的事物说明不太常见、不太熟悉的事物的方法。在具体的写作中，往往是多种方法相互配合、结合使用的。

四、说明的要求

(一)选准角度,突出重点

一个说明对象的可说明之处很多,可以从不同的角度,围绕不同的中心进行说明。因此,在说明时必须明确说明对象的问题,或者说必须明确说明的重点是什么,这样才能正确地把握对象。也就是说,要说明的是同一事物,由于目的不同、读者对象不同或学科对象不同,说明的角度和重点也会有所区别。

(二)区分种属,显示差异

说明把握对象的特点、本质和规律,做客观、冷静、科学的介绍、分析、阐释,因此必须符合客观实际,做到概念准确,判断恰当,分类清楚,种属分明,不至于同其他的事物或类似的事物相混淆。例如,《中华人民共和国保守国家秘密法》关于秘密等级是这样规定的:

"绝密"是最重要的国家秘密,泄露会使国家的安全和利益遭受特别严重的损害;

"机密"是重要的国家秘密,泄露会使国家的安全和利益遭受严重的损害;

"秘密"是一般的国家秘密,泄露会使国家的安全和利益遭受损害。

按"最重要""重要""一般"的级差和可能遭受的损害程度的轻重,对不同的秘密等级做出界定。

(三)把握关系,言而有序

说明需要准确把握物与物之间的关系(如并列关系、先后关系、主次关系、总分关系和表里关系等),这些关系有分有合,分则相对独立,合则相互联系,形成有机的统一体。要把握好这些关系,并按照所说明对象的特征和规律性,以严格的顺序进行说明。由于事物形形色色,千变万化,各有特征,因此,说明的顺序也因物而异;或以方位为序,或以时间为序,或以空间转换为序,或以事物的分类、分解为序,等等。

五、应用文说明的主要特点

第一,应用文行文时往往是说明与议论、叙述结合使用,只有"说明"一种表达方式的情况较少。即使是以说明为主的一些文种,也多离不开议论、叙述。应用文中的说明常与叙述、议论同时使用,在叙述时,常常需要对证据做说明;在对理由的阐述中,某些事理也需要说明。各种表达方式结合使用,这样可以相辅相成,相得益彰,使表达清楚有力。

第二,多种说明方式常同时使用。如数字说明和比较说明结合运用,可以从定量、定性两个方面将工作、生产、经济活动情况的历史、现状和发展变化解说得更为具体、确切,增强人们对事物认识的直观感觉。

第三,应用文在使用说明时,更讲究说明的客观性、内容的科学性和语言的准确性。应用文的说明是纯客观的,不带一丝一毫的主观因素,一是一,二是二,不做引申附会,不加抑扬褒贬,只要把真实情况说明白,就达到目的了。如:"坚决防止以庆祝为名大手大脚、胡花滥用、挥霍浪费""对以庆祝为名大吃大喝、乱发实物、请客送礼等挥霍浪费严重的单位,必须严肃查处"等。

应用文的说明不同于文学作品的说明,文学作品讲究艺术的说明,可以融入深厚的感情,可以采用拟人、比喻等修辞手法,力求生动形象,尽量避免简单枯燥。如下段例文:

国内有许多刊物,如果把刊物比作树林,《读者》是一棵怎样的树呢?把它比作松柏,虽然常青,但略感冷峻了些;把它比作杨柳,但稍显柔弱了些,还是把《读者》比作银杏树吧,它笔直高大,每一片扇形的树叶都那样精致美丽,它的果实还是名贵的中药。秋风吹起的时候,金黄的落叶洒满大地。

这段文字是作者运用极富文学色彩的语言对《读者》的介绍说明。虽然整段文章没有直接介绍《读者》的相关信息,但字里行间读者可以感受到作者的"深刻用意":"把它比作松柏,虽然常青,但略感冷峻了些;把它比作杨柳,但稍显柔弱了些"意指文章的风格,既不冷峻也不柔弱,柔中有刚;"笔直高大"意指作品反映的都是正面的真、善、美的东西;"每一片扇形的树叶都那样精致美丽"意指每一篇文章都是精挑细选出来的,都是极为优秀的作品;"它的果实还是名贵的中药"意指作品对读者的影响是积极向上的,是可以医治受伤者心灵的;"秋风吹起的时候,金黄的落叶洒满大地"意指《读者》的销量和受欢迎程度。

再看下面这段材料:

人参是多年生的宿根草本植物,地上的茎直立,为圆柱形成纺锤形,不分枝,高度为30~60厘米。人参为单叶,掌状,互生,椭圆形近于卵形,边缘有细锐的锯齿,正面脉上散生少数刚毛,背面无毛。开花一般在第三年的初夏,伞形花序,共有30~40朵,花很小,每朵花为5齿裂的钟形绿色花萼,与子房连生,子房下位。果实呈扁圆的肾脏形,大小如豆粒一般,到了秋天成熟后,变成深红色鲜艳而美丽的浆果状核果,内含两颗扁圆形的黄白色种子。

这段材料是典型的应用文的说明,对"人参"各方面的特点进行了客观、简洁、科学的介绍,使读者对"人参"有了较为全面准确的认识。

第二节 叙述

叙述是有次序地将人物的经历、言行和事件的发生、发展变化的过程叙说交代的一种表达方式。叙述的基本特点在于它的过程性,叙述要回答“经过如何”“怎么做”这类问题。完整的叙述一般有六要素,即:时间、地点、人物、事件、原因、结果。在文章中交代清楚这些要素,可以使文章眉目清晰,脉络分明,结构完整。

叙述在写作中的使用频率很高,所有的文体都会程度不同地用到叙述,特别是一般记叙文和叙事性文学作品总以叙述作为主要表达方式,利用它展开故事情节、交代人物经历。在应用文中,它是表彰或处分通报、调查报告和情况报告、事故报告、工作报告和简报等文种的主要表达方式。在司法文书中,这种表达方式尤为重要。如果事实叙述不够清楚明白,就难以定罪量刑;叙述清楚明白,才能分清是非、解决问题。在公安局的侦查终结报告中,“发现经过”“现场勘查”“调查访问”等部分,几乎全是运用叙述这一表达方式。公诉词在列举犯罪事实情节和作案经过时,以及判决书的判决所依据的事实,都是采用叙述的方式。在应用文书中,叙述手法主要用于交代背景,介绍文章所涉及的人、单位的概况,记叙事件的发生、发展、结局,以及为议论文提供事实依据等。

一、叙述的人称

人称是指作者叙述的观察点、立足点,它表示叙述者是以何种身份叙述事物或事件的。

选用第一人称叙述,能给读者真实、亲切的感受,这是主观性的叙述,既表示作者对所叙述的事实负责,又具有真实性和可信性。选用第三人称叙述,可不受时空和是否亲身经历的限制,因而叙述面较广、较自由,属于客观性叙述。使用第二人称叙述,有直接对话的现场感觉,让读者感到像面对面交流。

在应用文中,三种人称大都各自单独使用。如撰写总结、拟订计划,必须采用第一人称,而调查报告主要使用第三人称。在有些文种中,有时三种人称必须同时使用,如涉及第三单位的来函、去函和情况通报,会出现“我们”“你们”“他们”。

二、叙述的方法

(一)顺序

顺序是按照人物经历或事件发生、发展的自然时序进行的叙述。其特点是条理分明、脉络清楚,行文的顺序与客观事物的进程相一致,按时间推移先后组织材料、安排层次,便于读者理解接受。使用顺序手法,需要处理好详略主次,使叙述曲折起伏,防止写成“大事记”或“流水账”。

（二）倒叙

倒叙是把事件的结局或事件中最突出的片段提到前面叙述，然后再以顺序的方式进行的叙述。倒叙强调了事件结果或高潮，容易造成悬念，形成波澜，引人入胜。例如，一篇题为《抢完手机钻进下水道》的消息用的就是这种方法：

前天晚上，一名贼人抢完手机后跳入下水道，逃匿无踪，让追捕的众人叹为观止。

据目击者介绍，当时是晚上 8 时多，这名贼人从一名路过的年轻女子手上抢过手机后，立即跑到一处裸露洞口的下水道前，快速地跳了下去，下水道仅 1 米多深，洞口也只有六七十厘米，可是他动作敏捷，几下就钻了进去，让围捕的众人目瞪口呆。

记者刚走到洞口就闻到一股异味。围捕的治安队员都只能掩鼻，无人敢下去。村民都称，这里面又窄又臭，非常危险，不知道这名贼人怎么会选择这条下水道逃窜。

消防队员把这条村道上的下水道封口钻开，试图找到贼人，免得他发生意外，还有一些治安队员把守两端的出口，以防止贼人从此逃跑。但是在忙活了一个晚上后，直到昨日零时，仍未发现贼人的踪影。

这篇消息开头一段导语先交代结果，吸引读者的注意力，然后回过头来写事情的详细经过，具有较强的可读性和趣味性。

（三）插叙

插叙是在叙述主要事件的过程中，因为需要，暂时中断叙述主线，插入与中心事件有关的内容叙述。插叙可以对人、事、景物做说明、补充和解释。

（四）补叙

补叙是在叙述过程中对前文涉及的某些事物和情况作必要的补充和交代。其作用是对前文所设伏笔做出回应，或对前文中有意留下的接榫处予以弥合。

补叙的内容是事件本身的一个环节，不是插入的另一件事；补叙可以在篇中或篇末，而插叙大多情况下只能在篇中。

（五）分叙

分叙，也称平叙，是对同一时间内发生在不同地点的两件或多件事情所做的平行叙述或交叉叙述。多采用交叉叙述，可以使头绪纷繁的人物与事件表现得有条不紊。

三、应用文叙述的特点

（一）应用文的叙述以概括叙述为主

应用文的叙述，要求概括准、线条粗，着重事件的整体勾画，不要求具体、详尽，就是把与文章主题关系不大的材料写得概括、简略，通常是删除细节，保留事件梗概，保留过程的基本要素(时间、地点、涉及对象、事件、原因、结果)，着眼于显示原委，表明事理。掌握这种叙述方法的关键在于对事件要有整体而又清晰的认识，否则难以把握好取舍详略的尺度。如国务院办公厅《关于四川山东两省部分市(县)乱集资乱收费问题的通报》基本事实部分：

1996 年 3 月，四川省黔江县财政局为缓解财政资金周转困难，决定以年利率 24%、期限一年为条件，向本局干部职工每个人集资 10 万元，共集资 1 322 万元。中国人民银行黔江地区分行发现问题后，立即通过黔江县政府和财政局停止非法集资活动，并做出处理决定。但黔江县财政局却以承销企业债券的方式，将集资款转化为企业债券，并用于发放干部职工工资、农业投资和企业技术改造等。

在这段叙述中，时间(1996 年 3 月)、地点(四川省黔江县)、事件(乱集资)、涉及对象(黔江县财政局)、原因(缓解财政资金周转困难)、结果(乱集资 1 322 万元并转换为企业债券)交代明确、完整。

再如：

7 月 10 日，李洪武与洪水连续搏斗 15 个小时，排除两处险情，由于极度疲劳和长时间潜水承受深水压力过大，导致颅脑血管受损破裂出血，昏倒在堤坝上，经抢救无效，光荣牺牲。

这段材料交代了时间(7 月 10 日)、地点(堤坝)、人物(李洪武)、事情的起因(排除险情)、经过(极度疲劳导致昏迷)和结果(牺牲)，用简洁、朴实的语言对李洪武的英勇事迹进行了叙述，清楚明白，使读者对情况一目了然。

文学作品的叙述讲求情节的起伏曲折，时常巧设悬念，以增强作品的可读性，如下文对鲁迅婚礼情况的叙述：

1906 年 7 月 6 日，浙江绍兴的没落户周家正在为其大公子成婚。周家的大公子不是别人，正是日后享誉文坛的鲁迅。在那个时代，这场婚礼不过是一对新人普通生活的开始，然而这却是历史上一个男人和一个女人悲剧的开始。婚礼完全是按照旧的烦琐仪式进行的。鲁迅装了一条假辫子，从头到脚一身新礼服。周家族人都知道鲁迅是新派人物，估计要发生一场争斗，或者还会酿成一种出人意料的奇观，于是便排开阵势，互相策应，七嘴八舌地劝诫他。然而让他们想不到的是，一切都很正常，司仪让鲁迅干什么，他就干什么，就连鲁迅的母亲也觉得很异样①。

---

① 朱安：鲁迅身后被遗忘的女人(一)[J]. 南腔北调，2002(10).

这段材料运用文学语言对鲁迅的婚礼情况进行叙述,时时潜笔,处处埋伏,吊足了读者的胃口。如“这场婚礼不过是一对新人普通生活的开始,然而这却是历史上一个男人和一个女人悲剧的开始”。在一般人看来,婚礼应该是幸福生活的开始,而作者却认为是“悲剧的开始”,有悖常理。再往下,“然而让他们想不到的是,一切都很正常,司仪让鲁迅干什么,他就干什么,就连鲁迅的母亲也觉得很异样。”一向爱憎分明的鲁迅先生在此处的表现有点失常,就连最了解他的母亲“也觉得很异样”。读到此处,读者不禁要想,这是一场什么样的婚礼呢?鲁迅又为什么这么失常呢?一个又一个的问题接踵而来,对读者产生了很大的吸引力。

(二)应用文的叙述注重原因和结果

查明原因或探究缘由是解决问题、处理矛盾的起点,而交代结果、显示后果或写明结局,可以为认定性质、决定奖惩或引发思考提供依据。如下段例文:

广东人素以美食著称,然而一向被认为最“会吃”的广东人偏偏“吃”出了大毛病。记者在刚刚结束的广东省食物发展学术会议上了解到,与营养不良有很大关系的缺铁性贫血在广东的发病率竟达56.8%[①]。

将缺铁性贫血的发病率竟达56.8%的结果加以突出,凸显问题的严重性,从而引发读者探究产生如此结果的原因,让大家认识到科学指导食品消费的迫切性。

(三)应用文的叙述以顺序为主

应用文讲求平铺直叙,注重事件的过程性特点,以符合人们的认识规律,能让读者尽快了解所叙内容。

(四)应用文的叙述常与其他表达方式结合运用

应用文的叙述常与其他表达方式结合运用,如夹叙夹议、叙事论理、叙述说明等。

第三节 议论

议论是作者就某个问题、事件进行评论、分析,表明自己的立场、观点和态度的一种表达方式。应用文的说理是建立在叙述的基础上对问题的分析和评论。议论在应用文写作中有着极其重要的作用,它能使应用文的观点更加鲜明、深刻,并且有较强的哲理性和理论深度,起到点明主题、深化主题的作用。例如,在一篇调查报告中,虽然叙述是主要的表达方式,但是,叙述事实只是为

① 专家认为科学指导人民食品消费十分迫切[N]. 新华社新闻稿,1989-12-30.

了说明问题,最后引出的结论意见却是议论。再如上行文中提到的需要解决问题的理由或者是存在问题的原因、平行文中提到的意见和要求、下行文中提到的解决问题的原因和意见都是议论。

一、议论的构成

完整的议论必须具备三个要素:正确鲜明的论点、确凿充分的论据、严密有力的论证。

(一)论点

论点是议论价值的体现,是作者的观点、主张和态度,常由作者直截了当地提出。例如,“党政领导干部选拔任用工作,是关系党和国家全局的大事”,“人的正确思想只能从实践中来”。论点又称论断,是议论的核心内容和灵魂。论点是整个论证过程的中心,在全篇居于统帅的地位,一切论据、论证都要为证明论点服务,离开论点,论据和论证就失去了目标。

论点分为中心论点和分论点。中心论点是文章论述的核心,也称为基本论点、大论点。它是作者对所述问题的最基本的看法,是全部分论点的高度集中和概括,起着统帅全篇的作用。分论点是围绕中心论点、支撑中心论点的小论点。中心论点和分论点的关系是“纲”与“目”的关系,纲举目张,主次分明。

论点要正确、深刻。议论的目的是宣传科学,明辨是非,揭示真理,所以,论点必须正确,能够反映事物发展的客观规律,对问题做出正确的判断,以据明理,力避主观性和片面性。所谓深刻,就是论点要有独到之处,能给人以新的启示,而不是人云亦云,讲一些“正确的废话”,或者举一些老例,重复旧观点,毫无创新见解。

(二)论据

论据是论点成立的理由和依据,即证明论点的材料。论据包括事实论据和理论论据。

事实论据是指客观存在的情况、数据和事实等,是证明论点最有力的论据,所谓“事实胜于雄辩”。理论论据是指被实践证明的正确理论,主要有科学原理、经典著作的论述、权威性的言论、科学的定义,也包括一般的公理、常识、成语和公式等,是经过实践检验的、可靠的,具有概括性和普遍性的真理,还包括宪法、法律和规章制度等法律性条文中可以作为说理依据的有关内容。

论据支撑论点,论点统帅论据,两者相辅相成。论点必须建立在论据的基础之上,论据和论点之间应该有本质的、必然的联系。论据是第一性的,论点是第二性的。论点是否正确有力,主要取决于论据是否真实、充足。论据越真实、越充分,论点就越有说服力。

(三)论证

论证是组织和运用论据证明论点成立的过程和方法。论证解决的是论点和论据的一致性问题,揭示论点和论据的内在联系,证明论据得出论点的必然性。论证要按照事理的逻辑联系进行安排,一般是先提出问题,再分析问题,最后解决问题,这样可以保证文章思路清晰,层次分明,富有逻辑说明效果。论点是核心,论据是基础,论证是连接论点和论据的桥梁。

二、议论的类型

若从证明论点的方式分类,议论的类型有立论和驳论两种。

(一)立论

立论又称证明,是针对问题或事件,运用论据从正面证明自己的见解和主张。应用文在写作时往往省略论证过程,直接写出结论、结果。如下段例文:

发展社会主义民主政治,是我们党始终不渝的奋斗目标。没有民主就没有社会主义,就没有社会主义现代化。社会主义民主的本质是人民当家做主。国家一切权力属于人民。我国实行的人民民主专政和人民代表大会制度的政体是人民奋斗的成果和历史的选择,必须坚持和完善这个根本政治制度,不照搬西方政治制度的模式,这对于坚持党的领导和社会主义制度、实现人民民主具有决定意义。

(二)驳论

驳论,即反驳对方观点,证明对方观点错误,从而确立自己观点正确的论证方法,也称反驳。例如,《瞭望》周刊短评《反腐倡廉莫松懈》①:

社会上还流传一些反对"反腐倡廉"的奇谈怪论:有一种论调说"惩治腐败影响社会稳定"。这么说,完全颠倒了是非。腐败现象,是社会风气的腐蚀剂,是经济工作肌体上的溃疡,是毒化人际关系、影响社会稳定的病菌。如果不搞反腐倡廉,或反腐倡廉工作虎头蛇尾,半途而废,那才真正会从根本上动摇政治稳定的基础。另一种论调说"查案子乱了班子"。这是某些组织搞所谓"利益"共享,"责任"共担,"天塌下来集体顶着",实际上是"群体违纪"搞腐败的一张护身符。再一种论调说,行贿受贿对发展商品经济起着"润滑剂"作用。此种论者无异主张饮鸩止渴,是要在社会主义的车上添加资本主义的润滑油,让社会主义经济滑向资本主义。

---

① 反腐倡廉莫松懈[J]. 瞭望周刊,1990(34).

上述短评抓住有代表性的三种谬论，逐一予以针锋相对、一针见血的批驳，明快犀利，是非分明，切中时弊，具有极强的说服力。

驳论常用的方法有三种。

1. 反驳论点。反驳论点是把笔锋对准对方的论点，直接指出其错误，对方的论据、论证随之变得没有必要。反驳论点又可分为直接反驳论点和间接反驳论点。直接反驳论点就是开门见山地提出对方的论点是错误的，并提供证据证明其为什么错误；间接反驳论点可分为反证法和归谬法两种。反证法，就是反驳某一论点时，先不直接断定这种观点是错误的，而是提出一个与对方的论点相排斥、相对立的论点，并证明这一观点的正确性。归谬法就是首先假定对方的观点是正确的，然后进行合理的引申、推论，让它得出极其荒谬或与事实不符的结论，从而达到驳倒对方论点的目的。

2. 反驳论据。错误的观点往往建立在虚假的、片面的论据之上，将论据的虚假性揭露出来，使对方的论点不攻自破。

3. 反驳论证。反驳论证是反驳、揭露对方议论中的逻辑错误，如揭露对方偷换概念，转换论题，自相矛盾，思维混乱，或者所持论据不能证明论点（即论点与论据间无必然的逻辑联系），并进而驳倒对方的观点。

立论和驳论是相辅相成的，其划分并不是绝对的。在立论文章中，常有驳论，要确立一个观点、主张，便意味着否定、批驳与之相对立的观点，破与立是辩证统一的，只不过在运用时有所侧重而已。

论证要合理、严密。从形式逻辑上讲，论证就是运用论据证明论点的逻辑推理过程。合理、严密的论证是使论点具有说服力的保证，论证越是合理、严密，论点和论据之间的联系越紧密，论点越突出，文章的说服力就越强；反之就会漏洞百出，缺乏逻辑说服力。

三、应用文论证的方法

应用文常用的论证方法有四种。

（一）例证法

例证法是以事实作为论据，直接证明论点的方法。如下段例文：

领导干部带头廉洁自律是加强党风廉政建设的关键。针对新形势下党员干部中出现的新情况、新问题，党中央先后制定了党员领导干部廉洁自律若干规定。绝大多数党员领导干部认真执行廉洁自律的规定，各级党委和纪委加强对廉洁自律规定落实的监督检查，对重点问题进行了专项清理。从 1993 年 1 月至 1997 年 6 月，全国党政机关县（处）级以上干部有 263 000 多人（次）在专题民主生活会上检查纠正了违反廉洁自律规定的问题。清理领导干部违反规定乘坐小汽车工作成效明显，全国党政机关共清理的超标准小汽车 21 000 多辆，其中现职省（部）级领导干部乘坐的 456 辆；共取消领导干部违反规定使用军警车号牌、外籍车号牌 14 000 多个。清理领导干部住房方面以权谋私等问题的工作取得进展，全国有 586 000 多名科级以上干部检查、纠正了住房方面的问题。通过开展制止用公款“吃喝玩乐”的工作，全国党政机关及国有企业和事业单位的招待普遍减少……通过开展廉洁自律工作，各级领导干部普遍受到了党风廉政和纪律教育，增强了廉洁自律的自觉性。

运用例证法应做到选用的论据无论是具体事例、统计数据还是概括的事实，都要真实典型，为论点服务，有说服力，防止以偏概全。量要适度，不能太少，亦不可过多，以免冲淡论点。

（二）引证法

引证法是引用经典性的言论、党和政府的文件、科学的公理和定理、格言和谚语直接证明论点的正确性的方法，具有极大的权威性和鲜明的理论性。如下段例文：

在党的纲领中明确提出社会主义初级阶段的科学概念，这在马克思主义历史上是第一次。邓小平在谈到建设初级阶段的社会主义时特别强调：“我们现在所干的事业，是一项新事业。马克思没有讲过，我们的前人没有做过，其他社会主义国家也没有干过，所以，没有现成的经验可学。我们只能在干中学，在实践中摸索。”这就是说，在中国，真要建设社会主义，就只能一切从社会主义初级阶段的实际出发，而不能从主观愿望出发，不能从这样那样的外国模式出发，不能从对马克思主义著作中个别论断的教条式理解和附加到马克思主义名下的某些错误论点出发。

引证法在应用文中被广泛使用，在使用这种方法时，要完整、准确地把握原义，不能断章取义。在引用原文时，要做到引用的语句、标点都完全正确。只有这样，才能使引证为文章增强表现力和说服力。

（三）对比法

对比法是将性质相反、相对或有区别的事物进行比较、对照，以证明论点的论证方法。如下段例文：

我们党执政以后，特别是在新的历史条件下，能不能成功地解决党内监督问题，尤其是对高中级干部的监督问题，是加强党的建设需要解决的一个重要问题。从党的建设实践看，这方面既有经验也有教训。哪个地方、部门什么时候党内监督抓得紧、民主集中制执行得比较好，个人专断、滥用职权和“有令不行、有禁不止”的情况就比较少，消极腐败现象也会受到抑制，出了问题一般也能得到及时解决。反之，监督工作薄弱，民主集中制受到破坏，权力被滥用而又得不到制止，往往就会出问题，甚至出大问题。

应用文写作运用对比法，要注意事物之间是否具有可比性。

（四）因果法

因果法是通过分析事理，揭示论点和论据之间的因果关系证明论点正确的方法。如下段例文：

使用有机肥料是我国农业生产的优良传统。但近几年来，在农村出现了重化肥轻有机肥、重用地轻养地、重产出轻投入的倾向，不少地区农家肥的使用量减少，绿肥作物种植面积下降，大中城市的粪肥、垃圾也很少利用。出现这种情况的主要原因：一是普遍放松了对积造有机肥料工作的领导，没有把它摆到应有的位置；二是积造有机肥料工作的劳动强度大，手段落后，加上农民对土地使用存在短期行为，不愿多投入有机肥；三是没有制定相应的政策，缺乏必要的经济扶持政策。实践证明，长期单一使用化肥，不能满足农作物对多种养分的需要。各地应十分重视有机肥资源的开发和利用，鼓励农民多施有机肥，增加对土地的投入，搞好地方建设。

因果分析是说明的重要方法，因为事物发展没有无因之果，也没有无果之因，因果联系是事物的客观联系，采用这种论证方法，便于阐明道理，说明原因，指明事物的发展趋势。

四、应用文议论的特点

（一）采用不完整议论

采用不完整议论以简化论证过程，直接表明论证结果、立场和主张。除了讲话稿外，应用文中的议论方式更多的是用于说明事理，并不是为了论证问题。在说明事理的手法上，往往又是直接加以议论，即一针见血、一语道破，甚至有时只是一两句结论性的话。议论是直接说明的逻辑论证方法，如下面两段文字：

电信通信设备是党和国家的重要通信工具，保护通信线路安全，是每个公民应尽的义务，它对保障四化建设有着重要的意义和作用。

反对腐化变质，关系到我国社会主义现代化建设的成败，关系到我们党和国家的盛衰兴亡。

这些议论文字简洁，概括性直陈事理，未作具体的论述展开。再如下段例文：

华南虎事件也许是一个偶发事件，但我们必须看到，一旦虚假公开信息泛滥，或者信息不按相关程序公开，不仅会影响政府形象，还有可能在突发事件中影响政府部门的正确决策，造成不必要的损失。因而，为维护中央大力推行的透明政府建设，必须制止这样发布虚假公开信息的行为，中央和地方各级政府都应在相关规定中加大对这种行为的处罚，决不让任何人有制度空子可钻。

作者直截了当地表明了自己的观点："一旦虚假公开信息泛滥，或者信息不按相关程序公开，不仅会影响政府形象，还有可能在突发事件中影响政府部门的正确决策，造成不必要的损失"，解决方法就是"中央和地方各级政府都应在相关规定中加大对这种行为的处罚"，爱憎分明，一目了然。

文学作品的议论则讲求多角度的论证，作者往往旁征博引，围绕一个论点反复论证，自由发挥的空间很大。如下段例文：

不独华南虎，生活中真假的界限也日趋模糊。小到穿着打扮，大到审美倾向，当代人无不处在人云亦云的消费符号中，已经很难区分哪些是发自内心的真正渴求，哪些又是被广告、舆论和社会无形中加载的。跟随社会潮流，集体无意识下的选择，左右了舆论的判断，真理本身的真假、轻重反而变得面目模糊。其实，混战中只要有一个机构具备一锤定音的威信，事情就不会走到如此田地。可惜，多元的社会谁也不服谁，结果在舆论的泡沫中，虚火越烧越旺。

在上段材料中，作者由华南虎事件引申开来，思路开阔，自由发挥，由"小到穿着打扮，大到审美倾向"到"跟随社会潮流，集体无意识下的选择""谁也不服谁，结果在舆论的泡沫中，虚火越烧越旺"，以至于最终出现的结果"真理本身的真假、轻重反而变得面目模糊"，使我们对这一事件的危害有了较为清楚的认识，而要制止这种现象的出现，作者认为"要有一个机构具备一锤定音的威信"，那么，这个机构会是谁呢？作者没有说明，只能留待读者自己思考。

（二）与其他表达方式结合使用

夹叙夹议是最常见的方式。这样可以节约叙述、说明的笔墨，又使言论适宜地突出矛盾的焦点、问题的中心，使文章的篇幅、行文节奏得到较好控制。如下段例文：

我们这个军队，历来强调一切行动听指挥，强调自觉遵守革命纪律。不这样，我们能够战胜比我们强大得多的敌人吗？能够保证党对军队的绝对领导、贯彻执行党的路线和政策吗？能够加速我军革命化、现代化建设吗？现在有些干部对上面的指示不执行，命令不服从。这就是不守纪律！有的单位，个别人长期闹派性，有恃无恐，老虎屁股摸不得。为什么摸不得呢？有些干部调动工作，不合乎自己的要求就不服从命令。有个单位一九七五年要调一批人出去，这些人就是不走，还有个理由：你要我走，先把是非弄清楚。不服从命令，他还"理直气壮"，还像很有"道理"！对这种人，不管三七二十一，要他先执行命令，先走了再说。有意见可以提，可以保留。对不执行命令的，不走的，赶！有的开除军籍，有的降级，要执行纪律。如果军队连这一条都办不到，还叫什么军队！（引自邓小平《在中央军委全体会议上的讲话》）

这段话夹叙夹议，叙议结合，通过叙述、议论，表现了作者对军队中个别干部不遵守纪律的现象和行为的愤激之情。

（三）正面论证

应用文书多以正面论证为主，旗帜鲜明地表明观点。

第四节 描写

一、描写的定义

描写是用生动形象的语言将具体或抽象事物的状貌或情态加以形象展示的表达方法。准确生动的描写，可以使读者对描写对象获得一种身临其境的感受和印象。描写是文学创作中的重要表达方式。在应用文书中，描写不像叙述那样经常普遍地被采用，有时被作为一种辅助手段而使用。

二、描写的类别

（一）人物描写

人物描写是记叙性文章和文学作品的重要环节。人物描写主要从肖像、语言、行动和心理等方面入手。

（二）环境描写

环境描写对展示时代风貌，烘托人物心理，渲染情调氛围，增强文章感染力都起着重要作用。环境描写包括自然景物描写、社会环境描写和场面描写三种类型。

自然景物描写是指对时序节令、自然气候、山川湖海和动物植物等自然状况的描写。它可以独立成章，如游记类文章，也可作为写人叙事的辅助手段。通过自然环境的描写，可以衬托作者或人物的感情和心境，推动故事情节的发展。

社会环境描写是指对特定的时代背景、社会生活及人物活动环境的描写。它可以渲染气氛，增强文章的真实性，交代事件发生的时间、地点和背景等。

场面描写是指在某一特定的时间、空间之内，对以人物为中心的生活画面的具体描绘。场面一般由人、事、境三个要素构成，场面描写主要写的是人物在特定场景内的活动，写人物之间的关系与冲突，写整体氛围，常伴有叙述，是一种动态的、综合性的描述。

三、描写的方法

（一）细描和白描

细描也称工笔，是用细腻的笔法，细致入微地描绘人物和事物，精细、详尽、完整地显示对象的特质的描写方法。这种描写常借助比喻、拟人和夸张等修辞手法以强化效果。白描是用朴素洗练的笔法简笔勾勒形象的写法，其特点是简洁、传神，不尚修辞，不加烘托，重在传神。

（二）直接描写和间接描写

直接描写也称正面描写，是指把笔墨倾注于对象本身，描绘其特征精神的方法。一般人物描写和景物描写、场面描写和细节描写均为直接描写。间接描写也称侧面描写，是指不直接描绘对象，而是通过描绘对象周围的人物或景物表现和映衬对象的方法。

（三）概括描写和细节描写

概括描写以粗线条勾勒，只作一般交代，不作详细全面的描绘，一般出现在篇首或段首。细节描写是指对人物、环境、物件和道具等方面的具体而细致的描写。好的细节描写能在细微之处见精神，能有效地刻画人物，丰富故事情节，表现主题思想。

四、描写的要求

（一）分清功能

很多人认为，描写属于文学作品的表达方式，这是一种片面的认识。描写分为两大类，即艺术的描写和科学的描写。两类描写的功能不同，写作要求也不同。

艺术的描写多用于文学作品，要求用生动的语言和各种修辞手法描绘对象，常有强烈的主观色彩，以情感人；科学的描写则用于实用性文体，要求客观冷静地描绘对象的形态，严格按照对象的实际状况进行描述，排斥虚构和主观想象，讲求科学性，给人以真实的感触。下段例文是新浪网的文化栏目关于硫磺岛情况的描写：

硫磺岛是太平洋上一座火山熔岩冷却后形成的火山岛，地形起伏，沟壑纵横，溶洞密布，悬崖峭壁临海高耸。从高空俯瞰，20余平方公里大小的硫磺岛像一只砍去双腿，又被拔光毛的火鸡，火鸡头位于岛的西南端，高度168米的摺钵山雄踞鸡头，是全岛制高点，一个鸡嘴状的岬角一直延伸进滚滚波涛中。北部从鸡背一直到东北部鸡尾部分，是一个错落起伏的高地，由一系列小山岗和陡峭的峡谷构成。小山岗高程大多百米左右，地形复杂，可伏重兵。南部鸡脖子和鸡胸部位，地势低平，有一片被梯状台地逼住的海滩，勉强可做登陆场。除此以外，全岛没有任何可供船舶停靠的锚地和港湾。

这段例文从地理学、军事学的角度，介绍了第二次世界大战时期美军付出巨大伤亡代价所夺取的日军坚守的这个岛屿，按其实际的状态，配合相关的地图，借助形象的比喻，将硫磺岛的地形、地势生动地呈现在读者眼前。

（二）把握特征

描写并非机械地、琐碎地表现对象的一切局部或细节，其中有一个选择的问题。世间万物千姿百态，各以其独特的面貌相区别，把握事物的独特之处，才能真正地刻画它们的形象。如《我国核试验基地被建成戈壁绿洲》消息的开头：

高大笔直的“钻天杨”随风摇曳，成片的绿荫掩映着一幢幢整齐的楼房——凡到过我国核试验基地的人，都很难相信这片绿洲是在大西北的戈壁滩上。

将高大笔直的“钻天杨”和成片的绿荫作为描写的主体加以描画，醒人眼目，既简洁生动地点出戈壁绿洲的环境特点，又有力地突出了文章的主旨。

（三）言之有序

描写如同绘画一样，事先必须理清脉络，合理布局，按照描写对象的各个部分自然衔接的顺序，按照一定的逻辑关系，或从上到下，或从左到右，或从前到后，或从里到外，或从整体到局部，一层层、一步步地写出来，才能将实际感受到的印象真实地传达给读者。

五、应用文描写的特点

应用文的描写手法用白描，而不用工笔细描，要求文字简练、质朴，不尚修饰，不加渲染烘托，只要粗线条地描写人、环境和场面，把人、环境的基本情形大致描绘出来即可，它只是在叙述、说明、议论三种表达方式唱“主角”时，在极其需要的情况下才使用。描写多用于新闻通讯、广告等。在公文写作中，描写主要运用于通报、简报、调查报告、嘉奖令和讲话稿等部分文种中，多采用白描手法，而且往往与其他表达方式一起综合运用。描写在应用文中可以起到再现与人物和事件有关的环境，突出人物形象，更好地表现人物思想、精神、品质、作风和性格的作用。

描写是应用文表现内容的一种手段,但运用要谨慎、恰当,不可多用,更不可滥用。第一,要为表现主旨服务,主旨需要运用时才可运用;第二,要善于抓住人物或事物的特征,以极为简洁的文字描写和表现;第三,要真切、实在,描写失实是应用文的大忌。应用文的描写对象必须是人或事物的客观实在或表现,绝不可凭空虚构,以保证应用文的真实性和严肃性。

抒情是表现和抒发作者感情的方式。抒情是文学创作中重要的表达方式,但它也适用于应用文写作。应用文写作具有很强的针对性和目的性,为了使读者接受应用文的思想内容,就不能满足于客观的叙事、冷静的说理,而往往要借助于感情的抒发。但应用文写作的抒情一般是间接的,即在叙事和说明中包含感情色彩,而很少直抒胸臆。应用文的抒情多数出现在讲话稿、简报和通报的结尾。例如,1979 年 3 月 31 日,郭沫若在全国科学大会闭幕式上讲话的结尾部分是:"春分刚刚过去,清明即将到来,'日出江花红胜火,春来江水绿如蓝'。这是革命的春天,这是人民的春天,这是科学的春天!让我们张开双臂,热烈地拥抱这个春天吧!"这是充满激情的抒情。有一些精彩的法庭辩护词、公诉词,在一定的严格规定下较好地运用了抒情这一方式,寓情于理,情从理出,表达了爱憎分明的感情。如电视连续剧《大法官》中,女律师在为杀死禽兽般的丈夫的被告做减轻罪行的辩护时,在看似冷静客观的叙述中,抒发了自己对被告人的同情,表现了自己对导致这场悲剧的被杀者的憎恶,从而为这场辩护的成功赢得了先机。

综上所述,从总体上看,应用文的写作主要是运用叙述、议论和说明三种表达方式,很少运用描写和抒情 。在应用文中,工作报告、简报、通报和通讯等侧重记叙的形式;决定、讲话稿、判决书和毕业论文等侧重议论形式;行政法规、规章、合同、公告、布告和通告等侧重说明;总结报告、调查报告和会议纪要等要同时运用多种表达方式,即在说明目的、叙述事实的基础上再论证说理。但不论哪种文体,一般都要以说明作为应用文的最基本的表达方式,以说明情况、事理和具体的措施、要求使人知晓,达到行文的基本目的。我们在应用文的写作实践中,既要看到它们之间的联系和区别,又要能熟练地掌握每一种表达方式、综合运用这些表达方式,在写作中把握好尺度,灵活运用,从而写出高质量的、准确而又符合体式的应用文书①。

---

① 杨文丰. 现代应用文书写作[M]. 北京:中国人民大学出版社,2005;任遂虎,王百龄. 大学写作训练[M]. 北京:中国人民大学出版社,2009;尉天骄. 基础写作教程[M]. 北京:高等教育出版社,2010;侯占香. 论应用文与文学作品表达方式的差异[J]. 网络财富,2009(11);纪士林. 略谈描写在机关应用文中的运用[J]. 公文:上旬刊,2010(10).

第五节 修改

文章写好后要进行一定的修改。所谓“善作不如善改”“文章不厌百回改”,说的就是作文之人应善于对文章进行加工、润色和修饰,必要时还应对结构、内容和写作思路等进行调整和改进。从一定程度上说,文章不是写出来的,而是改出来的。

一、修改的目的

文章的初稿写好后,一般都要对初稿进行修改,目的主要有三个。

(一)纠正错字、别字、病句或误用的标点符号

可能很多人都认为自己对汉字和标点符号的书写规范已经了如指掌,在行文中不会出现误用的现象,但有写作经验的人都知道,在写作过程中,由于精力都集中在文章的内容上,很容易写出一些错字、别字、病句或者误用、漏用某个标点符号。尤其是现在电脑普及了,人们基本上都是用电脑进行写作,汉字输入软件中的一些固定词语的设置也会形成一定的干扰。某一篇文章的质量究竟如何可以暂且不谈,如果手中的文章让我们很容易就发现满篇的错别字和错误的标点符号,相信没有人愿意继续读它的内容了。例如以下这篇“寻物启事”:

寻物启示

本人不慎于元月二十五日乘七路公共汽车时,将部队复原证、驾驶证、复原介绍信遗失。有拾到者请与××厂机修车间×××联系,必有重谢。

启示人:×××
电话:×××
×年×月×日

“寻物启事”有三个错误:第一,文中的标题“寻物启示”应改为“寻物启事”,同样,倒数第三行的“启示人”也应改为“启事人”;第二,文中的第一个句子“本人不慎于元月二十五日乘七路公共汽车时”应该为“本人于元月二十五日乘七路公共汽车时,不慎将……”因为文中的主人公是乘公共汽车时不小心丢失了物品,而不是“不小心乘坐了公共汽车”;第三,两处“复原”应改为“复员”。

因此可以说,汉字和标点符号是文章的“面子”,尽量减少甚至避免错别字和错误标点符号的使用,是我们在写作中应该注意的首要问题。

（二）使文章的语言更加得体和流畅

我们知道，应用文写作分为行政公文类、事务文书类、科学研究类、科技事务类和经济文书类等多种不同的文体。由于每一类文体的书写人和阅读对象都不同，因此，应用文在行文的过程中也应注意在文从字顺的基础上，更应使文章的语言呈现不同的风格，这样才能有得体的效果。例如下面这篇新闻报道：

我三十万大军胜利南渡长江

（新华社长江前线二十二日二时电）英勇的人民解放军二十一日已有大约三十万人渡过长江。渡江战斗于二十日午夜开始，地点在芜湖、安庆之间。国民党反动派经营了三个半月的长江防线，遇到人民解放军好似摧枯拉朽，军无斗志，纷纷溃退。长江风平浪静，我军万船齐发放，直取对岸，不到二十四小时，三十万人民解放军即已突破敌阵，占领南岸广大地区。

现正向繁昌、铜陵、青阳、荻港、鲁港诸城进击中。人民解放军正以自己的英雄式的战斗，坚决地执行毛主席、朱总司令的命令。

（原载 1949 年 4 月 22 日《人民日报》）

这是毛泽东同志为新华社写的“捷报型”消息。可以看出，这篇新闻稿记载了中国新民主主义革命史上一件重大史实。全文仅有 199 个字，精炼扼要但气势雄伟，层次分明，叙描结合，既有事实的清晰叙述，又有情景的概括描写。用“新华社长江前线二十二日二时电”的开头，突出了毛主席以“兵贵神速”对待新闻的实效性。

再如下面这篇商业文字广告：

爱“嘉陵”

唐杰忠：老马，您在等谁呀？

马季：我的那个“嘉陵”。

唐杰忠：“嘉陵”是您爱人呀？

马季：我太喜欢嘉陵了，它有许多优点：容貌长得盖世无双，绝代佳人，风度潇洒、帅气，平地走路像仙女腾云驾雾，爬坡就如嫦娥奔月，唱歌优美动听。与“嘉陵”结为“伴侣”太幸福了。追求嘉陵的小伙子太多了，连姑娘们也都在追求哪！

唐杰忠：什么？姑娘们也向您“爱人”求爱?!

马季：什么呀！瞧，它来了。

唐杰忠：呵，原来是“嘉陵牌”摩托车啊！

从这一广告可以看出，通过这段相声，消费者在对白中逐步了解了嘉陵摩托车的性能特点。

与之前的新闻稿相比，上述两段文字的语言风格迥异，让读者立刻就能判断出哪一段文字应做什么用途，它所适应的场合是什么，以及面对的读者群体是什么。试想，如果将新闻稿写成广告词的风格，而将广告词写成通讯稿的形式，这样的文章就不合格了。

（三）使上下文的逻辑关系更加清晰明了

逻辑关系是文章的灵魂，因此也是写作中最应注意的地方。如果一篇应用文的逻辑关系杂乱无章，那么，它不仅不能清楚地表达出作者的意图，更谈不上让读者明白这篇文章的目的到底是什么。请看下面这篇欢迎词：

欢迎词

女士们、先生们：

值此×××厂30周年厂庆之际，请允许我代表×××厂，并以我个人的名义，向远道而来的贵宾们表示热烈的欢迎。

今天在座的各位来宾中，有许多是我们的老朋友，我们之间有着良好的合作关系。我厂建厂30周年能取得今天的成绩，离不开老朋友们的真诚合作和大力支持。对此，我们表示由衷的钦佩和感谢。我相信，在各界朋友的热情关心和大力支持下，我厂的事业一定会蒸蒸日上。有朋自远方来，不亦乐乎！同时，我们也为能有幸结识来自全国各地的新朋友感到十分高兴。在此，我谨再次向新朋友们表示热烈欢迎，并希望能与新朋友们密切协作，发展相互间的友好合作关系。在此新老朋友相会之际，也祝愿我们双方在更为广阔的领域进一步合作，合作伙伴地位进一步巩固，祝愿朋友们健康幸福、事业有成！

朋友们不顾路途遥远专程前来道贺并洽谈贸易合作事宜，为我厂30周年厂庆更添了一份热烈和祥和，我由衷地感到高兴，并对朋友们为增进双方友好关系做出努力的行动表示诚挚的谢意！

谢谢！

可以发现，在上文“欢迎词”中，作者的主要思路是感谢老朋友、欢迎新朋友并欢迎新老朋友洽谈业务。但在行文过程中，这三个主体思想却互相交叉，使得整篇致辞不仅主题并未得到突出，反而给人一种含混不清、让人摸不着头脑的感觉。我们可以尝试将它修改为下段例文：

欢迎词

女士们、先生们：

值此×××厂30周年厂庆之际，请允许我代表×××厂，并以我个人的名义，向远道而来的贵宾们表示热烈的欢迎。

朋友们不顾路途遥远专程前来道贺并洽谈贸易合作事宜，为我厂30周年厂庆更添了一份热烈和祥和，我由衷地感到高兴，并对朋友们为增进双方友好关系做出努力的行动表示诚挚的谢意！

今天在座的各位来宾中，有许多是我们的老朋友，我们之间有着良好的合作关系。我厂建厂30周年能取得今天的成绩，离不开老朋友们的真诚合作和大力支持。对此，我们表示由衷的钦佩和感谢。同时，我们也为能有幸结识来自全国各地的新朋友感到十分高兴。在此，我谨再次向新朋友们表示热烈欢迎，并希望能与新朋友们密切协作，发展相互间的友好合作关系。有朋自远方来，不亦乐乎！在此新老朋友相会之际，我相信，在各界朋友的热情关心和大力支持下，我厂的事业一定会蒸蒸日上，同时也祝愿我们双方在更为广阔的领域进一步合作，合作伙伴地位进一步巩固，祝愿朋友们健康幸福、事业有成！

谢谢！

可见，修改之后的“欢迎词”读起来更加顺畅，主题更加突出，看起来更加一目了然。

二、修改的原则

修改文章不仅能够使文章的语言、结构等各个方面更加完善，也是提高写作能力的重要途径，因此，我们每个人都应重视文章的修改工作。值得注意的是，修改工作并不能盲目进行，而是要遵循一定的原则和方法，文章修改有三个基本原则。

（一）需要改动的地方一定要改好

如果确定文章的某一处需要修改，那么就一定要大胆地改动，不怕对文章“动手术”，因为修改的目的是为了使文章更完善、更成熟，不要思前想后，更不能偷懒，要相信“文章是改出来的”。如果在关键处未做出合理的修改，很可能会给读者造成误会，这篇文章也就失败了。

（二）不必修改的地方不要改动

虽然修改工作是写作中的重要一环，但对于不需要修改的地方不能硬去修改，这样不仅使写作的过程变得反复无常，更容易使本来已经十分成熟的文章变得不伦不类。所以，在修改文章的过程中，一定要牢记“过犹不及”，任何事物，如果过分追求标新立异的效果，最后只能是无果而终。

（三）可改可不改的地方不修改

在写作中，我们经常会遇到改或不改都可以的两可情况。这时候，我们主张不要改动。因为对文章进行修改毕竟是写作中的一项重要工作，有时可以起到“牵一发而动全身”的作用，如果对这样的地方进行修改，稍有不慎，就有可能破坏文章的整体格局。而且，有时觉得可改可不改的地方，往往是还没有思考成熟的地方，如果贸然动笔修改，恐怕只会事倍功半。

三、修改的方法

修改一般是指初稿写完到定稿完成的过程中对文章的加工润色。它是写作的最后环节，有助于增强文章的准确性、鲜明性和生动性。修改的范围比较广泛，任何一个字、词和段落都可以成为修改的对象。如对主题进行校正，可以变动或者深化主旨，改正那些不妥当，甚至偏颇和错误的观点；对材料进行增删，可以删繁就简，求真凿实；对结构进行调整，既可以打乱已有结构，进行重新组合，又可以只进行局部的修改和调整；对语言进行加工，可以把不够准确的语言修改准确，把啰唆冗繁的地方改得简洁明了；对每一个标点符号都要反复推敲，直到用得恰到好处为止。

修改的方法有很多，基本的方法大致有以下五种。

（一）自改法

文章初稿完成后，不妨自己先“趁热打铁”地读一遍，这时自己对文章的印象很深刻，最容易发现结构、语言和字词上的疏漏和不妥之处，这时对文章进行修改，往往可以达到使文章的结构更完整、逻辑更严谨、语言更顺畅和总体上更完美的效果。

（二）求助法

文章初稿完成后，可以先将它交给别人，请别人帮助修改，也可征求他人的意见，然后自己动手修改。正所谓“旁观者清”，别人往往能够从比较客观的角度评价和看待文章，帮助我们发现一些自己发现不了的问题。同时，广泛征求别人的意见，还可以检验一下自己文章被大家接受的程度。

（三）冷却法

文章初稿完成之后，不妨先搁置几天再拿出来修改。因为文章刚写完时，作者怀有成功感和自豪感，而无法对文章进行客观的审视和评价。而在搁置的时间里，作者会慢慢冷静下来，甚至可以对所写事物再进行深入的调查研究。

随着时间的推移,作者的思想认识又有了进一步的提高,这时再审视以前的文章就能够发现之前没有发现的需要修改之处,这时再对文章进行修改,能够使文章的质量再上一个台阶。

（四）诵读法

鲁迅曾提到,“写完至少看两遍。”实际上,我们写完一篇文章应该看三遍、五遍甚至更多遍。在看文章的过程中可以大声朗读或默读。在读文章的过程中可以对文章的各个方面进行再思考,便会发现文章中有哪些地方不通顺、哪些内容的安排欠妥当等。用这种方法修改文章,还可以使文章铿锵有力,读来琅琅上口。

（五）比较法

面对一篇应用文初稿,还可以使用比较的方法对它进行修改。可以将它与同一种类的优秀的应用文进行比较,这样可以帮助我们发现文章的格式是否符合标准,还可以帮助我们检视文章的逻辑关系、层次关系和段落划分是否合理。我们甚至还可以将文章与文学作品进行一定程度的对照,比如,可以将记叙性的应用文与一些叙事散文作品进行对比,这样可以帮助我们完善叙事顺序,也可以增强文章的生动性。但在与文学作品进行比较时应注意,在语言风格上,这两类文种的差异还是十分明显的,不能将二者混为一谈。

思考与练习

1. 语言表达方式是指什么？应用文主要有哪几种表达方式？

2. 应用文的说明、叙述、议论手法有什么特点？应用文的概括叙述是一种怎样的叙述？

3. 应用文常用的说明方法有哪几种？数字说明和比较说明结合运用有何好处？

4. 应用文常用的论证方法有哪几种？

5. 阅读与选择。

(1) 中年知识分子一般都是中坚力量,担负着较重的工作任务。他们平均每天工作和上下班路途时间为 9 小时 20 分,比同时调查的 625 名其他职工多 4.8%。其中,大中小学教师工作时间比工人多 11.1%,女教师达 10 小时 30 分钟。宁波市的调查,教师工作时间比工人多 15.4%。他们在校加班加点;校外要辅导、访问学生;回家要备课、批改作业。

这段文字运用的说明方式是(　　)。

A. 引用说明　　　B. 数字说明　　　C. 举例说明　　　D. 比较说明

(2)在党的纲领中明确提出社会主义初级阶段的科学概念,这在马克思主义历史上是第一次。邓小平在谈到建设初级阶段的社会主义时特别强调:“我们现在所干的事业,是一项新事业。马克思没有讲过,我们的前人没有做过,其他社会主义国家也没有干过,所以,没有现成的经验可学。我们只能在干中学,在实践中摸索。”这就是说,在中国,真要建设社会主义,那就只能一切从社会主义初级阶段的实际出发,而不能从主观愿望出发,不能从这样那样的外国模式出发,不能从对马克思主义著作中个别论断的教条式理解和附加到马克思主义名下的某些错误论点出发。

这段文字运用的论证方法是(　　)。

A. 引证法　　　B. 例证法　　　C. 因果法　　　D. 对比法

6. 概括叙述练习。

下面是发掘杭州雷峰塔地宫的一段报道。请将关于地宫打开过程的文字改为概括叙述。不必交代具体时间,不超过40个字。

上午9点整,考古队进入现场开始发掘。打开地宫并不容易,直到9时45分,考古人员才将压在地宫洞口的750公斤的巨石移开,露出93厘米长宽、13厘米厚的大理石盖板。盖板上没有任何文字,但考古人员在紫红色的泥土中发现了10枚唐开元通宝铜钱。10时5分盖板基本清理完毕。10时30分盖板绘图完毕。11时整盖板还没有打开,发掘现场发现越来越多的钱币。11时11分,最激动人心的时候到了,考古人员开始用撬杠撬开盖板。11时18分,考古人员翻开大理石盖板,地宫口终于打开了。

7. 结合写作实践,谈谈修改的重要性。

8. 下面是某高校写作通报时搜集的材料,请用校对符号修改下文,把材料中的事迹概括叙述出来。

某年某月某日,我院某班某同学寒假返校途中,在长途汽车上发现有人行窃,刚发现时,他很犹豫,想制止这种行为,可又害怕歹徒会伤害自己,想视而不见,内心的正义感又让他觉得必须有所行为,经过一番思想斗争,终于在窃贼即将再次行窃时,他冲上抓住了盗贼的衣服,并大声喊“他是小偷!”歹徒拼命挣脱不成,情急之下拔出随身携带匕首,威胁他放手,但这位同学并没有被吓倒,与之展开搏斗,并最终在车上群众的帮助下,制服了歹徒,交给了公安部门,大家一致称赞他是当今难得的好青年。

第四章

构写素养

文章的写作要经历一个由物到我，又由我到物的转化。在写作过程中，写作主体（写作者）、客体（写作的对象）、载体（反映客体的物质形式）和受体（接收者即读者）之间彼此联系、相互作用。前述各章我们探讨了应用文的性质、特点、作用及发展历史等本体因素，写作者须具备的素养和能力等主体因素。在本章，我们将探索写作主体如何发挥主体思维的能动作用，充分认识应用文内容和形式方面的构成要素，把握写作过程各个步骤的规律。

第一节　应用文的主旨立意

一、应用文主旨的概念和特点

（一）应用文主旨的概念

所有的文章都有所表达，表达的内容有统领的中心，这种行文的目的、意图，或者说文章的基本思想、主要意向和中心内容在中国传统写作理论中称为“意”，又被称为文意、意旨和主旨等。现代写作学从外来语中引进了“主题”这一概念，与“意”的意义相当。

在实用文章中，意旨主要是某种理性的认识，以观点形态直接提出，通常被称为论点、观点和中心思想。应用文作为实用写作，也是以直接形式表现某种理性认识。它的意旨可能是思想型的，像理论写作一样提出基本的思想和观点，表明解决问题的态度和主张（如调查报告、总结和决定等），也可能主要是信息型的，对某个事项进行解释、说明（如发布性的公文、条据和商品说明书等）。为区别于其他文体，特别是文学作品的主题，我们把应用文的意旨称为“主旨”。

（二）应用文主旨的特点

应用文的主旨由应用文的实用性、功利性的特点所决定，主旨是文章的灵魂,应用文的主旨有着明显不同于文学作品主题的特点。

1. 意在笔先。文学创作若“主题先行”,往往就遏制了知觉、无意识等能力的正常发挥,扼杀了文学写作自由创造的特性。应用文是为用而作的,写作者受动性的一面较为突出,往往是“遵命写作”。从应用文主旨的产生看,常常是根据有关政策法规和客观形势的需要,先确定主旨,后去搜集、组织材料,即所谓“意在笔先”,在行文过程中围绕主旨予以展开、细化和说明。

2. 表现显露。文学作品因其审美特质强调主题表达的艺术性,“理不可直指,情不可显书”,作品的意蕴需要读者在阅读过程中逐渐体悟。应用文的主旨是理性形态的,为了达到直接服务于人们的生活和工作的目的,撰文者必须直截了当、明白无误地告诉读者自己的观点和主张,让读者一看即知,一读即懂。

3. 意蕴单纯。文学作品的主题意蕴丰富,具有复杂性、多元性的特点。应用文要表达的主旨意义单一,就事论事。读者若对应用文主旨产生歧义纷生的理解,很可能是作者表达的失败。

4. 求实重用。文学作品的主题是感性形态的、情感化的,对人发生潜移默化的影响。应用文主旨呈理性形态,直接作用于人们的行为。

二、应用文对主旨的要求

因作者素养、能力的不同,文章的主旨有高下之分。应用文的意旨应努力达到以下要求。

(一)立意正确

主旨正确指的是应用文对所反映事物的意义的发掘、对所论述问题的结论,符合实际,尊重科学,反映了事物的本质和规律。所有的文章都有对正确性的要求,而具有很强实践性的应用文,对这点的要求尤为突出,主旨是否正确,直接关系着应用文的生命和价值,直接作用于人们的社会实践。正确的主旨,对现实生活产生积极的作用,推动社会健康有序的发展;错误的主旨,会造成人们认识上的混乱和谬误,导致行动上的偏差和失误。一些专用和日常应用文的写作也要注意主旨正确的问题,所阐发的思想和所表达的意思,能恰如其分地传达出写作的目的和意图。

(二)显意鲜明

应用文强调主旨的鲜明性。鲜明就是观点确定明白,不模糊含混、曲折隐晦。首先是写作者态度明朗,不模棱两可;还有一层意思就是文章表达出的意旨确定无误,读者不会产生歧义,达到这些要求有赖于写作者对事物的本质有准确、深刻的认识,能抓住事物的实质。

为使应用文主旨鲜明，常采用4种方法。

（1）题目表示法。公文标题中的发文事由用来概括公文的主要内容，如《教育部关于切实加强和改进高等学校学风建设的实施意见》。

（2）开宗明义法。在前言和导语中，用概括性的话揭示主旨。

（3）设置文眼法。在篇章结构上，设置小标题、主旨句，使应用文意旨明确、中心突出。

（4）篇末点题法。在结尾部分，对全文观点、中心意思做出总结。

（三）表意纯一

应用文的目的性、针对性强，主旨强调集中、单纯，不并列诸事，不丛生意旨。公文有特定的行文目的和受文对象，为便于传递和处理，更强调一文一事、一事一旨。写作时要防止中心多而杂，企图在一文中解决多个问题，结果反而什么都没说清。还要防止偏离主干的“跑题”。主旨一旦确定，就要专守一个主旨，一贯到底，不能旁枝逸出，走题换意。

（四）命意出新

应用文求新不是为了标新立异，而是为了满足实用需求，与不断变化的社会生活相适应。写报告，要反映新情况；发简报，要给人新信息；做总结，要找出新经验；下指示，要解决新问题；撰论文，更要反映新成果。

命意的出新，与思想、认识的深刻密不可分。思想肤浅，文章只能人云亦云，了无新意。命意出新，写作者要培养深厚的思想和文化素养，具备敢于独立思考的勇气和善于深入思考的能力。

思考与练习

1. 什么是主旨？应用文的主旨有什么特点？

2. 对应用文的主旨有什么要求？

3. 阅读下面的报道，从不同角度发表评论，并将评论的观点以标题的形式表达出来。

向辛勤的园丁鞠一躬

——小学生舒兴童全家感谢老墙根一小老师

前天上午，在宣武区老墙根一小，一位中年妇女拿着一面锦旗向一小的老师们深深地鞠了一躬，说："如果没有你们，我的孩子不会有今天……"

她的轻度智力低下的孩子舒兴童本学期期末考试语文得了94分，数学88分。这一成绩浸透了一小教师的心血，更慰藉着舒兴童的全家。

小兴童出生在一个得天独厚的家庭中，全家视为掌上明珠。然而，在孩子的成长过程中，家人发现他是一个智力有问题的儿童。经医院诊断，小兴童为智力轻度低下儿童，处在正常儿童与弱智儿童之间，很难进入普通小学读书。母亲听到这个消息后，伤心得哭了。

老墙根一小了解到这个情况后，几经研究，破格接收小兴童入学，并选派了具有20多年教学经验的小学语文高级教师王成惠和数学教师李玉珍，分别担任这个班的班主任和数学课教学。

小兴童入学后，上课不能专心听讲，下课老师就耐心地给他补课。去年12月的一天，已是下午5点多钟了，母亲看孩子还没有回家就来到了学校。校园里静悄悄，只有王老师的办公室里还灯光明亮，王老师正在给小兴童讲生字。事后才知道，这天，王老师的爱人因心脏病复发，还正在医院里进行抢救呢！

当19日学校公布考试成绩后，舒兴童的全家拿到成绩单，激动得不知怎样才好，为表达感激心情，他们在锦旗上写下"勤劳的园丁，鲜艳的花朵"10个大字。

第二节　应用文的聚材用事

一、应用文材料的概念和种类

（一）应用文材料的概念

我们将为了某种写作目的，从生活中搜集、摄取以及写入文章中的一系列事实现象或理论资料统称为材料。也就是说，"材料"不仅指写入具体文章、用以表现一定主旨的构成部分，如支持某一个观点的论据，也包括作者在写作前积累和搜集的、对规定和形成文章内容起到直接或潜在作用的各种原始资料。

人们常说，巧妇难为无米之炊。在文章构成中，材料就是成就写作这一"炊事"的"米"。对整个写作活动而言，材料是客观存在，包括所有的社会现象和自然现象，是写作面对的客体，是文章作为一种意识形态的产生前提和基础。人们在现实生活中遇到了问题、发现了需要、产生了想法和找到了方法，才有写作的必要，才有写作的内容。

（二）应用文材料的种类

材料面对万千世界、纷纭人生，涉及世间所有的事和理，从不同的角度和标准，可以对应用文的材料做出多种分类。

1. 从材料存在的形态看，有事实材料和观念材料。事实材料是指客观存在过或正存在着的事和物，如客观的天文地理现象，被考古等手段证实的历史事件或人物，确凿的现实事件或人物等。观念材料主要是指各种事理，对事物内在联系和发展规律的认识，如科学原理、定义、经典理论、谚语格言、名言警句以及生活常识等。

2. 从材料的来源看，有直接材料和间接材料。直接材料又称第一手材料，为写作者亲自观察、调查和亲身体验，而非别人转述、转引而来。间接材料是指阅读书报、检索文献资料或由他人提供的第二手资料。

3. 从材料的代表性和概括力看，有个别材料和综合材料。个别材料是指单个、具体的事、物或人。综合材料是对一类事实、现象的概括。个别、局部的材料，使我们对事物有感性、直观的认识；整体、全局的材料，有助于我们认识事物的整体面貌。

4. 从材料产生的时间看，有历史材料和现实材料。历史与现实材料的比照使用，使我们对事物的性质特点、差异优劣有更深入的认识。

5. 从材料的性质看，有正面材料和反面材料。正面材料是指积极的、被写作者肯定的和对立论有支持作用的材料。反面材料是消极的、被写作者否定、质疑和对正面材料起对比作用的材料。

由于对材料的分类是从不同的角度进行的，分类存在着交叉、重叠现象。将不同种类的材料适当地配合使用，做到事实材料和观念材料虚实相映、直接材料和间接材料互为补充、个别材料和综合材料点面结合、历史材料和现实材料彼此相证、正面材料和反面材料正反相成，对于表现和深化应用文的主旨具有很重要的作用。

二、应用文材料的搜集和选择

（一）应用文材料的搜集

材料的搜集工作有四个环节，即占有、鉴别、选择和使用。写作是从搜集材料开始的。搜集、摄取材料的原则是尽可能的“博”和“细”。在此原则指导下搜集材料的途径主要有三个方面。

1. 观察取材。有意识地运用感官去感知、考察自然和社会现象，是人们认识客观事物的基础，也是获取写作材料的重要途径。鲁迅说：“如果创作，第一须观察。”虽然此言是就文学创作而言的，但也适用于应用文写作。观察使人们能够获得直接的、感性的、具体的和现实的材料。

观察目的不同,观察的方式也不同。应用文的写作者主要采用实用和科学的观察,着力于把握人对客观世界的科学认识关系和功利实践关系,以认识客观事物的特点与本质、认识事物的善与真为主要目的。我们要从特定的写作目的出发,确定相应的观察方式和重点。

观察要全面细致、捕捉特点、结合思考。观察不全面细致,如同瞎子摸象,认识难免片面狭隘,出现偏差或谬误,更谈不上准确、深刻。观察要把握一个事物有别于其他事物的特点,抓住事物的个性,才能真正抓住事物的本质。观察还要与思考紧密结合,观察引发思考,思考会带动观察,使人们的观察敏锐和深入。

观察有多种方法,其中基本的、常见的方法有定点观察、移动观察、比较观察和连续观察等,还可以分出分别观察和综合观察、随意观察和专意观察等。在实际观察中,各种观察方法是结合使用的。

2. 调查取材。调查是在特定需求情况下的专门储材。调查人围绕某个问题,考察事件现场,听取人员反映,搜集文字资料,了解有关情况。调查与观察都为搜集材料服务,观察获取的材料感性具体,是文学创作和记叙类文体材料的主要来源。调查搜集材料的目的性、计划性和时间性强,能敏锐、迅速地发现有用的写作材料,因此,调查取材广泛运用于新闻文体和应用文体,如报告、总结、计划和调查报告等的写作。

选择和使用科学、适用的调查方法,是调查成功的关键。

调查方法按调查时间的连续性,可分为经常性调查和一次性调查。前者是对研究对象的发展变化进行连续不断的登记;后者是对研究对象在一定时点上的状况进行登记。

按被调查对象包括的范围,调查可分为全面调查和非全面调查。前者是对所有涉及对象进行调查,包括普查和全面报表制度;后者是对被调查对象的部分单位进行调查,包括典型调查、重点调查和抽样调查。

按取得调查资料的具体方式划分,调查方法有五种。

(1)实地查访。调查人员到工作、劳动、会议、灾情和案件的现场,对调查对象进行直接的观察和采访。

(2)集体询问。通过座谈会、调查会、论证会和聚众交谈等形式,向某个特定群体收集材料。

(3)个别访谈。与当事人、知情者及其他有关人员以口头或书面形式开展个别访谈。

(4)实验试行。在一定的条件下通过试验调查特定对象。如规章制度经常先出台草案,或在小范围试行,通过对执行或实施情况的了解,确定更完善的规章制度。

(5)间接了解。通过报纸、杂志和档案等文字材料或录音、录像等记录材料了解调查对象,这里涉及搜集材料的第三条途径——查阅资料。

3. 查阅资料。应用文写作要尽可能地搜集直接材料,但写作者不可能万事亲历亲知,间接材料对于写作来说必不可少,阅读是人们获得间接材料的主要方法,其作用是观察和调查不能取代的。应用文写作需要的材料其行业性、专门性强,相通性弱,一般性的知识积累就不够了,需要根据特定需求和直接目的,定向查找阅读,也就是查阅资料。

查阅的资料在这里主要是指文献资料,包括书籍、报刊、文件、档案、手稿、图片、图表和声像等一切记录和传播人类知识的信息载体。文献资料由于加工程度的不同,可以分为原始资料和经整理加工的资料两类。原始资料是作者对科学文化知识和现实情况进行初次加工所形成的原始文献,如马列原著、法规文件、会议记录、学术论文、实验报告、调查笔记、统计报表和文物图片等;对原始文献进行加工整理后形成的文献资料,包括书目、索引、文摘、梗概、简介、动态综述、年鉴、手册和指南等,具有工具性。文献资料浩如烟海,我们要掌握检索资料的途径和方法,利用书目、索引、年鉴等检索工具,通过书名、著者、分类和主题词等检索途径,寻找所需的文献、文件和档案。

(二)应用文材料的选择

在积累原始材料的过程中,要对材料进行识别,以保证其具有写作价值,这是对材料广义的选择。狭义的选材,就是围绕特定的写作意图,将材料转化为具体文章中的构成要素。储材以量胜,选材则讲质优。选材的原则和标准有如下四项。

1. 材料要为主旨服务。主旨的需要,永远是选材的第一位依据,全部的材料都是为了显示、说明和表现主旨。材料本身蕴含意义,但这种意义是潜在的、多重的。一旦确立了应用文的意旨,就要按意旨的要求选择有确定意义的、对特定主旨具有充分表现力的材料,将对表现主旨关系不大的材料坚决舍去。

2. 材料要真实可靠。材料的真实,一是要符合实际情况,不虚构杜撰,事件、数据、细节确凿;间接材料要经过核实查对,有根有据。二是反映客观事物的本质和主流,不能以偏概全。因此,对所获得的材料要有一个验证鉴别的过程。

对材料真实可靠性的验证,可以从三个方面入手:

(1)实地考察,尽可能多地占有第一手资料,利用各种物证考证其真伪。

(2)将各种不同来源的材料相互比照印证,对比异同,以考真伪。

（3）对材料内部逻辑进行推敲，从事理上分析判断。

3. 材料要典型。典型材料就是能深刻揭示事物本质、具有广泛代表性和强大说服力的材料。使用典型材料，有助于提高材料的表现力，深化主题，起到以一当十、以少胜多的作用。

4. 材料要新颖。应用文时效性强，要将现实生活中的新情况、新问题、新信息及时反映出来。新的材料有两层意思：一是指新产生的、新发现的和别人没使用过的材料；二是指旧材新用，在人们已发现、使用的材料中发现新意，使材料呈现出新的含义。

人们总说一份好的材料胜过十份平庸的材料，好的材料就是紧密围绕主旨的、对主旨具有深刻表现力的材料。

思考与练习

1. 什么是写作材料？材料有哪些种类？

2. 搜集材料的途径主要有哪些？

3. 选择材料应遵循哪些原则？

4. 下文是一位即将毕业的大学生写的求职信，可谓文从字顺，但在材料与主旨的关系处理上把握不当。阅后请指出问题，并根据个人的实际情况写一封求职信。

求职信

随着社会主义市场经济的不断发展和依法治国进程的加快，法律在我国政治、经济、文化生活中的地位日益重要，不论是管理国家和社会事务的政府，还是从事生产、经营的企业或者每一个普通的公民，无时无刻不与法律产生直接或间接的联系。

作为××大学法学系经济法专业的应届毕业生，我庆幸自己所处的这个时代，给了我接受高等教育的机会，在圆满完成大学4年本科学习后，我相信社会会给我施展才华的舞台。

自从决定报考法律专业时起，我就把当法官视为自己的理想职业。在法治国家中，司法被认为是“维护社会公正的最后一道防线”，而具体行使司法最终裁决权的，就是法官，他在庄严的国徽下履行着维护公平、正义的神圣使命。我希望在不久的将来，也能成为一名真正的法官，为维护社会公平正义尽微薄之力。

我叫王晓靖，现年23岁，今年7月将从××大学法学系毕业。在校期间，我掌握了扎实的专业基础，还参加了法院的实习。我相信自己将在今后的工作磨炼中不断进步，充分发挥才干。

我有志于成为司法机关的工作人员，请需要招聘此类人员的单位给我一个面试的机会。

王晓靖

××××年×月×日

第三节　应用文的谋篇布局

一、应用文结构的概念和原则

（一）应用文结构的概念

结构指的是文章按照一定的组合关系连接而成的序列，是文章内部的组织和构造，是作者围绕主旨安排材料的具体方式。如果说主旨是文章的灵魂，材料是文章的血肉，结构则是文章的骨架。

人们称赞文章表现形式出色时的常用语是“文气贯通，章法严谨”，“文气”和“章法”，实际上正是文章结构的两重内容。“文气”指的是表现为思维形式的逻辑结构，即文章的内在联系和组织，如观点和材料、整体与部分之间的逻辑关系，文章发展的脉络和层次等。“章法”指的是文章的体式布局和章节结构，如体裁形式、结构线索、开头结尾和章节段落等，二者互为表里，相辅相成。

（二）应用文结构的原则

应用文的结构要遵循以下三个基本原则。

1. 反映事物本质特征，符合人的认识规律。结构要反映客观事物固有的形态、构造、联系和秩序等方面的特征。一件事情的发展有前因后果，一个道理的阐述有一定的逻辑顺序，结构要尊重这种客观存在的现实，并以此为依据，才能合情合理。结构必然体现出作者认识的独特视角、分析步骤和认识过程。作者的主观认识不能混乱不堪，无迹可寻，既要受客观事物存在形式和变化规律的制约，又要符合人类认识事物的思维规律。结构是客观事物发展规律与认识和表现这一事物的独特思路相结合的产物。

2. 有利于主旨的表达。结构的目的在于使思想内容得到最好表现，结构文章的过程就是按主旨需要，把零散杂乱的材料组成一个有机整体的过程。作者要根据主旨需要,选角度、设线索,统摄材料。材料的取舍、详略、大小、轻重、远近、点面和正反安排,都以主旨为纲。

3. 适应不同体裁的特点。“文无定法,大体须有”,文章的不同体裁有各自篇章结构的特点,应用文与文学作品的体裁特点区别显而易见。尽管应用文种类繁多,但由于与文学作品不同的体裁特点,使其在结构上呈现出三个特点。

(1)程式化。应用文的结构有相对定型的结构模式,正文结构一般都是由谈目的、缘由的前言,说具体事项的主体和提执行要求的结尾组成,有些文体基本是可以“依式填写”的。

(2)单一性。应用文篇章结构单一平直,叙述方式单一,采用顺叙手法,不用倒叙和插叙手法,不追求悬念丛生、波澜起伏的叙述效果。

(3)条理性。应用文讲求思维缜密、表达顺畅。为了使文章的内容眉目清晰,常用序数词、小标题表示层次、段落,层次或段落前常设有主旨段或主旨句,层次之间主从、纵横关系分明。公文的主体常分条列项,规章制度采用章节条款,都是为了突出条理性。

二、应用文结构的内容和要求

(一)应用文结构的内容

1. 理清思路,贯通脉络。写作的过程是思维的过程,写作者思维运行的路线即思路,反映到文章中就是结构。思路是结构之本,作者的思路如何,直接影响到文章的结构,思路严密清晰,文章才可能贯通流畅,井然有序。所以,安排结构,首先要理清思路,要表达什么思想意图,大致从哪几个方面表现,表现的步骤如何,各部分之间的关系怎样,等等。文章中思路的延续性,构成了文章的脉络和线索;思路的阶段性,形成了文章的层次和段落。

2. 分层分段,排次定序。

(1)安排层次。层次是文章思想内容的一个个有相对独立意思的部分,是事物发展的阶段、矛盾的各个侧面或人们思维过程在文章中的具体表现,又可称“意义段”“逻辑段”“部分”。安排层次就是安排各个部分的次序,体现文章内在线索展开的步骤。层次因线索而串联,线索因层次而展开。

一篇文章划分为几个层次并无统一之规,根据内容的多少、繁简来决定。有的应用文内容简单集中,全文意思只需一个层次便说完;要表达的意思复杂时,层次安排就相对复杂,在总体布局上,常常呈现“总—分”“分—总”“总—分—总”的结构模式。“分说”部分也就是主体部分,基本模式可分为纵式、横式和综合式。

纵式即层次纵向展开，反映事物或事理本身的自然联系。纵式又按时空顺序和逻辑顺序安排，其中，逻辑顺序各层次之间是进层关系，如从现象到本质，原因到结果，宏观到微观，个别到一般，又称为递进式层次。如《"7·23"甬温线特别重大铁路交通事故调查报告》分为基本情况、事故发生经过、事故应急处置情况、事故原因和性质、对事故有关责任人员和责任单位的处理建议、事故防范和整改措施建议六个部分，层层相衔、步步深入。

横式则按事物的逻辑联系进行分类归纳，按事物构成部分、特性和性质的不同侧面安排层次，将材料横向排列，也称并列式层次。如调查报告《书啊，不是我不爱你——对图书购买量下降的透视》采用的就是横式结构，正文四个部分的小标题分别是："书价，真的太贵""新书、好书实在太少""错、错、错，错得寒了心""电子出版物的竞争"。每个部分谈一个问题，有相对独立的完整性；又围绕一个主旨，共同说明图书购买量下降的原因。

综合式又称纵横交错式，将纵式和横式结构结合起来，通常以一种结构为主来安排大的层次，而用另一种结构来安排小的层次。如 2012 年北京市政府工作报告，分成 2011 年工作回顾与 2012 年工作任务两大部分，形成递进关系，在每个部分谈几个方面的工作，构成横向的小层次。

层次的划分及其排列的次序，应根据应用文的具体内容和文种的特定需求做出相应的安排。可以在写作前以拟写提纲、拟文字提要或图表的形式，将文章的观点、材料的组合及其层次脉络表示出来，使流动、模糊和粗疏的思路变得固定、清晰和细密，保证层次之间的关系既紧密又不至于裹杂混淆、纠缠不清。

(2)划分段落。段落又称自然段，是写作者思维步骤的物化形式，以提行(换行另起，开头空两格)为外在标志。段落是构成篇章的基本单位，在结构上非常重要，体现了行文过程中的转折、强调和间歇情况，使文章重点突出，眉目清楚，便于读者理解。

分段不能随心所欲，划分的基本准则是一个段落有一个独立、完整的意思。段落中句子与句子之间要有紧密的联系，排列有序，语意贯通。段落划分要考虑长短适当。

段落表示的明确思想称为段旨，表示段旨的句子就是"段旨句"。与其他文体相比，应用文特别注重使用"段旨句法"。无论是自然构段，还是分条列项的分段，应用文都经常把体现全段中心意思的句子放在段首，使段落的中心意思明确醒目，"集数句以显一意"。段旨句可以是段落中心思想、基本内容的概括，也可以是交代段落内容所涉及的材料范围；语言形式上可以是自由表意、不求工整的散句，也可以是追求精炼整饬的整句。一篇文章中段旨句的设置方式应一致。

3. 巧接妙应，贯通文意。写作应用文要注意层次与层次、段落与段落之间的过渡和照应，以保证结构严谨，文意顺畅。

（1）过渡。过渡是上下文之间的转换和衔接。论述问题“由总到分”或是“由分到总”时，文章内容由一层意思转到另一层意思时，或叙述手法、表达方式变换时都要有过渡。过渡的形式根据行文需要，可采用过渡词语、过渡句或过渡段。用语言形式过渡，是使文章贯通流畅的重要而有效的手段。但要特别注意的是，段落和层次之间的连贯，靠的是内在的严密联系。文意若缺少内在联系，哪怕硬加上过渡词语，上下文仍是断裂、脱节的。

（2）照应。照应指的是前后文彼此之间的关照呼应，前有因，后有果；前有埋伏，后须挑明。过渡达到相邻两个层次的连贯，照应则着力于相隔较远的层次之间的联系。

应用文中常见的照应方式有首尾照应、题文照应和前后照应。

4. 开合有度，浑然一体。开头和结尾本是文章层次、段落的两个组成部分，由于它们在文章中的特殊地位和重要作用，写作中对它们要格外重视。

（1）开头。开头是文章的第一个层次，作为文章的开端，为全篇确定基调，直接影响到文章整体的表达效果。出于写作者的实用目的和接受者的求实心态，应用文的开头一般要求“开门见山”“单刀直入”，直切主旨。内容单纯、篇段合一的应用文不单设开头，或者在直叙具体内容的第一段里用一两句开头语。篇幅较长的应用文，开头部分会占到一段以至两三段文字，常见的开头方式有六种。

说明式。交代、说明撰文、发文的动机、原因、背景、根据和意义等，常用“为”“为了”“根据”等词引出行文目的。

概述式。概述工作的基本情况、取得的主要成绩，或是人物的主要事迹或错误，相当于一个内容提要。

简介式。先简要介绍文中有关单位和人员的基本情况或是紧密相关的背景资料。

引叙式。批复、复函等公文，以引叙对方来文的标题、文号或所叙事项开头。

提问式。根据写作意图，提出问题，以后围绕问题逐渐展开。

结论式。把对文中所涉及事件和问题的认识、评价及所采取的对策写在开头。

开头方式在实际写作中具有很大的灵活性和变通性。有时单独采用某一种方式，但也常常把几种方式结合起来使用。无论怎样使用都要避免出现拐弯抹角、离题太远或套话连篇、过于空泛的毛病，追求务实切题、简明扼要。

(2)结尾。结尾标志着文章的收束和完整,与开头是相对应的。与其他文章的结尾相比,应用文的结尾比较规范,常见的方式有五种。

期请式。在结尾提出期望、请求或要求。

说明式。在结尾提出需要补充说明的意见。

总结式。在结尾对全文内容进行归纳、概括,点明主旨。

号召式。在结尾写有带鼓励性、号召力的话语。

展望式。在结尾谈今后打算、设想,或是展望前景,预测未来。

与开头情况一样,以上结尾的方式可以单独使用,也可以综合使用。不少的应用文在主体意思说完后自然收束,不再设一个结尾部分。

(二)应用文结构的要求

对应用文的篇章结构主要有三个要求。

1. 完整。文章的各部分要成为一个完整的整体,共同表达一个主旨。具有程式化特点的应用文更是如此,从内容到结构都要周全,避免因遗漏而表意不全。

2. 连贯。一篇文章是一个连贯的思想过程,文章的各部分要紧密衔接、合理过渡,没有上言不接下语、前后割裂的感觉。无论句与句,还是段与段、层次与层次之间,都要注意连贯性。

3. 严密。文章的各部分由统一的主旨统领,观点和材料、整体和部分要统一,部分和部分之间不能互相矛盾或不相关联。

以上三个要求各有侧重但又是紧密联系在一起的,好的结构,不可能只是孤立地满足一方面的要求。反过来说,结构在一方面有问题会带来另一方面的问题,若文章的部分与部分之间失去了关联,就不可能有连贯性。

思考与练习

1. 什么是结构?安排结构遵循哪些原则?

2. 结构主要涉及哪些内容?篇章结构应达到哪些要求?

3. 下文摘自一篇学生写的求职信,请分析指出这段文字在结构方面存在的主要问题并修改。

求职信

我知道,"机遇只给有准备的人"。在校期间,我抓住一切机会学习各方面的知识，锻炼自己各方面的能力，使自己朝着现代社会所需要的具有创新精神的复合型人才发展。我的英语达到六级，计算机通过国家四级，并连年获得奖学金。我担任院学生会成员和班委，多次组织系部、班级联欢会、春游等活动，受到老师、同学一致好评。

而作为一名现代大学生，我更注重自己能力的培养。我乐观、执着，遇到困难和问题从不回避，敢于迎难而上，勇于面对，向着更高的目标冲击。

在努力学习专业知识的同时，我还广泛涉猎了哲学、法律和文学等领域，在获得本专业证书后还得到了其他证书。

为了更全面地锻炼自己的能力，我利用假期到政府机关、企事业单位进行了社会实践，并成为“优秀实习生”，这些经历为我走入社会，参与商业经营运作奠定了良好的基础。

4. 根据以下工作简报的内容，概括段旨，填写在括号内。

共青团北京市委认真落实创先争优工作要求

共青团北京市委按照全团创先争优活动领导小组的统一部署，认真学习落实中央党群共建创先争优视频会议和全国基层党建带团建暨共青团系统深入开展创先争优活动座谈会精神，坚持党建带团建，精心组织，认真谋划，积极动员组织全市基层团组织和团员青年为推动人文北京、科技北京、绿色北京建设贡献青春和力量。

一、成立活动领导小组，进行认真动员部署。党群共建创先争优视频会议后，团市委立即成立了以团市委负责同志为成员的创先争优活动领导小组。领导小组设办公室，下设综合协调组、宣传信息组、基层指导组，负责活动的整体推进和分类指导。9 月 21 日上午，团市委专门召开了党群共建创先争优动员部署会，对全市共青团系统开展创先争优活动进行了广泛动员和认真部署。

二、(　　　　　　　　　　)。团市委结合工作实际，明确了全市共青团系统开展创先争优活动的目标，要求全市各级团组织以“四个好”“四带头”为主要内容，通过开展创先争优活动推动科学发展、促进社会和谐、服务青年成长、加强基层组织。为确保创先争优活动在各个领域的深入开展，团市委坚持分类指导，要求各领域团组织围绕党政工作大局和全团重点工作，有重点、有特色地推进本地区、本单位的创先争优活动。区县团组织重点推进团建百强街乡(镇)创建工程、基层团建工作三级联创等工作；市直团组织重点推进“讲党性、重品行、作表率”活动、“三进两促”、团员示范岗和青年公务员风采大赛等工作；企业团组织重点推进青年文明号创建、争当青年岗位能手、加强青年突击队建设等工作项目；学校团组织把创先争优活动与学校育人、争当“四好少年”等主题教育活动相结合；非公有制经济组织和社会组织团组织以创先争优活动带动广大团员青年立足本职岗位建功立业、服务企业生产经营。

三、(　　　　　　　　)。团市委紧紧围绕“人文北京、科技北京、绿色北京”和世界城市建设的中心工作目标，认真贯彻刘淇同志在北京市“五四”青年大会上的讲话精神，在首都各项建设中充分发挥团组织的生力军和突击队作用，积极开展“争做建设‘人文北京、科技北京、绿色北京’的青年时代先锋”主题活动。一是在青年中开展成长关怀、素质提升、文化弘扬、文明表率和志愿先锋等活动，组织动员青年积极投身“人文北京”建设；二是在青年中开展科普实践、创新创效、创业就业、科技人才和科技共享等活动，组织动员青年积极投身“科技北京”建设；三是在青年中开展绿色理念、绿色保护、绿色生产、绿色生活、绿色人才和绿色家园等活动，组织动员青年积极投身“绿色北京”建设。

四、(　　　　　　　　)。为确保创先争优活动扎实、深入开展，团市委制定了创先争优活动推进方案，明确了活动的推进措施和近期重点工作。一是坚持党建带团建。把创先争优作为加强党建带团建的重要载体，紧跟党建步伐，推进团的各项工作。二是突出青年参与的广泛性和普遍性。坚持面向基层、面向广大普通青年，引导青联、学联以及各类青年组织开展创先争优活动。三是加强对基层团组织的支持和帮助。尽量将工作力量向基层倾斜，将工作载体向基层集中，加大工作经费向基层的投入。团市委今年将拿出300万元团建经费，支持基层开展团建工作。四是建立联系点制度。市、县(区)团委创先争优活动领导小组成员分别确定一个区县团委作为联系点，帮助基层解决活动开展过程中存在的突出问题。五是加强优秀集体和优秀个人的典型宣传。挖掘活动中涌现的典型事迹，加大宣传力度，扩大活动影响，于年底开展2010年北京市五四红旗团委、团支部和北京市优秀团员、团干部的评选表彰活动。六是建立信息沟通机制。建立开通北京共青团创先争优活动专题网页，在“手机报”上设立创先争优专栏，定期编发信息，加强对基层创先争优活动的宣传。七是加强工作考核。建立广大青年参与评价活动成果的工作机制，把创先争优活动作为一项重要指标，纳入基层团建评价考核体系，确保活动取得扎实成效。

5. 下面这篇文章的段落次序被打乱了，请重新组织排序，并从内在逻辑、过渡、照应等方面说明理由。

走街串巷的“半截美”——北京出租客货两用车

1. 在车队里先后见到的出车归来的青年司机中，有好几位都在乘客写来的表扬信中见过名字。记者还了解到：目前为乘客义务装卸在司机中已形成习惯，虽然牢骚难免有一点。

2. 刚跑完长途从河北回来的司机贾自忠，一边擦车一边夸车："这车开着顺气，我看豪华车也比不了。"在机场和北京站，联运出租站的调度员也总问："'半截美'来没有？"一位等车的用户回答记者："这种车挺好，可惜数量还少，知道的人也不多，而且载重量0.6吨，小了点，我的几个朋友想搬家，一看车小就走了。"

3. "我在苏州、杭州、南京、广州等城市都没见过运货出租车，可不可以说是北京的首创？"说这话的是年轻的业务队长小于。他对发展首都出租车行业还挺有设想的呢，"为了真正调动司机积极性，提高服务质量，扩大社会效益，应该改进管理办法"。业务员葛师傅接着提出一些便民业务的具体设想：如为居民集中运送煤气罐，与家具店等商业单位挂钩运家具，给广安门、永定门车站搞零担货运，为北京站带货旅客接取送往……他们也提出："这一行业也希望能得到社会各界的鼓励支持，像目前这样没有场地，没有电话，等于没有活路，没有生命线啊。"

4. 全市有多少居民会像他们一样为运送大件商品或搬家迁居犯愁呢？没有人统计过，恐怕也很难统计。通达出租公司的近百辆车肯定难以完全承担这种任务，但开展这项服务性业务，确实是深受欢迎的。

5. 陪我同来的业务员小马告诉我，其实队里有30辆载重1.75吨的大车，因这里停车场地有限，都停在地点偏僻的青年湖边上，各车队的几部电话都是临时借用的分机，难怪用户不知道。

6. 交道口前有个站点，因地处繁华地带，大概业务最兴隆。3月24日早不到8点，就有三辆车被用户要走，到和平里、北京站等处搬家、拉货。站长对记者说：这种两用车特别受欢迎，前面坐人后面装货，人货同车，司机帮装帮卸，在这个站上可说是供不应求。我们的口号是走街串巷，便民利民，可以说全城哪个犄角旮旯儿都去，长途短途都运。因为这车前面看是轿车，后面瞧是货斗，所以老百姓送一雅号"半截美"。

7. 同志，您需要租用客货两用车吗？请打电话××××××××。

8. 家住槐柏树街的一对中学教师要迁进新居了，哪儿去找车呢？学校没有，又无其他门路。幸好打听到了这个公司，于是一辆中型车，半天时间，就把他们的难题解决了。

9. 到其他的出租点看看，发现它们远没有交道口站那么幸运，地点挺背，像劲松东口站连电话也没有，车停进去干脆就是"死车"，难怪司机们常听用户抱怨：想用你们这种车，找了几个月才找到。

10. 电子工业部一位干部在王府井附近的胡同里偶然见到了一辆出租车，也没在意就走开了。走不多远心里猛然一动，想到自己将要购买的电冰箱，又急忙寻回去。车还停在那儿，一问，说是通达出租公司的车，客货两用。“这不错！”居民买大件商品，正用得着它呢。

6. 下例总结主体部分层次混乱，试重新拟之。

2017—2018 学年春夏学期××课程学习总结

在 2017—2018 学年春夏学期，我在××老师的带领下学习了“应用写作”课程，回顾一学期的学习，我有如下体会：

一、课上没有好好练习

二、掌握了通知、通报、通告、公告、公报等公文的适用范围和写作方法

三、树立了“什么场合说什么话”的意识

四、课后没有好好复习

五、上课没有认真听讲

六、上课时学了改病句、改病文、复习语法知识等内容

回顾 4 个月的学习经历，我收获了诸多知识，锻炼了各类技能，同时也深感自己仍有很多不足。希望在今后的学习当中，自己能合理利用这些经验与教训，取得更大的成绩。

第四节　应用文的遣词用语

一、应用文语言的意义和特点

（一）应用文语言的意义

写作是思想的过程，语言是思想表达的工具，离开语言，思想无法存在，文章也无从写起。因此，高尔基称语言是文学的“第一要素”。对文章的写作来说，语言是进行写作的物质手段，是写作的基础。进一步而言，语言文字的表达效果，直接关系着文章的质量。

学习语言，要对语言与思想的关系有充分的认识。语言与思想是紧密联系的内容与形式的关系，有人因此将语言（包括口头语言和书面语言）称为“外语言”，将思想称为“内语言”。内语言对外语言有制约作用，外语言又直接影响着内语言的适当表达，二者的高度统一，是写作者在语言方面的最高追求。从根本上说，优秀的语言来自于认识的深刻、思想的精辟和思维的缜密。

（二）应用文语言的特点

写作应用文时要辨明语体，不考虑这一点，会导致写作的失败。写一篇可以

自由想象、发挥的艺术散文,通篇使用公文语言,令人生枯燥乏味之感。而用写艺术散文的方法写应用文,寻求辞藻之华丽、修辞之丰富,结果会给人不伦不类的感觉。

语体是在不同用途、不同使用者和不同使用方式等情况中形成的语言风格模式。由于使用目的、讲述内容、文章体裁和接受对象的不同,文章逐渐形成了不同的语言运用的特征体系和方式,有了各自不同的语体。从语体色彩看,语体可分为口头语体和书面语体。口头语体通俗、生动、灵活;书面语体严谨、稳定。从表达的内容和功能看,语体可分为文学语体和文章语体。它们虽遵循一般语言的语法规则和逻辑规律,但在遣词造句的方式上、表达方式的运用上有着明显的区别。文学语体体现的是语言的表现功能,以形象化为本,常常在一定程度上突破语言学的规律,追求情感化、个性化风格。文章语体代表了语言的理性功能,重实用,讲科学,强调逻辑严谨和语言学规范,显示公共化风格。

细分起来,文学语体由于语言形式的不同有散文语体和韵文语体之分。文章语体由于用途的不同,可分为科学语体、政论语体和事务语体等。科学语体主要用于科技专著、学术论文、科技报告、实验报告和科技教材等文体,追求客观准确,严谨周密,大量使用专业术语和图表。政论语体又称为宣传语体,多用于政论、社论等各类评论及宣传演讲等,具有宣传性和鼓动性,又重视说理性。事务语体适用于应用文,具有准确规范、简明精炼、朴实平易的特点。

二、应用文语言的要求

有的应用文使用文学语体,如文艺性的商品广告、解说词、科普小品和书信等,但大多数应用文特别是公文使用事务语体,所以事务语体也被称为公文语体。应用文对语言总的要求是得体,符合特定的语体特点。

(一)准确规范

准确指的是外语言与内语言最大程度的统一,使语言形式正确恰当地表达思想内容。

词是语言的基本建筑材料,要写好应用文,首先要正确选用词语。理解词义,是正确运用词语的前提。对近义词尤其要仔细辨析使用,它们意义的轻重程度不同,如“责令”和“责成”;范围的大小不同,如“事件”、“事变”和“事故”;适用的对象不同,如“夭折”和“过世”;语体色彩不同,如“散步”和“溜达”;感情色彩不同,如“顽强”和“顽固”;词性和句法功能不同,如“必须”和“必需”。要根据表达目的和特定的语境,选用确切的词语。组词成句时要注意符合语法。

语言形式与思维形式是融为一体的密切关系,准确性要结合语言学和逻辑学两方面考虑。在应用文中，作为词语的思想内容的概念、内涵和外延要清楚明确，不允许模糊不清，不允许理解的多义与歧义。对概念的划分要正确，概念并列使用时要避免标准不一导致混乱。通过语句表达的判断要恰当，推理要合乎逻辑。

规范指的是语言形式要尊重、遵守约定俗成的语言习惯，不随意打破语言常规，不自造新词，不滥用方言土语。

应用文特别是公文、事务文书和专业文书，使用名称、时间、数量都要规范。机关名称要用全称或规范的简称，使用缩略语要慎重。遣词用语要避免生造或割裂词语。

当今社会，人类经济、科技、教育和文化等方面因网络而发生急剧变化，语言也不例外。网络语言——随着互联网产生且具有特殊含义的词汇，就是网络化社会中产生的新事物和新文化。如何看待网络语言，是今天语言使用中一个无法回避的问题。网络语言作为互联网的产物，是一种独特的语言类型。网络自由、开放、随意的交流方式，决定了网络语言表达的自由随意性。作为通过文字进行口语式沟通的工具，网络语言虽然采用书写的形式，但保留了口头语语体的特点，表达随意、灵活。它是一种社会方言，是特定社会群体之间的交际工具，如同地域方言或行业用语，在特定群体中具有约定俗成的特性。网络语言有经济简约、生动有趣、新鲜奇异的特点。在不同于现实世界的网络世界里，网民感受到充分的自由感，在语言使用上也充分享有自由的权利，变旧词，造新词，改语法，创造和使用新语言。这固然体现了语言的鲜活生命力，但也对语言的规范性和公共交流性质形成了很大的挑战。网络语言与许多新生事物一样，鱼龙混杂，优劣并呈。对此，我们既要有宽容、开放的心态，也要有冷静、理性的态度。对目前存在和正在发展中的网络语汇不宜简单化地绝对禁止，需要理智对待。

语言是发展变化的，比起相对稳定的语音和语法，新词语不断出现是司空见惯的现象。当代汉语中每年都会出现 1 000 个左右的语文性新词语。同时，语言变化是按照一定规律进行的，符合或是违背规律的语言现象，会在“约定俗成”中相应的被吸纳或是淘汰。所以，这些网络词语是否符合规范，能否进入人们的语词库，在接受时间的检验和过滤后会有自然选择的结果。商务印书馆的《现代汉语词典》中，已将“网虫”“BBS”等网络流行语收入正文或附录。中国社会科学院语言研究所词典室正在编纂《新词词典》，准备将“菜鸟”“大虾”“灌水”之类能够反映出新事物，又能被大家所接受，且使用频率较高的词收录其中。

语言发展是一个自然选择的过程，也需要一定的人工调节。网络语言作为特定的群体语言，是一定范围内的约定俗成，应该尊重更大的约定俗成规则，不能无规则地完全放任自流。例如，“偶找了好久都米同天生日的捏～～～”（我找了很久都没和我同一天生日的），“偶这个当事人怎么也8几到啊?”（我这个当事人怎么也不知道啊）等句子并无什么精彩处，反倒是弃简为繁。网络语言的发展应贯彻多快好省的原则，粗制滥造使得它走向反面，从简便走向繁复，从简明走向晦涩，从有趣走向无聊。当网络语言扩大交际范围、进入大众语言环境中时更应持谨慎态度。像由符号、繁体字、日文、韩文、冷僻字或汉字拆分后的部分等非正规化文字符号组合而成的火星文，作为以制造交际障碍、标榜言语社团的小团体的网络语言，将小众化的社会方言发展到了极端。不能把“小众”语言滥用于大众媒体。网络语言要成为大众语言，需要时间的检验甄别，也需要语言研究和从事教育工作的人员、大众传媒工作者对大众使用文字规范的正面影响和正确引导。以立法形式限制网络语言，规范语言使用是否合适、能否操作还值得商榷，但是，在国家机关公文、汉语文正规出版物以及学校教育教学中，不随意使用不符合现代汉语词汇和语法规范的网络语汇，是一项应自觉遵守的原则。

（二）简明精练

应用文语言的简练出于实用需求，为提高办事效率服务。语言简练可以从三个方面入手。

1. 认识实质，抓住关键，删繁就简。平时所说的“废话连篇”“说了半天，说不到点子上”的语言毛病，主要是由于说话者（写作者）对事物认识方面的问题造成的，“炼字”“炼句”，归根到底是“炼意”。应用文作为实用性最强的文体，一定要实实在在地传递有用的信息，去除与主旨关系不密切的节外生枝，不必要的情况说明，硬贴的大背景，不着边际的空话和令人生厌的套话，既能使语言简明，也利于树立良好文风。

2. 斟酌推敲，反复锤炼，缩词减字。要竭力将可有可无的字、句、段坚决删除。应用文语句严谨，大量使用限制性定语和状语，以保证语义的准确，但应注意句子不宜太长，表述层次不要太多。把很长的修饰成分改为短句，短句字数少，结构简单，有简洁明快的效果。

3. 适当使用格式语、专业语和人工语言符号，达到简洁效果。在长期发展中，应用文形成了某些规范的格式语，由于是历代沿革而来，大量借鉴文言文的词语，保留了文言文精当的优势。专业行文中使用的许多行业性、专业性语言，有的也有这种效果。除了自然语言文字外，应用文经常使用人工语言符号，如图表。图表不但比自然语言文字更直观，而且常常能比使用自然语言更简洁。

(三)朴实平易

叶圣陶先生曾说:“公文不一定是好文章,可是一定要写得一清二楚,十分明确,句稳词当,通体通顺,让人家不折不扣地了解你说的是什么。”不仅是公文,应用文就其整体而言,追求的都是表意的准确,而不是文辞的华美。

我们不仅要认清文学文与文章的语体区别,还要辨别文章语体中更细致的文种语言风格差异。作为新闻文体的人物通讯,会使用宣传语体,也间或使用文学语体,而表彰先进人物的通报,必须使用公文语体。为充分体现实用功能,应用文的语言风格特别强调平易质朴,明白晓畅。

平实风格首先体现在对表达方式的运用上,主要使用叙述、说明和议论,少用(公文、法规性文件等甚至忌用)描写和抒情。使用叙述、说明和议论,也要注意叙述概括、平直,说明准确、客观,议论切实、冷静。

在文风辞藻上,严格把握修辞手法的运用。修辞是人们在语言运用中逐步形成的、增强语言表达效果的方法和手段。应用文并非不能使用修辞手法,且不说采用文学语体的一些文种,就是公文也会使用一些修辞手法。但指示性公文、法规性文件等要谨慎使用修辞,其中的夸张、反语、双关、比拟和暗示等不宜使用。对色彩强烈、描摹性强、修饰性强的词语也要慎用,更不要堆砌此类辞藻。

应用文的语言要通俗易懂,用词造句浅显明了,让人一看即懂,一听即明。要力戒“有话不好好说”,偏要故弄玄虚、行文晦涩难懂的不良文风。要注意的是,语言通俗并不意味着忽略语言的规范性。应用文一般采用的是规范的书面语,不能乱用方言土话和俚俗的口语。社会上不断涌现的新词,最好在被社会普遍认可后,再用到正规的应用文中。

思考与练习

1. 什么是文章的语体?应用文的语体特点是什么?

2. 修改下列病文。

玉乳香快餐粉产品说明

本品是由北京市粮食科研所与北京海淀方达公司食品厂共同研制生产的一种新型方便食品。它选用优质奶粉、去皮去胚玉米粉、蔗糖、乳化剂配制而成。含有丰富的维生素 B1、B2、E,以及磷、铁、锌等各种人体所需要的微量元素。具有口感细腻、气味纯正芳香、价格低廉和便于携带等特点。是居家、旅游必备的理想食品。价格低于普通奶粉的2倍。特别是高血压、肥胖症，更适合于中老年人、青春发育期的学生、婴幼儿及体弱者使用。

3. 分析并修改下列从报刊中摘录的病句。

(1)有关部门给市民的答复都不尽人意。

(2)(余隆)对(李德伦)大师的去世痛心疾首，对大师的去世表示无限的缅怀。

(3)这个企业曾有过值得骄傲的辉煌，但那已是昨日黄花，随着产业结构调整，产品逐渐失去了竞争力，企业濒临破产。

(4)不顾国情，一味宣扬高消费，抛弃节俭的传统美德，说什么只有这样才能拉动经济，这真是不刊之论。

(5)需要特别告慰在座诸位的是，将于4月11、12、13日演出《吉赛尔》的巴黎国家歌剧院芭蕾舞团之前身，便是1661年创建的皇家舞蹈学院。

(6)当年中国人往外走，现在世界著名音乐大师趋之若鹜地进入中国。

(7)今天教育局在宣武艺园举行了中小学、职业高中和高考咨询。

(8)社会变革的冲击波，给高等学校的学科专业建设带来了巨大的震撼。一方面，一些与经济贴得比较紧的专业和工科、财经、外语等迅速热起来；另一方面，一些传统的文科专业如文、史、哲等却从“显学”的位置上，急剧地黯淡下去。

(9)事实证明，我们在许多方面还没有实现男女的真正平等。不少部门在招工、招干、招生、参军和大中专学生毕业分配时，不是一视同仁，而是重男轻女。

(10)在这次东南亚发生的海啸灾难中，使成千上万的家庭变得支离破碎。

(11)往年，春节时的北京气温是很冷的，而今春却是另外一幅景象，春节才过去没几天，北海公园的水面上已经可以看到游船了。

(12)经过工作人员的再三劝解，才让这位情绪激动的来访者平静下来。

(13)中国体坛名将活跃在国外体坛，拯救了许多国家的体育项目，由落后变先进。

(14)当晚经理许某叫宋修理昌河面包车的刹车片，到晚上10时，未将车修好，并将车驶上二环路试车，不料中途刹车失灵造成车祸。

(15)坚决制止破坏环境及秩序，确保生产建设安全正常。

(16)当务之急是要采取各种办法培养和提高中小学的师资水平。

(17)热烈欢迎美国专家前来我学院为学生讲座。

(18)我们参观了《中国古代重大发明展览》，感到十分自豪，我国古代的劳动人民非常勤奋，也很智慧，充满了创造精神。

(19)通过此次国家教委对我校进行的本科教学水平评估，我们探讨、发现、解决了许多重要的教学问题。

(20)在今年杨校长逝世25周年座谈会上，与会的老教师讲了许多老校长呕心沥血办教育的感人事迹。

(21)他提出的这个问题很耐人寻味，在每个人的心中都深刻地引发了反思。

(22)党风不正，是关系到我们党生死的问题。

(23)在经济迅速发展，人们生活水平不断提高的今天，我们应该赋予勤俭节约、艰苦奋斗的传统以新的内涵，但谁又能否认现在就不需要提倡这种精神了呢？

(24)许多菜价下降了一半，最高的和节前相比较竟然差了4倍多。像小黄瓜，已经由节前最高时的24~25元/公斤降到6元/公斤。

(25)该名唐姓教师表示，此学生乃新入学的，有部分功课为后补的，尚来不及作批改。

(26)考察队员们艰难的行进着，不管气候多么恶劣，冰层埋藏着多少危险，但勇士们大无畏的精神，战胜了各种艰难险阻，最终胜利抵达北极工作站。

(27)问题的严重性还在于对种种不爱护环境的错误做法，以及缺乏环保意识的状况，尚未引起社会的广泛关注。

(28)这位善于红土场作战的法国种子选手(格罗斯让)，在法网上的成绩一向不好，这次能闯入八强，已经是生努了。

(29)出席这次春节茶话会的贵宾有150人左右。

(30)为老区的人们做一点力所能及的事情，是我们长期以来的夙愿。

4. 从语言的语体特征角度分析下段文字，指出存在的问题。

××××年7月6日深夜，乌云密布，雷声隆隆，大雨倾盆而下，刹那间，美丽富饶的鱼米之乡被一片汪洋吞没。接连几天如注的暴雨，气势汹汹地淹没了田野、冲毁了原本美丽的村庄和设施齐全的工厂，交通、通信、电力一度中断。这一百年不遇的特大洪涝灾害，给我乡造成了不可估量的损失。为了将灾害造成的损失降低到最低限度，乡党委、政府采取了果断措施，动员全乡广大干部群众自力更生、艰苦奋斗，尽快恢复生产、重建家园……

5. 修改文章用语

(1)李主任叫(责□)秘书做(处□)某事。

(2)现将《××××××》转发给你们，请照做(遵□□行)。

(3)你单位2018年5月1日来文已经收到并且读过了(已□□)。

(4)在2018年6月1日××专项整治行动中,××非法组织已被相关管理单位“一锅端”(取□)。

(5)以上意见,可不可以/可不可行(□□)请批复。

(6)相关问题敬请研究回信(函□)。

6. 下面是某机关请示中的一段,请根据应用文语言的特点和要求改写这段话。

今年天气可真奇怪!眼看滚滚稻浪就要变成丰收的果实了,可正当水稻成熟时节,却阴雨连绵——天公不作美呀!我县的农民可就惨了,最起码也将有3万亩农田绝收,直接经济损失少说也有13万元。市里面应该救济一下才能帮助我县农民生产自救、渡过难关,我们求求你们了,至少要找10万元救灾款到县里!

下编　典型文种写作

第五章

党政机关公文

党政机关公文（以下简称“公文”）是最典型、最重要的应用文。现代社会生活离不开公文，上至党政机关实施领导、履行职能，下到百姓日常工作和生活，或多或少都与公文有着直接或间接的联系，可以说，公文及其影响无处不在。公文如此重要，而写出高质量的公文却绝非易事，因为它在内容和形式上都有很严格的要求，切不可“眼高手低”，草率为之。

第一节　公文概述

一、公文的概念和作用

“党政机关公文是党政机关实施领导、履行职能、处理公务的具有特定效力和规范体式的文书，是传达贯彻党和国家方针政策，公布法规和规章，指导、布置和商洽工作，请示和答复问题，报告、通报和交流情况等的重要工具。”2012 年 4 月 16 日，由中共中央办公厅和国务院办公厅联合印发，2012 年 7 月 1 日起施行的《党政机关公文处理工作条例》（中办发〔2012〕14 号）（以下简称《条例》）对公文概念的这一表述，既揭示了公文的性质和特点，也说明了它在现代社会生活中的重要作用。它包括如下三方面含义。

（一）公文是公务文书

对文书、文件、公文这三个概念，人们习惯上常将其混淆而不加以严格区分，但若仔细推究，它们是有所区别的。

文书是比较宽泛的概念，一般指的是党政机关、企事业单位、社会团体及个人在日常的生产、工作、生活中用以处理各种实际事务所形成和使用的规范化、系统化的书面材料。据此，文书应有公务文书和私人文书两种基本类型。

文件属公务性文书，它的外延较小，我们通常所说的文件，一般多指格式规范、文件头有编号的正式公文，但有时也泛指一般的机关文书。

公文是指公务文书，它是在党政机关公务活动中产生、为公务活动服务，并在公务活动中发生效力的文书。公务性是它最基本、最显著的特征。广义的公文泛指各种机关团体日常使用的文书材料，包括简报、总结之类的事务性文书及行业专用文书。狭义的公文则专指党、政、军机关依照有关法规性文件的规定而制作使用的各类公文，特别是《条例》中所规定的党政机关所使用的15种公文，我们可称之为“法定性”公文。本书所称公文就是指此类公文。

（二）公文具有特定效力和规范体式

在公务性的基础上，派生了公文的两个特点：特定效力和规范体式。

特定效力，首先表现在公文写作及使用主体的特定性上。公文是各级党政机关行使各自的职能时，在职权许可范围内制发、传递和使用的文书，即便是以个人名义制发或宣读的公文，也体现某一党政机关的意志；当然，公文因其写作及使用主体的不同，其内容也具有相应的特定性。

规范体式，主要体现在公文文种的规定性和公文格式的规范化两个方面。

（三）公文是党政机关实施领导、履行职能和处理公务的重要工具

公文的作用体现在传达贯彻党和国家的方针、政策（如“通知”）；发布行政法规和规章（如“命令”）；对重要事项做出决策和部署（如“决定”）；请示和答复问题（如“请示”和“批复”）；指导、布置和商洽工作（如“意见”和“函”）；汇报工作或反映情况（如“报告”）；交流经验（如“纪要”）。

全面理解公文的概念，有利于我们把公文制发和其他文体文章的写作严格区分开来，根据公文的特点正确使用它，发挥其应有的作用。

二、公文的分类

（一）一般公文的分类

这里所说的一般公文，包括党政机关公文、人大机关公文和军队机关的公文。一般公文由于其性质、特点、用途和适用范围不同，分类的标准不同，文种归类也不尽相同。

根据《条例》的规定，党政机关公文有15种：①决议；②决定；③命令（令）；④公报；⑤公告；⑥通告；⑦意见；⑧通知；⑨通报；⑩报告；⑪请示；⑫批复；⑬议案；⑭函；⑮纪要。

根据《人大机关公文处理办法》第六条的规定，人大机关的公文种类主要有14种：①公告；②决议；③决定；④法规，条例，规则，实施办法；⑤议

案;⑥建议、批评和意见;⑦请示;⑧批复;⑨报告;⑩通知;⑪通报;⑫函;⑬意见;⑭会议纪要。

根据《中国人民解放军机关公文处理条例》的规定,军队机关公文有12类13种:①命令;②通令;③决定;④指示;⑤通知;⑥通报;⑦报告;⑧请示;⑨批复;⑩函;⑪通告、布告;⑫会议纪要。

(二)党政机关公文的再分类

为了加深对公文的认识,以利于公文的使用,对《条例》所规定的15种行政机关公文,还可以从不同的角度,以不同的标准再加以区分。

1. 按公文的由来区分。任何一个机关所处理的文件,按其由来划分,都可分为两类:一是收进的公文(即收文);二是发出的公文(即发文)。

收进的公文有:来自下级的请示、报告;来自上级的决定、通知;来自平行机关或不相隶属机关的函。

发出的公文有:呈送上级的请示、报告;发给下级的通知、批复;发给平行机关或不相隶属机关的函。另外,还有发出的本机关的内部文件,如通知、会议纪要等。

2. 按公文的行文方向区分。行文关系决定了公文有不同的行文方向。

(1)上行文。上行文指下级机关向所属上级机关的行文(自下而上的行文),如请示、报告等。

(2)下行文。下行文指上级机关对所属下级机关的行文(自上而下的行文),如批复、决定、通知等。

(3)平行文。平行文指平行机关或不相隶属的机关之间的行文,如函等。

此外,"意见"这个文种比较特殊,它既可以上行,也可以下行,还可以平行。

3. 按公文是否保密及秘密等级区分。按照保密及秘密等级的标准,公文可分为两类。

(1)限知性公文。限知性公文是指在一定时期限定阅读范围、作为国家机密的文件。公文的保密程度越高,阅读范围越小。限知性公文中,也有对阅读范围有所限制,但并不标示秘密等级的,也应注意严格保管。

(2)周知性公文。周知性公文是指向国内外公开发布的公文。如命令(令)、公告、通告等。

除上述区分方式以外,还可以按公文的紧急程度、处理状态等加以区分。

三、公文的使用和处理

(一)公文的使用原则

根据公文处理工作的有关文件规定,在选择与使用公文时,应“依法办事”。

1. 三大系统公文文种不可混用。党政机关、人大机关及军队机关三大系统对公文文种有不同的规范,不可混用。党政机关的公文只能从《条例》规定的15种公文中选择文种;同样,军队机关的公文不可从党政机关的公文中选择文种。

2. 依据本机关属性选择文种。依据本机关的职责权限和文种的自身属性选择文种。例如,“命令(令)”,它的属性和适用范围决定了只有高层领导机关才可以使用该文种;又如,“议案”只能用于人民政府向人民代表大会提请的审议事项。

3. 依据行文的目的选择文种。依据行文的目的要求正确选择和使用文种。答复上级机关的询问,只能用“报告”;不相隶属机关之间商洽工作、询问和答复问题、请求批准答复事项时,只能用“函”,而不能用“请示”。

4. 依据行文关系选择文种。行文关系决定了行文的方向,也决定了文种的选择。如果行文关系反映的是领导与被领导、指导与被指导的关系,那么凡向上级报送的文件,均应从上行文中选择文种;下发的文件则从下行文中选择文种;平行关系、不相隶属的关系,只能选择平行文。

5. 公文运行必须遵循有关规定。公文运行的一些相关规定主要有:联合行文必须是在同级机关之间;正确处理主送和抄送,除具有普遍指导意义的下行文外,一般只有一个主送机关,要避免多头主送,抄送也应根据需要确定;除上级机关负责人直接交办事项外,不得以本机关名义向上级机关负责人报送公文,也不得以本机关负责人名义向上级机关报送公文;请示一般不能越级,且要一文一事;报告不能夹带请示事项等。

(二)公文写作的基本要求

根据《条例》的规定,公文写作应当达到七项要求。

(1)符合国家法律法规和党的路线、方针、政策,完整准确地体现发文机关的意图,并同现行有关公文相衔接。

(2)一切从实际出发,分析问题实事求是,所提政策措施和办法切实可行。

(3)内容简洁,主题突出,观点鲜明,结构严谨,表述准确,文字精练。

(4)文种正确,格式规范。

(5)深入调查研究,充分进行论证,广泛听取意见。

(6)公文涉及其他地区或者部门职权范围内的事项,起草单位必须征求相关的区或者部门的意见,力求达成一致。

(7)机关负责人应当主持、指导重要公文的起草工作。

(三)公文处理的要求

《条例》规定了公文处理工作必须"科学化、制度化、规范化"的要求。这三项要求体现了公文最基本的特点,是提高公文处理工作的效率和公文质量的基础,也是评价公文处理工作优劣的基本标准。

1. 科学化。科学化既是提高公文写作质量的需要,也是提高公文处理工作效率的需要。强化公文理论的研究,建立具有中国特色的公文理论体系,并以这一理论体系指导公文处理工作的实践,才有可能以科学的态度对待公文,充分发挥公文的工具作用,提高公文的规范化程度。同时,科学化还意味着要引进现代科技成果,充分利用高科技手段,使公文处理工作自动化,从而步入现代化的轨道。

2. 规范化。规范化是指公文在形成、办理、传递、立卷、存档和销毁的环节中都要严格遵循法定的标准、统一的规则,不允许随心所欲地改变。没有规矩,不成方圆,没有规范化,也就没有了公文。没有规范化,公文的制度化、科学化也就无法实现。规范化贯穿在公文处理工作的全过程之中。

首先,文种的使用要规范化。公文有 15 种,文种不同,性质不同,行文方向不同,使用的目的、要求也有所不同。因此,在使用时必须按照有关规定正确选择文种,而不能凭个人的想当然办事。把"请示"写成"请示报告",把"公告"当作"通告"随意混用,或生造"批示""答复""请示函"之类的文种的做法,都是错误的。

其次,公文格式要规范化。公文格式是公文区别于其他类型文章的重要标志,格式的规范化对保证公文的完整性、严肃性和有效性,提高公文处理工作的效率,具有十分重要的意义。

再次,公文流程要规范化。公文要严格按照"拟—发—传—批—办—存"的流程运行,要保证其顺畅有序。

3. 制度化。制度化是行政机关依法办文的具体表现,也是机关工作正规化的基本要求。为保证公文的形成、办理、立卷和存档等环节的工作有章可循,各级行政机关均须依据规定,建立切实可行的规章制度。这些制度在很大程度上使规范化更为具体,使公文处理易于操作。

思考与练习

1. 什么是党政机关公文?
2. 党政机关公文的特点是什么?
3. 简述《条例》坚持公文“科学化、规范化、制度化”要求的意义。

第二节　公文格式

公文格式主要是指公文的书面格式,是公文权威性和约束力的外在体现。使用正确的公文格式,有利于维护公文的权威性、合法性和完整性;有利于提高公文处理工作的效率和公文的质量;有利于节省公文起草、传递的时间;有利于公文的立卷、归档等工作的顺利进行;顺应了办公现代化的趋势;同时也是实现公文的科学化、制度化和规范化的重要保障。

公文一般由份号、密级和保密期限、紧急程度、发文机关标志、发文字号、签发人、标题、主送机关、正文、附件说明、发文机关署名、成文日期、印章、附注、附件、抄送机关、印发机关、印发日期和页码等组成。

《党政机关公文格式》(GB/T 9704—2012)将组成公文的各要素划分为版头、主体、版记三大部分,用置于公文首页和末页的红色分隔线(宽度同版心,即156mm)将三部分加以区分。

一、版头

版头习惯上又称为眉首或文头,位于公文首页上部,即首页红色分隔线以上的部分,占首页面积的1/3～2/5。版头安排的公文要素有公文份号、秘密等级和保密期限、紧急程度、发文机关标识、发文字号和签发人等。

(一)份号

份号是指公文印制份数的顺序号。《条例》规定,涉密公文应当标注公文印制份数的顺序号。其目的在于准确掌握公文的印制份数和分发范围及对象,掌握每一份公文的去向,故发文与收文时都要登记份数序号。

份数序号一般用6位3号阿拉伯数字,顶格编排在版心左上角第一行。

(二)秘密等级和保密期限

涉密公文应按照涉密程度分别标示“绝密”“机密”“秘密”。保密期限是对公文密级时效的规定,应在密级后标出。要注意防止因未标明密级而造成泄密，也要防止因随意扩大密级而影响文件功能的充分发挥。

为求醒目，密级一般用3号黑体字，顶格编排在版心左上角第二行；保密期限也用相同字体，其中的数字用阿拉伯数字标注，二者之间用“★”隔开。

（三）紧急程度

紧急程度是对公文送达和办理的时限要求。根据紧急程度，紧急公文应当分别标明“特急”“加急”，紧急电报可标示“特提”“特急”“加急”“平急”等。确定紧急程度，应视公文送达和办理时限的实际需要从严掌握，不可滥用。

如需标识紧急程度，用3号黑体字，顶格标识在版心左上角，两字间空1字；遇有密级标识时，则应在其下一行标出。

（四）发文机关标识

发文机关标识也称“红头”，由发文机关全称或规范化简称加“文件”二字组成。如“国家新闻出版广播电影电视总局文件”，也可使用发文机关全称或规范化简称。

发文机关标识推荐使用小标宋体字，颜色为红色，字号以醒目、美观、庄重为原则，一般应小于22mm×15mm（国务院文件的字号）。其位置分两种：第一，用于平行文及下行文，标于版心上边缘之下35mm处，以备需要时标识份数序号、密级和紧急程度；第二，仅限于上行文，距版心上边缘80mm处，空白处供上级机关用来批示文件。

联合行文时，发文机关标识可以并用联合发文机关名称，也可以单独用主办机关名称。联合行文时，如需同时标注联署发文机关名称，一般应当将主办机关名称排列在前；如有“文件”二字，应当置于发文机关名称右侧，以联署发文机关名称为准上下居中排布。如果联合机关过多，仍必须保证公文首页显示正文，为此可适当缩小字号和行距。

（五）发文字号

发文字号是发文机关为其制发的公文依次编排的文号，由发文机关代字、年份和序号组成。如《北京市人民政府办公厅关于进一步加强全市应急物资保障能力建设的意见》的发文字号是“京政办发〔2011〕59号”，“京政办”即北京市人民政府办公厅机关代字，年份和序号用阿拉伯数码标识，年份要用全称，用六角括号“〔〕”括入。序号是发文的流水号，不编虚位（即1不编为001），不加“第”字。发文字号的位置在发文机关标志下两行处，用3号仿宋体字居中排布。上行文的发文字号居左空一字编排，与最后一个签发人姓名处在同一行。联合发文时，只标明主办机关发文字号。

机关代字应选用能反映本机关特征的代字，长期固定使用。如果需要，可以添加主办文件的职能部门的代字。如教高厅〔2012〕2 号《教育部办公厅关于印发〈精品资源共享课建设工作实施办法〉的通知》,“高厅”代的是教育部属下的高等教育厅。发文机关代字后有时加“字”字,若是普发性文件,习惯加上“发”字。如国务院办公厅发布的文件《国务院办公厅关于印发 2012 年全国打击侵犯知识产权和制售假冒伪劣商品工作要点的通知》,发文字号为“国办发〔2012〕30 号”。

(六)签发人

上行文应当注明签发人姓名,主要目的是让上级单位领导人了解该上报事项的下级机关具体责任人是谁,同时也便于联系查询。

由“签发人”三字加全角冒号和签发人姓名组成,居右空一字,编排在发文机关标识下空两行的位置。“签发人”三字用 3 号仿宋体字,签发人姓名用 3 号楷体字。

如有多个签发人,签发人姓名按照发文机关的排列顺序从左到右、自上而下依次均匀编排,一般每行排两个姓名,回行时与上一行第一个签发人姓名对齐。

二、主体

主体部分习惯上又称文身,包括首页红色分隔线(不含)以下至公文末页首条分隔线(不含)以上部分之间的各要素,即标题、主送机关、正文、附件说明、成文日期、公文生效标识和附注等。

(一)标题

公文标题应准确简要地概括公文的主要内容并标明公文种类,由发文机关、事由、文种组成,如《财政部关于开展财务大检查的报告》。有时因为文件版头中已标明了发文机关名称,故标题可略去发文机关。命令、公告、通告等正文内容简短的周知性公文,有时可以略去事由,如《北京市劳动和社会保障局通告》。个别情况下甚至只保留一个文种,如《公告》《通告》等。

标题编排在红色分隔线下空两行处,居中排列,根据标题字数多少,可排一行、两行或多行,多行标题排列使用菱形或梯形,不采用上下一样长的长方形或上下长中间短的沙漏形,宽度不超过版心。要注意排列对称,间距恰当,词意完整,回行时一般不宜以虚词打头,不宜拆分人名、地名和机构名称等,尤其是不能将词拆开。标题涉及多个发文机关的,机关名称之间用空格分开,不加顿号,换行时省略。

(二)主送机关

主送机关是指公文的主要受理机关,即直接办理、执行或答复公文事项的单位,是主要的收文机关。公文下发范围不同,主送机关的写法也不同。例如:

各区、县人民政府，市政府各委、办、局：

各有关区、县人民政府，市政府各有关委、办、局：

××区、××县人民政府，市政府××局：

第一例、第二例为普发性公文主送机关的写法（全称型和特称型）；第三例为非普发性公文主送机关的写法（发向个别单位的单称型）。

主送机关应使用全称或规范化简称，如“中共北京市委”，或同类型机关的统称，如“各省、自治区、直辖市人民政府”。其位置在标题下空1行，左侧顶格用3号仿宋体字，回行时仍顶格。如果主送机关过多而使公文首页不能显示正文时，应将主送机关名称移至版记。如果为周知性公文，可以省略主送机关。

（三）正文

正文是公文的主要内容。一般由开头、主体、结尾三部分构成。公文首页必须显示正文。一般用3号仿宋体字，编排于主送机关名称下一行，每个自然段左空两字，回行顶格；数字、年份不能回行，这是为了避免差错和误读所做的特别规定。文中结构层次序数依次可以用“一、”“（一）”“1.”“（1）”标注；一般第一层用黑体字、第二层用楷体字、第三层和第四层用仿宋体字标注。

（四）附件说明

附件说明是指公文附件的顺序号和名称。有的公文有附件，作为正文的补充、说明、印证、依据和参考，成为公文重要的组成部分，与正文一样具有同等效力。

如有附件，在正文下空一行左空二字编排“附件”二字，后标全角冒号和附件名称。如有多个附件，使用阿拉伯数字标注附件顺序号（如“附件：1.×××××”）；附件名称后不加标点符号。附件名称较长需回行时，应当与上一行附件名称的首字对齐。

附件应当另面编排，并在版记之前，与公文正文一起装订。“附件”二字及附件顺序号用3号黑体字顶格编排在版心左上角第一行。附件标题居中编排在版心第三行。附件顺序号和附件标题应当与附件说明的表述一致。附件格式要求同正文。

如附件与正文不能一起装订，应当在附件左上角第一行顶格编排公文的发文字号并在其后标注“附件”二字及附件顺序号。

（五）发文机关署名

署发文机关全称或者规范化简称。特殊情况如议案、命令（令）等文种需要机关负责人署名的，应当写明职务。

（六）成文日期

成文日期是公文生效的时间，署会议通过或者发文机关负责人签发的日期。

联合行文时，署最后签发机关负责人签发的日期。法规性文件写批准日期；电报写发出的日期。成文日期在公文正文或附件说明的右下方空 4 字编排，用阿拉伯数字将年、月、日标全，年份应标全称，月、日不编虚位（即 1 不编为 01）。

（七）印章

印章是公文生效的标志，是鉴定公文真伪的最重要的依据。公文中有发文机关署名的，应当加盖发文机关印章，并与署名机关相符。有特定发文机关标识的普发性公文和电报可以不加盖印章，会议纪要不加盖印章。

单一机关制发的公文，加盖印章要端正，居中下压成文时间，使机关署名和成文日期居于印章中心偏下位置，上距正文不要超过一行。不留过大空白是为了防止变造公文。

联合行文时，上行的公文由主办机关盖章，下行的公文则所有的联署机关都应盖章。加盖两个印章时，主办机关印章在前，后一机关印章要压成文日期。需加盖多个印章时，为防止出现空白印章，应将各发文机关名称（可用简称）按顺序整齐排列适当位置上，最后一个印章居中下压发文机关署名和成文日期。其上每排最多为 3 个印章，两端不超出版心，印章之间要排列整齐互不相交相切。

当公文排版后所余空白不能容下印章时，应采取调整行距、字距的方式灵活处置，以便印章与正文同处一页，而不得采取以往标识“此页无正文”的方法解决。

（八）附注

有的公文有附注，一般都是对公文印发传达范围、使用时的注意事项做出的简单说明，如“此件发至县团级”。如有附注，居左空两字用 3 号仿宋体字加圆括号编排在成文日期的下一行。请示件应在附注的位置上标注联系人和联系方式。

三、版记

公文版记为末页分隔线以下部分，习惯称文尾，居公文末页，包括抄送机关、印发机关和印发日期等公文要素。

（一）抄送机关

抄送机关是指除主送机关外公文要送达的机关，是非主要承办者但与公文事项有关而需要告之的机关。抄送机关应使用全称或规范化的简称、统称。用 4 号仿宋体字标志“抄送”，排列顺序为上级在前，与文件内容关系密切的机关在前。各抄送机关间用逗号隔开，回行时与冒号后的抄送机关对齐，在最后一个抄送机关后要标句号。

（二）印发机关和印发日期

印发机关是指公文的印制主管部门，一般应是各机关的办公厅（室）或文秘部门。若无这类专门机构，也可标识发文机关。印发日期以公文付印的时间为准，其位置在抄送机关下一行，印发机关左空一个字距，印发时间右空一个字距，用阿拉伯数码标识，二者须共占一行。

以上关于公文格式的说明依据的是国家质量技术监督局发布的《党政机关公文格式》（GB/T 9704—2012）国家标准，各地区可以根据该标准结合地区实际制定本单位相应的标准。公文格式参见附图。

四、公文的特定格式

在《党政机关公文格式》（GB/T 9704—2012）国家标准中，分别对信函、命令（令）和纪要三种公文的格式做出了特别规定。

（一）信函格式

发文机关标识使用发文机关全称或者规范化简称，居中排布，上边缘至上页边为30mm，推荐使用红色小标宋体字。联合行文时，使用主办机关标识。

发文机关标识下4 mm处印一条红色双线（上粗下细），距下页边20 mm处印一条红色双线（上细下粗），线长均为170 mm，居中排布。

如需标注份号、密级和保密期限、紧急程度，应当顶格居版心左边缘编排在第一条红色双线下，按照份号、密级和保密期限、紧急程度的顺序自上而下分行排列，第一个要素与该线的距离为3号汉字高度的7/8。

发文字号顶格居版心右边缘编排在第一条红色双线下，与该线的距离为3号汉字高度的7/8。

标题居中编排，与其上最后一个要素相距两行。

第二条红色双线上一行如有文字，与该线的距离为3号汉字高度的7/8。

首页不显示页码。

版记不加印发机关、印发日期和分隔线，位于公文最后一面版心内最下方。

（二）命令（令）格式

发文机关标识由发文机关全称加“命令”或“令”字组成，居中排布，上边缘至版心上边缘为20 mm，推荐使用红色小标宋体字。

发文机关标识下空两行居中编排令号，令号下空两行编排正文。

签发人职务、签名章和成文日期的编排同上。

（三）纪要格式

纪要标识由“×××××纪要”组成，居中排布，上边缘至版心上边缘为

35 mm，推荐使用红色小标宋体字。

标注出席人员名单，一般用3号黑体字，在正文或附件说明下空一行、左空两字编排“出席”两字，后标全角冒号，冒号后用3号仿宋体字标注出席人单位和姓名，回行时与冒号后的首字对齐。

标注请假和列席人员名单，除依次另起一行并将“出席”二字改为“请假”或“列席”外，编排方法同出席人员名单。

纪要格式可以根据实际情况制定。

【附图】

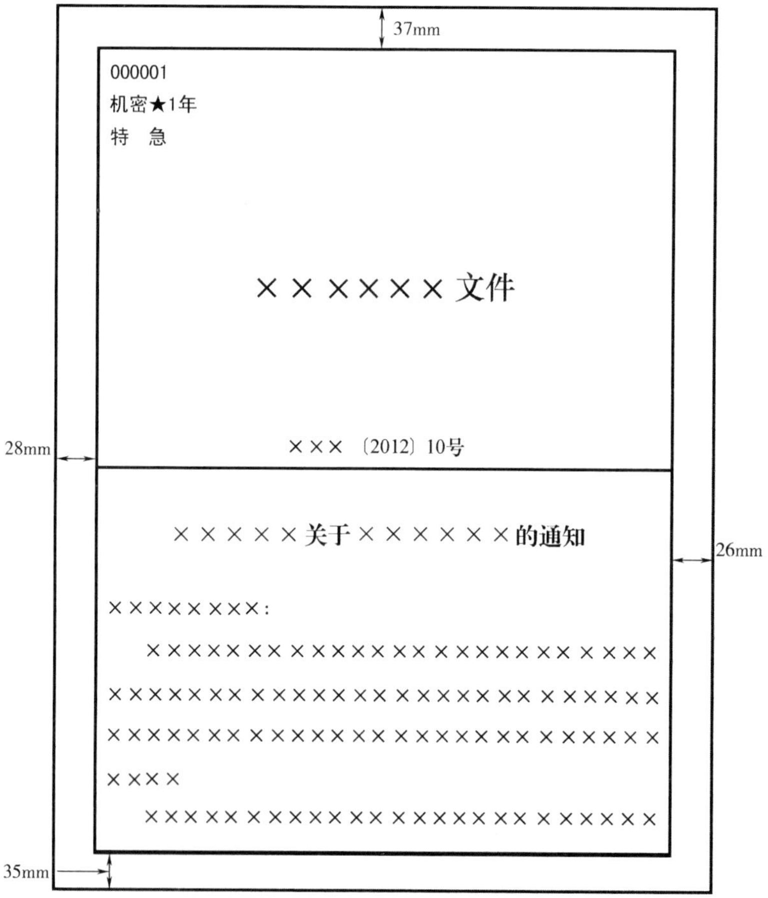

图1 下行公文首页版式示意图

注：版心实线框仅为示意，印制公文时并不印出。

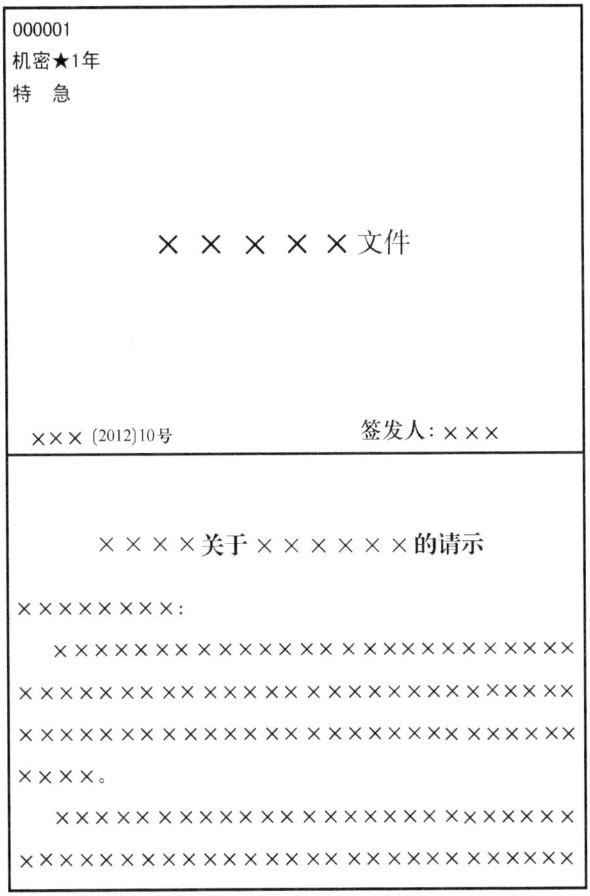

图2 上行公文首页版式示意图

注：版心实线框仅为示意，印制公文时并不印出。

公文格式还有关于用纸和印装格式的规定。用纸一般采用国际标准A4型(长297mm，宽210mm)纸，淘汰了中国长期沿用的16开型，并左侧装订。张贴的公文用纸可视实际需要而定。文字从左至右横写、横排。在民族自治地方，可以并用汉字和通用的少数民族文字(按其习惯书写、排版)。

××××××××× ×××××。

××××××××× ××××××××××××××××
××××××××× ×××× ×××××××××× ××××
××××××××××。

(×××××)

抄送:××××××××,××××××,×××××,×××××
×××。

××××××××× 2012年7月1日印发

图3　公文末页格式示意图

注:版心实线框仅为示意,在印制公文时并不印出。

教　育　部　办　公　厅

教高厅函〔2017〕23号

教育部办公厅关于开展第二批深化创新创业教育改革示范高校认定工作的通知

各省、自治区、直辖市教育厅(教委),新疆生产建设兵团教育局:

为贯彻落实《国务院办公厅关于深化高等学校创新创业教育改革的实施意见》(国办发〔2015〕36号)精神,教育部决定开展认定第二批深化创新创业教育改革示范高校工作。有关事项通知如下:

一、认定范围

全国普通本科高校、高等职业院校。

二、认定名额

在省级教育行政部门推荐的基础上,认定支持100所左右深化创新创业教育改革示范高校(各省级教育行政部门推荐名额见附件1)。入选首批示范高校的学校不再参加认定。

三、认定程序

略。

四、工作要求

略。

五、材料报送

略。

联系人及电话:高××,010—××××××××

附件:1. 各省(区、市)第二批深化创新创业教育改革示范高校推荐名额分配方案

2. 深化创新创业教育改革示范高校认定工作指导标准

3. 深化创新创业教育改革示范高校申报表

4. 各省(区、市)推荐学校汇总表

教育部办公厅

2017年4月26日

图4　函格式例文

思考与练习

1. 分析修改下列公文标题。

(1)国家××局××司对“关于如何处理假冒工厂代号问题的请示报告”的答复

(2)××市税务局转发《关于国有企业固定资产出租收入如何处理》的通知

(3)××市工商行政管理局《关于企业职工从事个体经营、倒卖工农业产品牟取非法所得如何处理的报告》

(4)××市商业储运公司关于成立东方冷藏运输有限公司的申请

(5)北京××建筑工程公司关于请拨购买现代牌小轿车资金的请示报告

(6)北京××大学自学考试报名通告

(7)全国人民代表大会常务委员会关于教师节的决定

(8)北京市××区税务局转发国家税务总局关于加强税费管理的通知

(9)××市财政局关于坚决制止滥发月饼和副食品等实物的通知

(10)××市人民政府关于发展钢铁工业、填补本市工业缺口、组建××钢铁厂的请示

2. 根据给出的正文内容拟标题。

(1)以北京市人民政府的名义行文。

各区、县人民政府,市政府各委、办、局,各总公司:

现将《中华人民共和国私营企业所得税暂行条例》《国务院关于征收私营企业投资者个人收入调节税的规定》和财政部印发的《中华人民共和国私营企业所得税暂行条例施行细则》转发给你们,请认真依照执行。

(以下略)

(2)以××××大学名义行文。

学校各单位:

现将北京市人事局《关于机关事业单位离退休人员增加机制补贴有关问题的通知》和《2004 年事业单位工作人员退休时职务补贴计入退休费基数的通知》(以下简称“两个通知”)转发给你们,请将“两个通知”精神传达给你单位所属的离退休人员。

此次我校离退休人员增加的机制补贴从 2004 年 8 月份起进入职工工资单;应补发的 2004 年的机制补贴于 8 月 3 日进入工资卡。

(以下略)

3. 修改发文字号。

(1)京发(2011)第75号

(2)(2010)催字第3号(公文标题为《××县税务局××税务所催缴税款通知》)

(3)国税函发〔2011〕154号(国家税务局发文)

第三节　公文写作——部署性公文

一、决定

(一)决定的特点和种类

决定是党政机关在自己的职权范围内,对重要事项做出决策和部署时使用的公文,也用于奖惩有关单位及人员、变更或撤销下级机关不适当的决定事项。

决定多带有一定法规性、政策性,是很典型的下行文。在日常行政管理工作中,决定可以起到统一思想、提高认识、协调步伐和指导工作的作用。

1. 决定的特点。决定的特点有两个方面。

(1)指令性和约束性。决定一经下达,有关部门和个人必须遵从执行,令行禁止。它的强制性近似"命令",但决定的适用范围比较宽,且多数需要适当说理,不像"命令"大多只讲结论,不讲原因,一旦发布,就具有法规效力。

(2)严肃性。决定是对重要事项做出的决策和部署,因此,决定的内容必须是严肃的,在表述上要简洁明确、果断有力,决不可含混不清,模棱两可。

2. 决定的种类。决定有三种类型。

(1)宣告部署类,用于宣布对某些重要事项的处理情况,对重要事项做出安排和布置。

(2)奖惩类,用于奖励或惩戒优劣突出的人与事。

(3)匡正类。下级机关决定不当,上级对下级的决定可做出予以变更甚至撤销的决定。此类公文很少使用。

(二)决定的写作方法

1. 标题。决定的标题多为规范的公文标题形式。如果在报刊上公开发表,可在标题之下居中标示决定发布的日期。

2. 正文。正文一般由前言、决定事项和结语三部分组成。

(1)前言主要是扼要交代做出本决定的背景条件、政策依据、必要性、目的性和现实意义(以上内容不必面面俱到)。

(2)决定事项是决定的核心部分,一般用"特作如下决定""现决定如下"

之类的文字过渡引出。若事项复杂,可用小标题或序号标明大层次,逐项写出。每项的“项旨”句,放置于该项的首部,以使表述的内容眉目清晰,条理分明。

3. 结语。结语或对决定内容加以评估;或对贯彻本决定的方法、措施、时间和步骤提出要求;或对下属单位发出号召,提出希望。

内容简单的决定,可采用篇段合一的形式,不必勉强分条标项。

落款处要加盖发文机关公章,标示成文时间。

(三)决定的写作要求

决定事项是经有关领导集体议定的事项,悬而未决的或意见尚未统一的,不可写入决定。

决定中所涉及的具体事实,必须反复核实,写奖惩性的决定时,应持慎重态度。

语言表述要准确稳妥,符合实际,令人信服;切忌主观武断,简单生硬,以偏概全。

【例1】

国务院关于清理整顿各类交易场所　切实防范金融风险的决定

各省、自治区、直辖市人民政府,国务院各部委、各直属机构:

近年来,一些地区为推进权益(如股权、产权等)和商品市场发展,陆续批准设立了一些从事产权交易、文化艺术品交易和大宗商品中远期交易等各种类型的交易场所(以下简称交易场所)。由于缺乏规范管理,在交易场所设立和交易活动中违法违规问题日益突出,风险不断暴露,引起了社会广泛关注。为防范金融风险,规范市场秩序,维护社会稳定,现做出如下决定:

一、高度重视各类交易场所违法交易活动蕴藏的风险

交易场所是为所有市场参与者提供平等、透明交易机会,进行有序交易的平台,具有较强的社会性和公开性,需要依法规范管理,确保安全运行。其中,证券和期货交易更是具有特殊的金融属性和风险属性,直接关系到经济金融安全和社会稳定,必须在经批准的特定交易场所,遵循严格的管理制度规范进行。目前,一些交易场所未经批准违法开展证券期货交易活动;有的交易场所管理不规范,存在严重投机和价格操纵行为;个别交易场所股东直接参与买卖,甚至发生管理人员侵吞客户资金、经营者卷款逃跑等问题。这些问题如发展蔓延下去,极易引发系统性、区域性金融风险,甚至影响社会稳定,必须及早采取措施坚决予以纠正。

各地人民政府和国务院有关部门要统一认识，高度重视各类交易场所存在的违法违规问题，从维护市场秩序和社会稳定的大局出发，切实做好清理整顿各类交易场所和规范市场秩序的各项工作。各类交易场所要建立健全规章制度，严格遵守信息披露、公平交易和风险管理等各项规定。建立与风险承受能力、投资知识和经验相适应的投资者管理制度，提高投资者风险意识和辨别能力，切实保护投资者合法权益。

二、建立分工明确、密切协作的工作机制

为加强对清理整顿交易场所和规范市场秩序工作的组织领导，形成既有分工又相互配合的监管机制，建立由证监会牵头，有关部门参加的“清理整顿各类交易场所部际联席会议”（以下简称联席会议）制度。联席会议的主要任务是，统筹协调有关部门和省级人民政府清理整顿违法证券期货交易工作，督导建立对各类交易场所和交易产品的规范管理制度，完成国务院交办的其他事项。联席会议日常办事机构设在证监会。

联席会议不代替国务院有关部门和省级人民政府的监管职责。对经国务院或国务院金融管理部门批准设立从事金融产品交易的交易场所，由国务院金融管理部门负责日常监管。其他交易场所均由省级人民政府按照属地管理原则负责监管，并切实做好统计监测、违规处理和风险处置工作。联席会议及相关部门和省级人民政府要及时沟通情况，加强协调配合，齐心协力做好各类交易场所清理整顿和规范工作。

三、健全管理制度、严格管理程序

自本决定下发之日起，除依法设立的证券交易所或国务院批准的从事金融产品交易的交易场所外，任何交易场所均不得将任何权益拆分为均等份额公开发行，不得采取集中竞价、做市商等集中交易方式进行交易；不得将权益按照标准化交易单位持续挂牌交易，任何投资者买入后卖出或卖出后买入同一交易品种的时间间隔不得少于 5 个交易日；除法律、行政法规另有规定外，权益持有人累计不得超过 200 人。

除依法经国务院或国务院期货监管机构批准设立从事期货交易的交易场所外，任何单位一律不得以集中竞价、电子撮合、匿名交易、做市商等集中交易方式进行标准化合约交易。

从事保险、信贷、黄金等金融产品交易的交易场所，必须经国务院相关金融管理部门批准设立。

为规范交易场所名称，凡使用“交易所”字样的交易场所，除经国务院或国务院金融管理部门批准的外，必须报省级人民政府批准；省级人民政府批准前，应征求联席会议意见。未按上述规定批准设立或违反上述规定在名称中使用

“交易所”字样的交易场所，工商部门不得为其办理工商登记。

四、稳妥推进清理整顿工作

各省级人民政府要立即成立领导小组，建立工作机制，根据法律、行政法规和本决定的要求，按照属地管理原则，对本地区各类交易场所，进行一次集中清理整顿，其中重点是坚决纠正违法证券期货交易活动，并采取有效措施确保投资者资金安全和社会稳定。对从事违法证券期货交易活动的交易场所，严禁以任何方式扩大业务范围，严禁新增交易品种，严禁新增投资者，并限期取消或结束交易活动；未经批准在交易场所名称中使用“交易所”字样的交易场所，应限期清理规范。清理整顿期间，不得设立新的开展标准化产品或合约交易的交易场所。各省级人民政府要尽快制定清理整顿工作方案，于2011年12月底前报国务院备案。

联席会议要切实负起责任，加强组织指导和督促检查，切实推动清理整顿工作有效、有序开展。商务部要在联席会议工作机制下，负责对大宗商品中远期交易市场清理整顿工作的监督、检查和指导，抓紧制定大宗商品交易市场管理办法，确保大宗商品中远期交易市场有序回归现货市场。联席会议各有关部门要按照职责分工，加强沟通，相互配合，相互支持，尽职尽责做好工作。金融机构不得为违法证券期货交易活动提供承销、开户、托管、资金划转、代理买卖、投资咨询、保险等服务；已提供服务的金融机构，要及时开展自查自清，做好善后工作。

国务院

二〇一一年十一月十一日

简析：对重要事项做出部署的决定，一般篇幅较长，大多需要阐明该工作的重要性和意义，提出要求，进行全面、具体的布置。本文首先言简意赅地阐明发文的缘由和发文的目的，然后从统一认识、建立机制、加强管理、清理整顿和明确职责几个方面提出了具体要求和措施。全文态度鲜明，行文简洁，有很强的逻辑性，是“决定”写作的范例。

【例2】

教育部关于追授曹鹏、洪志文同学“全国舍己救人优秀大学生”荣誉称号的决定

各省、自治区、直辖市教育厅(教委):

2012年4月25日,长安大学建筑学院2011级学生曹鹏、洪志文为救1名落水同学,不幸遇难,献出了年轻宝贵的生命。

曹鹏、洪志文同学在紧急关头,不怕牺牲、挺身而出,用实际行动展示了当代大学生高度的社会责任感和良好的精神风貌,在高校和社会各界引起热烈反响。他们是学习弘扬雷锋精神的优秀代表,是践行社会主义核心价值体系的典范。为表彰他们的先进事迹,教育部决定追授曹鹏、洪志文同学“全国舍己救人优秀大学生”荣誉称号。

各地教育部门和高校要组织广大学生向曹鹏、洪志文同学学习,学习他们忠于祖国、热爱人民的赤子情怀,学习他们临危不惧、不怕牺牲的英雄气概,学习他们关爱他人、无私奉献的高尚情操。要把学习曹鹏、洪志文同学先进事迹的活动与学习贯彻胡锦涛总书记在纪念中国共产主义青年团成立90周年大会上的重要讲话结合起来,教育引导广大学生提高道德认知、促进道德养成、投身道德实践,牢固树立正确的世界观、人生观和价值观,争当诚实守信的模范、奉献社会的模范、促进和谐的模范。要深入研究大学生思想政治教育工作规律和大学生成长成才规律,科学总结加强和改进大学生思想政治教育的做法、成效和经验,进一步提升大学生思想政治教育工作科学化水平,努力培养更多德智体美全面发展的中国特色社会主义合格建设者和可靠接班人。

中华人民共和国教育部

二〇一二年五月二十四日

简析:以“决定”的形式予以奖励表彰的对象都是非常突出的优秀人物和事迹,对被表彰者来说是很高的荣誉。本文先简要概括了事件经过,继而以简洁的语言对其英勇行为予以高度评价,进而做出追授“全国舍己救人优秀大学生”称号的决定事项。最后,文章以较大篇幅向各地教育部门和高校提出组织广大学生向曹鹏、洪志文同学学习的要求,目标明确,号召有力。

二、通知

(一)通知的特点和种类

通知是一种部署晓谕性公文,适用于发布、传达要求下级执行和有关单位

周知或者执行的事项，批转、转发公文。

1. 通知的特点。通知有两个特点。

(1)应用灵活广泛。由于通知承担着多种功能，因而在机关公文中使用最多、最普遍。

(2)指导性。多数通知都有或强或弱，或直接或间接的指导性，故也常带有一定的行政约束力。

2. 通知的种类。通知的种类主要有五种。

(1)指示部署类。指示部署类通知的作用是向下级机关交代任务，布置工作，予以指导，提出要求。

(2)发布类。发布类通知用于发布各类行政法规和规章。采取印发通知的形式发布法规和规章与用发布性命令发布法规和规章相比，在发布事项的性质、通过程序及行文格式上都有所区别。

(3)转发类。转发类通知用于中转上级、平行或非本系统机关的公文。

(4)批转类。批转类通知用于中转下级公文。

(5)告知类。告知类通知用于传达、告知有关事项，很少有指示性。纯告知类通知相对而言使用较少。

(二)通知的写作方法

1. 标题。除内容极简单不必概括或过于复杂难以概括者外，均要采取标准的公文标题式样，有时其下注明通知的时间。

2. 正文。正文基本上由依据和具体事项两部分组成。通知种类不同，在正文的写法上也不尽相同。

转发上级、同级机关文件或批转下级呈文，若仅是中转，简要的写作为“现将《××关于××的××》(××发××字〔20××〕×号)转发给你们，望认真贯彻执行”，或“批准《××××的××》，现转发给你们，请参照执行”即告完成。有时需要对转发，特别是批转的文件有所说明、补充、阐发，就需要对所转发文件加以评价，点明要旨、意义，申明转发、批转的意图，提出相应要求和指导性意见等，这样篇幅会长一些。无论通知本身篇幅长短，都与所转文件合为一体，一齐下发。

指导布置工作的通知，其作用与写法和对重要事项或者重大行动做出安排的决定相近，规范性强，篇幅较长，需要从实际出发，力求高视点，有预见性、针对性。写作时常依据摆情况、谈问题、说意义、提措施、讲明原则及具体明确的要求等。

传达告知事项的通知是用来通报情况、传递信息和交代事项的，只要写清应知应办的事项就达到了目的。其他种类的通知写法则比较简单，不再介绍。

3. 结语。有的通知将提出希望与要求作为结语，也有的以“特此通知”作为尾语收束。

（三）通知的写作要求

通知使用范围广泛，种类较多，功能不同，使用时不可混淆。对不相隶属的机关只能发知晓性的通知，不能提出带有“指示”性的要求。

使用转发、批转类通知，可以让一些具有指导性、规范性的公文发布生效，也可以借此扩大公文的影响力，使其在更大范围内发生效用。批转类通知所批转的文件只能是下级机关来文，与转发类通知有严格分工，不可混用。

【例3】

文化部关于加强演出市场有关问题管理的通知

各省、自治区、直辖市文化厅（局），新疆生产建设兵团文化广播电视局，北京市、天津市、上海市、重庆市文化市场行政执法总队，西藏自治区文化市场综合行政执法总队：

近年来，我国演出市场规模稳步增长，演出产品日益丰富多样，在满足人民群众精神文化需求方面起到了重要作用。但是新的演出业态、组织形式和经营方式也对演出市场管理和执法工作提出了新的要求。为进一步完善和加强演出市场管理，促进演出市场的发展，现就有关问题通知如下：

一、规范音乐节等节庆类营业性演出活动的申报与运作

（一）音乐节等节庆类营业性演出活动（以下简称“节庆演出”），是指冠以“节、周、月、季”等字样，演出场次3场以上、持续时间1天以上的主题性演出活动。

节庆演出应当由符合《营业性演出管理条例》（以下简称《条例》）及《营业性演出管理条例实施细则》（以下简称《实施细则》）规定的演出经营主体举办，政府或者政府部门不得主办或者承办节庆演出，不得直接参与投资节庆演出；节庆演出不得冠以中国、中华、全国、国家、国际等字样；举办节庆演出应当将整体方案报县级以上文化行政部门审核，未经审核的，不得以“节、周、月、季”等名义进行宣传。

（二）节庆演出过程中通过网络直播、转播等方式与观众互动的，应当由具有《网络文化经营许可证》的互联网文化经营单位负责提供网络服务；演出举办单位应当于演出活动举办3个工作日前，将演出现场播放的视频资料和网络互动方案报送演出地县级文化行政部门备案。

（三）演出举办单位应当严格按照文化行政部门核准的演出人员和演出内

容组织演出;指定专人负责现场巡查,落实安全应急措施;积极配合文化行政部门、文化市场综合执法机构及其他相关部门的现场监管。

(四)演出举办单位要创新思路,丰富节庆演出内容与形式,完善演出活动市场运作方式。各级文化行政部门要促进节庆演出与当地文化、旅游资源的深度融合,加强区域内节庆演出的统筹协调,引导节庆演出特色化、品牌化发展。

二、严格演出票务经营单位的市场准入与监管

(一)演出票务经营是演出营销的重要环节,从事营业性演出活动票务代理、预订、销售业务的经营单位,应当按照《条例》及其《实施细则》关于设立演出经纪机构的规定,取得《营业性演出许可证》。未取得《营业性演出许可证》的,应当于2012年3月30日前到所在地省级文化行政部门办理相关手续。擅自从事营业性演出活动票务代理、预订、销售业务的,由文化行政部门、文化市场综合执法机构依照《条例》第四十三条规定予以处罚。

(二)演出票务经营单位应当核验演出活动的批准文件,不得擅自预订、销售未经审批的演出活动门票;应当与演出举办单位签订票务销售合同,公开不同票价的座位区域及可售数量;不得对演出活动进行虚假、夸大宣传。演出票务经营单位预订、销售未经审批的演出活动门票的,由文化行政部门、文化市场综合执法机构依照《实施细则》第五十五条规定予以处罚。

三、明确演出场所经营单位的义务与责任

(一)为营业性演出活动提供场所的,应当核验演出活动的批准文件,并建立现场演出日志。为未经批准的营业性演出活动提供场地的,由文化行政部门、文化市场综合执法机构依照《条例》第四十四条规定予以处罚。

(二)演出场所经营单位应当指定专人负责现场巡查,对演出活动中有《条例》第二十六条禁止情形的,主动采取措施予以制止,并及时报告所在地县级文化行政部门。未及时采取措施制止、未及时报告的,由文化行政部门、文化市场综合执法机构根据《条例》第四十六条规定,依照职权予以处罚。

(三)非演出场所经营单位擅自举办营业性演出的,由文化行政部门、文化市场综合执法机构依照《条例》第四十三条规定予以处罚;非演出场所经营单位为未经批准的营业性演出活动提供场地的,移送有关部门处理。

四、研究制定服务演出市场发展的政策与措施

(一)各级文化行政部门要积极支持各类演出区域联盟、演出企业联合体、演出院线等行业合作机制建设,充分发挥合作机制在资源共享、风险共担、降低演出成本、防范恶性竞争等方面的积极作用,推动形成高效的演出市场运作机制与合理的演出市场定价机制,扩大演出文化消费。统筹协调演出交易会、博览会等会展活动的布局和时段,研究制定具体措施,以培育满足区域市场需求为核心，强化地方性会展活动的交易功能，以示范引导交流为核心，提升全国性会展活动的影响力。大力推进演出与网络、旅游等领域的深度融合，拓宽演出市场新空间。

（二）加强演出行业协会建设，指导行业协会推进演出市场规范化、标准化、专业化建设，制定行业自律规范，健全以演出经纪人为主体的演出从业人员资格认定和培训机制。

（三）文化行政部门要进一步转变职能，提升服务水平和效率，规范和简化行政审批程序。要通过举办演出法规培训、经营管理培训、演出市场案例研讨等活动，培养适应演出市场发展需求的复合型人才。营业性演出经营主体的法定代表人和主要负责人，应当参加所在地文化行政部门和行业协会组织的培训，提高法制意识和经营管理能力。

特此通知。

中华人民共和国文化部
二〇一一年十二月七日

简析：本文属指示部署类通知。《通知》先综述这项工作的背景、缘由，明确提出“完善和加强演出市场管理，促进演出市场的发展”的发文目的，然后就实现这一目的提出了4条12项具体规定和实施措施。这种通知类似部署性决定，只是内容更具体、更详细，但同样都对下级工作具有很强的指导性和规范力。

【例4】

卫生部关于印发《群体性不明原因疾病应急处置方案（试行）》的通知

各省、自治区、直辖市卫生厅局，新疆生产建设兵团卫生局，中国疾病预防控制中心、卫生部卫生监督中心：

为进一步做好群体性不明原因疾病的应急处置工作，提升我国应对群体性不明原因疾病的应急反应能力，做到及时发现、有效控制群体性不明原因疾病，规范群体性不明原因疾病的监测报告、诊治、调查和控制等应急处置技术，指导群体性不明原因疾病事件的应急处置工作，保障人民群众身体健康，维护社会稳定和经济发展，我部组织制定了《群体性不明原因疾病应急处置方案》，现印发给你们，请遵照执行。

附件：群体性不明原因疾病应急处置方案（试行）

卫生部
二〇〇七年一月十六日

简析：许多行政法规和规章等常采取印发通知的形式发布，其行文十分简单，有时简单到不用任何解释说明，直书"现将×××××印发给你们，请遵照执行"即可。本文则详细地阐述了发文目的，以强调该文的重要性，以便引起收文单位的重视，所以篇幅稍长。

【例5】

广东省人民政府办公厅转发国务院办公厅转发国土资源部等部门对矿产资源开发进行整合意见的通知

各地级以上市人民政府，各县（市、区）人民政府，省政府各部门、各直属机关：

现将《国务院办公厅转发国土资源部等部门对矿产资源开发进行整合意见的通知》（国办发〔2006〕108号）转发给你们，经省人民政府同意，结合我省实际提出如下意见，请一并贯彻执行。

一、统一部署，明确目标

各地、各有关部门要切实按照国办发〔2006〕108号文件精神，着力抓好矿产资源的开发整合和优化布局工作。省国土资源厅要牵头会同省有关部门，抓紧制订下发全省主要矿产资源整合与优化布局总体工作方案。各地级以上市人民政府要按照省的统一部署，认真组织编制本地区矿区整合实施方案，报省政府批准后组织实施，确保在2007年年底前完成1个以上重要矿种和3个以上重要矿区的整合工作，并于2008年年底前基本完成矿产资源整合工作。其中，韶关市大宝山矿区、韶关市仁化县周田镇灵溪铅锌矿区、韶关市新丰县稀土矿区、肇庆市怀集县（凤岗、洽水、中州）铁矿区、梅州市蕉岭县长隆水泥用灰岩矿区、梅州市梅县宝坑锰铁矿区、清远市阳山县铁屎坪铅锌矿区、清远市阳山县六暗冲铁矿区、清远市连南县寨岗铅锌矿区等重点矿区，以及全省建筑石料、稀土、高岭土、油页岩等重要矿种，应在2007年年底前完成整合工作。

二、加强督导，规范管理

各地、各有关部门要加强对矿产资源整合工作的督促、指导和管理，推动各项工作扎实开展。对整合后符合法定要求的矿山，要依法完善有关手续；对在整合期限内达不到规定的最低生产规模和开发利用要求，不具备安全生产条件以及严重破坏生态、污染环境的矿山，要依法及时予以关闭。对整合前矿业权未进行有偿处置以及拖欠矿产资源补偿费等费用的矿山，应按规定进行清理，并追缴矿业权价款及相关费用；对经追缴后仍欠缴价款和费用的，按规定不予办理矿业权审批登记手续。省财政厅、国土资源厅、环保局要根据财政部、国土资源部、环保总局《关于逐步建立矿山环境治理和生态恢复责任机制的指导意见》（财建〔2006〕215号）精神，尽快研究制定我省落实矿山环境治理恢复保证金制度的相关措施。省国土资源厅要牵头会同省全面整顿和规范矿产资源开发秩序领导小组各成员单位，适时对全省各地矿产资源整合工作进行检查，并向省人民政府报告。

各地、各有关部门在工作过程中遇到的问题，请向省国土资源厅反映。

广东省人民政府办公厅
二〇〇七年三月十九日

简析：这是一份经过两次转发后形成的转发类通知。但该文并非单纯转发，而是就如何落实对矿产资源开发进行整合的相关文件的精神，结合本省实际，提出进一步要求，做出了更具体的部署和安排，本文已成为一个新的具有指导意义的指示部署类通知。

该文有两处写法值得商榷。第一，该文相对简单，内容只有两段，一般说来，不必再分列序号，分设小标题。第二，应在标题"整合"后加"的"，在"意见"后再加"通知"二字。因为省政府办公厅所转发的文件为国务院办公厅的"通知"而不是"意见"。值得注意的是，很多多次转发的通知公文，其标题中仅保留最后一个通知文种，其余略去。这样做，标题变得简洁了，但严格地说，语句则有不规范、不完整之嫌。如果要避免写成"通知的通知"，或可将前一个"通知"写作"文件"。

三、意见

（一）意见的特点和种类

意见适用于对重要问题提出见解和处理办法。采用意见传达发文机关的看法、意图、做法，语气比较婉转，为行文的双方留下了较大的回旋余地和发挥空间，更能适合复杂多变的实际工作的需要，因此使用频繁。

1. 意见的特点。意见有两个特点。

（1）功能多样。意见的使用灵活便利，它既可以作为下行文，传达上级的指示和要求，又可以作为平行文，提出意见供对方参考，还可以作为上行文，向上级提出建议和请求。

（2）可操作性强。意见不仅要对重大问题提出看法，更要拿出具体可行的办法，有很强的操作性，便于实施。

2. 意见的种类。意见有两种类型。

（1）指导类。这类意见是由上级或主管部门就某项工作阐述基本原则、解决问题的思路和方法、实施的具体措施和要求。

(2)建议类。这类意见多由下级就某项工作或某个问题向上级建言献策,阐发自己的看法、主张、设想、建议、对策和办法等。如果需要还可经上级审批转发,发挥广泛效用。作为平行文的意见与此类同。

(二)意见的写作方法

意见的行文格式一般是标准化的,但被普遍转发的意见常无主送机关,成文时间标在标题下方。

意见大多是针对复杂问题阐述见解,提出具体办法,篇幅普遍较长,因此,安排好正文的结构至关重要。

1. 开头。一般在开头申明行文的目的,复杂一些的还要先简要说明背景、根据。这部分的文字不应太长,主要是为展开下文做好铺垫。

2. 主体。先阐述见解,用一定的文字阐述自己对所涉问题的认识,说明问题的重要性、意义和作用等,表明态度。但并非所有意见都需要这项内容。

其后,陈述处理办法,这是意见的重点、重心和主要内容,是所有意见都必须着力阐发的。该部分多比较繁复,最好分条分项陈述。为了陈述清晰,宜根据内容的多少,对每部分用小标题或段旨句加以概括明确,以便区分不同内容。

3. 结尾。总结收束后,习惯上以"上述意见当否,请予审阅""以上意见仅供参考""以上意见如无不妥,请予转发有关部门执行"等商讨语结束。

(三)意见的写作要求

要严格区别行文方向。因为意见上行、平行、下行均可,所以在行文的方式和行文的风格、口吻方面要有所区别。

陈述意见力求具体明确。意见侧重于处理解决问题,常细化为有很明确针对性的具体措施、步骤。

措辞平和。既然是意见,就不宜过于生硬,即使是指导性意见,也不要以强制性的方式下达,不宜用强制性的词语。

【例6】

国务院关于加强进口　促进对外贸易平衡发展的指导意见

各省、自治区、直辖市人民政府,国务院各部委、各直属机构:

进一步加强进口,促进对外贸易平衡发展,对于统筹利用国内外两个市场、两种资源,缓解资源环境瓶颈压力,加快科技进步和创新,改善居民消费水平,减少贸易摩擦,都具有重要的战略意义。这是实现科学发展、转变经济发展方式的必然要求,是当前和今后一个时期对外贸易的基本任务。现提出如下意见：

一、指导思想、基本原则和主要任务

（一）指导思想。以邓小平理论和“三个代表”重要思想为指导，深入贯彻落实科学发展观，以科学发展为主题，以加快转变经济发展方式为主线，在保持出口稳定增长的同时，更加重视进口，适当扩大进口规模，促进对外贸易基本平衡，实现对外贸易可持续发展。

（二）基本原则。坚持进口与出口协调发展，促进对外贸易基本平衡，保持进出口稳定增长。坚持进口与国内产业协调发展，促进产业升级，维护产业安全。坚持进口与扩大内需相结合，推动内外贸一体化，促进扩大消费。坚持进口与“走出去”相结合，拓宽进口渠道，保障稳定供应。坚持市场机制与政策引导相结合，充分发挥市场主体作用，完善促进公平竞争的制度和政策。

（三）主要任务。进一步优化进口商品结构，稳定和引导大宗商品进口，积极扩大先进技术设备、关键零部件和能源原材料的进口，适度扩大消费品进口。进一步优化进口国别和地区结构，在符合多边贸易规则的条件下，鼓励自最不发达国家进口，扩大自发展中国家进口，拓展自发达国家进口。进一步优化进口贸易结构，鼓励开展直接贸易，增强稳定进口的能力，支持具备条件的国内企业“走出去”。

二、加大财税政策支持力度

（四）调整部分商品进口关税。根据国内经济社会发展需要，以暂定税率的方式，降低部分能源原材料的进口关税，适当降低部分与人民群众生活密切相关的生活用品进口关税，适时调整部分先进技术设备、关键零部件进口关税，重点降低初级能源原材料及战略性新兴产业所需的国内不能生产或性能不能满足需要的关键零部件的进口关税。继续落实对自最不发达国家部分商品进口零关税待遇，加快降税进程，进一步扩大零关税商品范围；结合自由贸易区降税安排，引导企业扩大从自由贸易区成员方的进口。

（五）增加进口促进资金规模。在现有外经贸发展专项资金的基础上，增加安排进口促进支持资金。为国家鼓励类产品的进口提供贴息支持，适时调整贴息产品支持范围。支持各类商务平台拓展进口功能，鼓励开展各类进口促进等公共服务。继续加大对自发展中国家进口支持力度。

三、加强和改善金融服务

（六）提供多元化融资便利。（略）

（七）完善进口信用保险体系和贸易结算制度。（略）

四、完善管理措施

（八）进一步优化进口环节管理。（略）

（九）完善海关特殊监管区域和保税监管场所进口管理。（略）

（十）推动进口与国内流通衔接。（略）

（十一）推动加工贸易转型升级。（略）

（十二）完善产业损害和进口商品质量安全预警机制。（略）

五、提高贸易便利化水平

（十三）进一步提高通关效率。（略）

（十四）加强边境贸易基础设施建设。（略）

（十五）加强电子政务信息平台建设。（略）

六、加强组织领导

（十六）完善进口公共服务。推动建立进口促进专门网站等公共服务平台，加强信息发布、政策介绍、信息查询、贸易障碍投诉、知识产权保护等公共服务。培育国家进口贸易促进创新示范区，充分发挥进口贸易集聚区对扩大进口的示范和带动作用。定期举办进口论坛，交流市场信息，加强进口政策宣传。支持与我国贸易逆差较大的国家和地区来华举办商品展览会、洽谈会等推介活动。

（十七）发挥行业中介组织作用。鼓励支持贸易促进机构、进出口商会、行业协会等中介组织根据需要开展进口咨询和培训服务。发挥中介组织作用，加强同大宗商品出口国相关组织和企业的对话与沟通。加强与国际证券期货机构的联系合作，提高大宗商品国际市场话语权和定价权。加强对重点进口企业和行业的指导，及时发布相关信息，加大进口促进力度。

（十八）强化组织实施。各地区、有关部门要进一步统一思想，调整“奖出限进”“宽出严进”的工作思路和政策体系，坚持进口和出口并重，坚持关税政策与贸易政策的紧密协调，按照本意见要求和各自职能分工，抓紧制定具体措施，认真落实财税、金融、管理等方面的支持政策。进一步健全工作机制，加强在政策协调、信息通报等方面的互动合作，形成合力，积极扩大进口，促进对外贸易平衡发展，为推动我国经济社会又好又快发展做出新贡献。

国务院

二○一二年四月三十日

简析：意见多用于上级部署任务、指导下级工作，往往比较全面、详尽，因而篇幅较长。本文就很典型，对如何加强进口、促进对外贸易平衡发展发表了具有很强指导性的意见。全文分6项18款，在阐释了指导思想、基本原则和主要任务后，就加大财税政策支持力度、加强和改善金融服务、完善管理措施、提高贸易便利化水平和加强组织领导等方面，提出了具体要求和措施。这样的意见，不仅是宏观指导，更多的是实施办法，为下级部门按照上级提供的思路开展工作,落实上级意见提供了扎实的基础。

思考与练习

1. 根据下列材料,以××商场的名义,写一份有关撤销王林行政职务、开除公职,收取超支出差费用的决定。

王林,40岁,中共党员,××商场家电部主任。1992年调入商场,曾任家电部售货员、业务员、柜台组长。因其工作积极努力,1999年被任命为家电部主任。

2001年4月,广东××公司来京推销彩电,王林收取对方金项链1条,名表1块,名酒5瓶,名烟10条,总计人民币约3万元。同年10月,王到南方联系货源,在福建晋江等地进货时,接受对方的回扣1万元,受贿之后,王不认真看货,便匆匆忙忙签合同订货。因此,商场购进一批有严重质量问题的电器产品,其中有××牌电冰箱80台,电动吸尘器75台,电风扇80台,以及电饭煲等其他电器产品。由于质量低劣,顾客纷纷要求退货,同时商品滞销,造成库存积压,给商场造成300余万元的经济损失。

2004年7月,王林以出差名义带着妻子和孩子到处游玩,先后到广州、桂林、苏州、上海、济南和天津等地,并借口业务需要多次用公款大吃大喝,宴请那些"哥们儿"、关系户,沿途超标准住高档宾馆,前后共花费3万余元。王林回到单位后,在报销上大搞名堂,自己设了很多名目,报假账,把全部费用都报销了。

2. 修改以下病文。

××大学工会关于举办端午节游园活动的通知

为庆祝端午节,更好地促进师生之间的友谊,把我校的游园活动搞得更好,我校工会决定在端午节当天举办游园活动。现将有关规定通知如下:

(一)凡是参加游园活动者的必须是本校的教职员工,其他人员不得参加。

(二)必须听从工作人员的安排,服从工作人员的指挥,不得无理取闹。

(三)必须遵守各项规则,参加活动必须排队,不准插位,不准故意拥挤。

(四)保护好一切活动器械,严禁私自拿走或破坏。

(五)领奖时必须排队。工作人员必须严格要求自己,不得私发奖票。

以上规定,望大家自觉遵守,互相监督执行。

××大学工会

××××年×月×日

3. 意见的写作应注意哪些问题?

第四节　公文写作——请批性公文

一、报告

(一)报告的特点和种类

报告用于向上级汇报工作、反映情况、回复上级询问。它是上级了解下情,制定方针、政策,对下级实行正确领导的重要依据,也是下级单位及时汇报情况,求得上级指导和支持的主要渠道。

1. 报告的特点。

报告具有两个特点。

(1)汇报性。各类报告的目的都是向上级汇报情况、想法,求得上级了解,因而汇报性是其主要特点之一。即使有所请求,也是在汇报情况的基础上提出的。

(2)陈述性。报告在行文表达上以陈述为主要方式。

2. 报告的种类。报告有四种类型。

(1)工作汇报类。工作汇报类报告主要汇报工作的安排、进展情况及具体方法、经验与问题等。

(2)情况反映类。情况反映类报告主要汇报工作中的突发事件、重要情况。

(3)答复类。答复类报告主要回答上级查询的事项。

(4)递送类。递送类报告是专为呈报文件而加在其前的报告,以使不能直接行文的普通事务性文书能以法定形式呈送上级。

另外,还可以根据报告的内容分为综合报告和专题报告;根据报告的处理方式(要求上级批转或不要求上级批转)分为呈转报告和呈报报告。

(二)报告的写作方法

1. 标题。报告的标题由报告机关的名称、报告的事由和文种名称三部分构成,如《××局关于××情况的报告》。

2. 正文。报告的正文由四部分构成。

(1)前言。前言概括介绍报告的基本内容,或者是概述报告的主旨,以此统领全文。

(2)基本情况。基本情况是报告的核心内容,不论是汇报工作、反映情况,还是提出建议,均应实事求是地将具体情况表述清楚,以便于上级了解下级的实际情况。

(3)存在问题或具体意见。呈报报告中写出存在问题,以使上级了解工作进展情况及需要解决的问题。具体意见是指根据基本情况提出报告制发机关的处理意见或解决办法,以供上级领导参考。

(4)对今后工作的设想。报告中可简述今后工作的思路,使上级对下级今后工作的动向有大概的了解。

3. 尾语。根据报告的不同,采用“以上报告,请审阅”(用于例行工作报告),或“以上报告,如无不妥,请批转××××参照执行”(用于呈转性报告)等语结束。

上述写作方法主要是对工作汇报类或部分情况反映类报告而言,至于答复类报告,因其内容单一,将需要查询的情况一一陈述清楚便可。报送类报告最简单,一两句话就可交代清楚。

(三)报告的写作要求

报告是上级机关制定政策的客观依据,因此,反映的情况、汇报的工作必须属实,绝不允许夸大或缩小,更不允许文过饰非。

观点必须鲜明集中。报告中所提出的意见、请求,不允许模棱两可、前后矛盾,更不允许有悖于党和国家的方针、政策、法律和法规。

报告的内容应该充实、精练,重点突出,详略适宜,条理清晰。

报告中不能夹带请示事项。

【例7】

云南省商务厅关于云南省城市商业网点规划工作情况的报告

商务部:

根据《商务部办公厅关于尽快完成城市商业网点规划编制工作的通知》(商建字〔2006〕36号)精神,为确保我省地级城市按时完成商业网点规划编制工作,我们及时下发了通知,提出了要求,现将有关情况报告如下:

一、基本情况

在商务部的关心指导下,经过我省地级市商务部门的积极工作,我省的8个地级市(昆明、玉溪、曲靖、昭通、思茅、保山、丽江、临沧),除昆明市的《昆明城市商业网点规划》已于2003年制定实施外,其他7个地级市城市商业网点规划编制工作有了新的进展。

玉溪市编制了《玉溪市市区商业网点规划》初稿。2006年4月,市政府邀请专家,组织有关部门对规划进行了评审,并通过专家组的评审,待修改完善后,报市政府批准实施。

曲靖市已委托中商流通生产力促进中心编制曲靖市城市商业网点规划，在2006年5月底完成规划初稿的修改，6月底组织论证后报市政府审批。

丽江市城市商业网点规划已列入议事日程，正在建立工作机构。

保山市商业网点规划工作已完成制定方案、成立机构、落实经费的工作。目前正在联系专业规划设计部门编制规划，力争2006年9月底完成规划的初稿，年内完成规划工作。

思茅市已委托有规划资质的中国西部策划研究院负责《思茅市商业网点规划》编制工作，今年9月底完成规划的初稿，10月底报市政府审批。

昭通市成立了机构，正在与有关专业规划设计部门联系，提供规划方案，5月份确定规划编制部门，开始编制规划的初稿，力争年内完成规划工作。

临沧市已委托云南省城乡规划设计研究院第一设计所编制商业网点规划，6月中旬完成文本初稿，年内完成规划工作。

二、存在问题

一是我省大部分城市设立时间较晚，且城市化水平较低，农村、农民比例大，商业流通滞后，经济欠发达，全省整体上城市建设属初级阶段，严重影响了城市网点规划的实施。

二是有的市由于没有完成城市总体规划，因而影响了城市商业网点规划编制工作。

三是商业网点规划工作涉及面广，程序复杂，具有很强的专业性，工作难度较大。

三、下步工作计划和措施

（一）加强协调，积极促进政府对规划工作的支持，特别是规划工作经费的支持。

（二）明确任务，加强督导检查，要求尚未完成商业网点规划初稿的市，在今年9月底前完成规划的编制工作，确保我省地级市规划任务的完成。

（三）对到期未编制完成城市商业网点规划的市，省商务厅将按照商务部办公厅商建发〔2006〕36号文的有关规定，原则上不受理在其市区内设立涉及商业网点布局的外商投资商业项目的申请，不审批在其市区内设立的农产品批发市场标准化改造、二手车市场等涉及商业网点的项目申请。

四、规划经费得不到落实，影响了规划编制工作，建议给予引导性资金支持（略）

云南省商务厅

二〇〇六年五月十一日

简析:汇报工作是报告的主要功能。该文由云南省商务厅制发,向商务部汇报城市商业网点规划工作的情况。汇报分为"基本情况""存在问题""下步工作计划和措施"三部分,其中以介绍工作进展情况为重点。文章段落划分很细,尤显清晰有序,文字亦很简洁。但最后的建议性请求,仅仅是两句话,稍加调整,作为全文结语完全可以,但冠以序号"四",作为与前面并列的第四个部分显然不妥。况且它也没有与前面三个分标题相类似的分标题。一个大话题怎么可能只用一两句话来支撑呢?文中"对到期凡是未编制完成……"一句,应改为"对凡是到期未编制完成……"语言才顺畅。

【例8】

××州人民政府关于我州连续遭受大暴雨、泥石流灾害的情况报告

省人民政府:

我州继会理等县遭受特大暴雨、泥石流灾害之后(已向省政府专题报告),6月以来又连续发生了3次大暴雨、洪涝灾害。特别是6月29日至30日,全州17个县市均降大暴雨,山洪暴发,河水猛涨,泥石流倾泻,造成大面积农田、房屋、水利工程、防洪设施损毁,人民生命财产损失十分惨重。

(一)

6月,17个县市总降雨量均大大超过多年平均值,全州17个县市均遭危害,尤以越西、冕宁、雷波、普格、甘洛危害最烈,受灾最重。越西县从6月28日22时到29日9时,总降雨量达到161.1 mm。其中29日凌晨两小时内总降雨量达到100 mm。冕宁县从6月29日24时到30日1点50分,一个半小时降雨量达到84 mm。据3个水文站实测,30日上午7时到10时,冕宁县境内的安宁桥、深水关和漫水湾等处,洪峰流量分别达到每秒383立方米、640立方米和1 550立方米,均超过了历史最高水位。

(二)

据初步统计,全州17个县市中有356个乡、1 674个村、6 588个社(或组)、15.17万户、75.6万人受灾。其受灾情况如下:

1. 粮食作物和农田水毁严重。受灾粮食作物面积达63 733公顷。其中:成灾面积28 400公顷;无收需要重种、改种的面积10 400公顷;被冲成乱石滩,短期内难以复耕的面积5 133万公顷。预计减收粮食6 000万公斤,加上低温损失粮食7 000万公斤,全州因灾损失粮食达1.3亿公斤以上。

2. 经济作物和林木损失严重。烤烟、甘蔗等经济作物受灾面积5 867公顷,其中有2 333公顷烤烟和1 000公顷甘蔗被洪水、泥石流冲成河滩和遭泥沙严重淤积。经济林木花椒、桑苗、苹果、核桃等受灾达250多万株，干、鲜果产量损失200多万公斤。

3. 人畜伤亡、房屋倒塌严重。洪水、泥石流今年共冲死54人、伤77人；冲死各种牲畜2 500头、家禽3 200只；住房倒塌1 754间、504户(2 800人)；造成危房4 159间，使350户、1 700多人无家可归；畜圈倒塌560间、危险圈舍385间，影响牲畜3 000多头；学校受灾2所，教室及住房垮塌20间；冲走农户家中种子、口粮220万公斤，造成1 920户、7 460人现无口粮。

4. 水利设施破坏严重。(略)

5. 公路被毁、交通中断。(略)

三次大暴雨、洪水、泥石流灾害造成的损失十分严重，初步测算，以上5项造成经济损失达1亿元以上。

灾情发生后，州、县、市党委、政府十分重视，立即召集有关部门开会研究，部署救灾工作，制定抗灾救灾措施，尽量减少灾害造成的损失。(略)

(三)

今年，我州自然灾害发生早、次数多、来势猛、面积大、范围广，损失惨重。6月25日前，我州已多次大范围、大面积遭受了阴雨、低温、冰雹、洪水、泥石流灾害，造成了严重损失。为了抗灾自救，已耗尽了州、县财力、物力。6月25日以来，全州又连续几次遭受暴雨、洪水、泥石流灾害。目前，灾区人民纷纷要求党和政府给予扶持，切实解决抗灾救灾中的实际困难。州、县虽尽最大努力解决了一些问题，但远远不能解决灾区人民实际存在的困难。我们将另文请示省政府派出工作组察看灾情，帮助解决亟待解决的困难。

特此报告。

××州人民政府
××××年×月×日

简析：这是一篇反映(突发事件)类的呈报性报告。反映情况一要真实，二要具体，这样才能使上级了解实情，正确决策，给下级以有效的指导和帮助。该文关于灾情与损失的情况均写得十分具体，而且条理清晰，语言朴实，没有空话、套话。

标题中的"我州"二字删去为好。正文"其中有……烤烟和……甘蔗被……冲成河滩和遭泥沙严重淤积"一句中，应相应改为"烤烟田""甘蔗田"。

【例9】

××市人民政府关于治理××河水质污染的报告

××省人民政府：

省政府转来×××××委员会提出的关于××河水质污染状况的报告，经市政府研究，对报告中提出的有关问题及解决方案报告如下：

一、解决××河水质污染问题的关键是尽快建成××区污水处理厂。（略）

二、热电厂的粉煤炭也是污染源之一。解决方案为：（略）

三、（略）

××市人民政府（印章）
二〇〇五年八月二十五日

简析：省政府就河流污染一事询问市政府，市政府则将有关情况汇报答复。如何解决，市政府提出了具体方案和建议。该答复类报告，不是简单地回答问题，说明情况，而是重点阐述了解决问题的思路，拿出措施、办法（原文较详，引例中略去），因而篇幅较长，内容较为详细复杂。

该文各大问题的分标题欠推敲，不精练，且用语有误。如“水质污染”应为“河水污染”。（大标题同此）

二、请示

（一）请示的特点和种类

请示用于向上级请求指示、批准。在下级对关涉重大方针、政策、法规的问题缺少把握，需经上级明确后方可处理时，或工作中遇到新情况又无章可循时，以及一些上级明确规定必须请示的事项出现时，下级必须事先行文请示，不能“先斩后奏”，但在自己职权范围内能够处理的，就不应再请示。

1. 请示的特点。请示有三个特点。

（1）单一性。请求的事项要简单明了，一文一事，一事一议。

（2）请求性。请示是请求上级指示审批有关事项，需要上级答复方可行事，故有请求性的特点。

（3）时效性。请示须事先行文，事后则无任何意义，因而时效性很强。

2. 请示的种类。请示有三种类型。

（1）请求指示类。请求指示类请示用于请示上级对自己难以把握的主要事项给予原则指导。

(2)请求批准类。请求批准类请示适用于按规定必须请示的事项,如机构设置、人事安排和购置资产等。

(3)请求批转类。虽属自己工作范围需要办理落实的事项,但受隶属关系所限无法直接向有关单位行文,需以请示的形式呈报上级而后再批转给有关部门执行,这时需要使用请求批转类请示。

(二)请示的写作方法

请示的正文包括四方面的内容。

1. 请示的理由。请示的理由即请求事项的依据、缘由,它是请示事项能否成立的前提,要写得充分、可行和有说服力。

2. 请示的事项。请示的事项要写得明确、具体。如请示批准建设职工宿舍,就要写清楚建设什么规格的,建筑面积和造价是多少,位置在何处,可解决多少职工的住房问题等;请求上级拨款,应写清拨款多少,拨款的用途;如请求调拨物资,应写清调拨的是什么物资,以及物资的数量、规格、型号和用途等。

3. 意见和建议。请求上级审批的请示在说明请示理由和事项的基础上,应该陈述自己的看法,提出解决请示事项的建议,供领导参考。看法应该客观,建议应符合政策,切合实际,稳妥可行。行文应用商量的语气,要留有余地,绝不可强加于人。

4. 提出要求。请示的结尾,明确提出要求,请求上级批准、指示。最后大多以请求性尾语“以上意见妥否,请指示”“妥否,请批复”“以上意见如无不妥,请批转××执行”等结束。

(三)请示的写作要求

写请示除必须坚持一文一事和不要“多头”请示的原则以外,还应坚持逐级请示原则,即按隶属关系(垂直的)逐级请示,一般不越级。如因特殊情况必须越级请示时,一定要抄送所越过的直属上级。如果遇到必须经某个没有隶属关系的主管部门同意、批准才能办理的,应发“函”,而不应发“请示”。

(四)请示和报告的区别

目前,有将请示与报告混同的现象,如把请示的标题写为《××公司关于××问题的请示报告》,因此,明确请示与报告的区别是十分必要的。二者的主要区别有两点。

1. 行文目的不同。请示是为解决工作中的具体问题,请求上级指示和批准而写的;报告是为上级了解下情,沟通和加强上下级之间的联系而写的。请示必须要求上级表明态度,做出明确答复;报告则只是“告知”,绝大多数报告是不要求上级表态和答复的。

2. 行文时机不同。请示是事前行文，上级批准之后才可以实施；报告视需要在事先、事中或事后行文均可。

【例 10】

北京市工商行政管理局关于北京××房地产发展有限公司发布房地产广告有关问题的请示

国家工商行政管理总局：

2003 年 12 月我局接到消费者投诉，称北京××房地产发展有限公司发布虚假房地产广告。

经调查，北京××房地产发展有限公司于 2000 年 1 月 27 日至 9 月 28 日先后 7 次在《北京青年报》发布其开发的"新世界××家园"广告。广告中称"正南正北户户朝阳"。同时在其 2001 年印刷散发的楼书、邮寄的印刷品《××在线》中也有"正南正北、户型设计完美""双主卧、大起居室朝向正南"等文字内容。消费者在实地看房时，由于该小区房屋走向一致，没有参照物进行比较。消费者购房后，在 2002 年 2 月至 2003 年 6 月先后取得北京市国土资源和房屋管理局核发的《房屋产权证》，领取《房屋产权证》后才发现所购房屋向西南倾斜。根据中国建筑设计研究院提供的证据，"该项目与城市坐标网×轴成约 11°夹角"。

围绕广告定性问题，我局和案件主办分局多次讨论，但未达成一致意见。为了妥善处理此事，我局又邀请民法、广告法和建筑学方面的专家进行了论证。目前对本案的认定有以下三种意见。

一、广告存在虚假内容

广告内容明确表述为"正南正北"，但实际偏差 11°，只要与正北 0°坐标有偏差，即可认定为广告存在虚假问题。

二、表述不清楚、不准确

由于对"正南正北"没有权威的解释，应认定"正南正北"广告词表述不清楚、不准确，但尚不构成虚假。

三、没有依据，不能认定为违法

因为"正南正北"没有标准、范围，即使房屋角度有偏差，也不能认定为广告违法。

该投诉涉及 9 名业主，其牵头人已就此事在中央媒体做过专题节目，并扬言要联合××家园的有关业主(475 人)上街游行，不接受与开发商的调解。

因此案定性关系重大，特请示总局，请批示。

北京市工商行政管理局（印章）

二〇〇四年三月四日

简析：遇有重大疑难问题或无章可循时，不可擅作主张，若一旦失误，会给工作带来不应有的损失，这时，就该使用请求指示类公文，求得上级的指导帮助。本文中所涉问题确属关系重大，难以定夺，应以请示行文。该文紧扣广告定性这个问题的症结，逐一陈列各方看法，关于纠纷的来龙去脉及可能产生的严重后果都说得很清楚，便于上级领导据此作出判断，经研究予以指导。文中所用“扬言”一词有贬义，不妥，改为“称”这个中性词为好。

【例 11】

关于将北京××学院新建校舍列为北京市××××年度基建开工项目的紧急请示

××市教委：

北京××学院始建于××××年10月，当时国务院批准的建校规模是在校本科生2 000人。由于校舍狭窄，不可能容纳这么多学生，所以市委、市政府早在××××年初即确定为我院另建新校舍。但是，此后多年来，由于北京市教育经费紧缺，本项目一直未能落实。为了解决新建校舍的资金问题，我院遵照××副市长的决定，于××××年2月将原校舍出让给了××部××总局。从今年9月起，学校已迁往临时租用的××区××部队营房办学。

搬迁后，我院在教学和生活管理等各方面都遇到了许多困难：（一）部队营房区内，除留守处干部、战士、家属外，尚有临时来队家属、近百名民工，还有精神病院分院，成分复杂，治安情况很差。10月中旬曾连续发生两起流氓滋扰事件，引起部分学生张贴大字报和停课返城。经多方做工作，此事虽已平息，但难保今后不再发生类似事件。（二）营房距市中心45公里，教职工每天乘班车往返，不断出现交通事故和晚点误课现象，加之早出晚归疲惫不堪，思想很不稳定；学生每周乘火车往返，时间集中，拥挤不堪，安全没有保障，意见很大。（三）教室由防震棚改建，低矮简陋，光线暗淡；大食堂由仓库改建，条件很差；大部分女生与部队临时来队家属混住，且距铁路不足百米，噪音很大，严重影响睡眠。（四）受房舍条件和数量限制，许多教学设备无法配置，大量图书无法上架使用。凡此种种，都给教学管理和生活管理带来了许多难于克服的困难和矛盾。市委教育工作部、市高教局的领导同志前来检查了解情况后一致认为，此地不可久留，摆脱困境的唯一出路只有尽快建成新校舍。

按照市计委批准的计划任务书，我院新建校舍工程当于今年底或明年初开工，××××年完成首期工程后，全部学生即可迁至新校舍。为了实现这一计划，近一年来，我院在市高教局、市规划局、市土地局以及××区有关部门的关心支持下，积极进行了征地和开工前的各项准备工作。现在，征地手续已全部办妥，其他各项准备工作今冬明春可相继完成。

最近几年，物价上涨幅度很大，我院卖房所得的××××万元，除征地和租赁校舍的费用外，尚余××××万元，按目前物价水平，可建校舍4万平方米左右。如果推迟开工，物价继续上涨，现有资金一再贬值，则新建校舍的计划势必再次落空，我院将陷入进退无路的绝境。

基于以上原因，我们恳请市领导和市府有关部门充分体察我院的困难处境，务必将我院新建校舍首期工程4万平方米列为北京市××××年度基建开工项目，并支持帮助我院尽快办完有关的审批手续，争取明年上半年内开工。如果明年安排4万平方米有困难，可先安排2万平方米。

以上请示妥否，请予批示。

北京××学院（公章）
××××年×月×日

简析：写请求批准类请示的关键是要陈述理由和依据，让上级真正了解自己的情况，理解自己的请求，尽快批复，以顺利实现请示的目的。本文从各个角度申述尽快开工建设新校舍的理由。既有历史依据，又有现实困难；既有准备工作大体就绪所提供的开工可能性，又有物价上涨所带来的开工迫切性。最后的建议和要求留有很大的余地，态度恳切又通情达理。全文大部分文字都用于报告情况，陈述理由，但最终都要落实到请求批准“明年上半年内开工”这个主旨上。

三、批复

（一）批复的特点和种类

批复专用于答复下级的请示，与请示相对应，属下行文。

1. 批复的特点。批复具有针对性和制约性的特点。

（1）针对性。批复是针对请示事项而撰写的，职能单一、具体，目的性十分明确。

（2）制约性。下级机关的请示事项不经上级机关批复同意是不能办理的，因而批复具有制约性的特点。

2. 批复的种类。批复有两种类型。

（1）审批类。审批类批复适用于审核答复请示的具体事宜。

(2)指示类。指示类批复适用于答复有关方针、政策方面的问题,作用在于对下级提供工作上的指导。此类批复使用极少。

根据批复的态度可分为肯定型批复、否定型批复和混合型批复三种类型。

(二)批复的写作方法

1.标题。批复的标题主要有三种形式:一是发文机关 + 批复事项 + 行文对象 + 文种;二是发文机关 + 事由 + 文种;三是发文机关 + 原件标题 + 文种。

2.正文。写作正文时,先引下级来文(请示)的发文字号,以及来文的标题或文件的事由,然后根据实际情况和有关方针、政策对来文的请示事项做出明确答复,有的还要对下级如何贯彻批复内容扼要提出几点希望或要求。如果不同意,往往还需简明扼要说明理由和原因,让请示者了解上级机关的意图和想法,有利于今后工作。

3.尾语。尾语通常以“此复”“特此批复”等惯用语作结。

(三)批复的写作要求

批复的内容必须针对下级来文(请示)的请示事项,“所答”与“所请”要一致。对下级提出的请示事项,是可行、不可行,还是缓行、部分可行,均应明确表态,不可模棱两可,含糊不清。对下级的希望与要求应切合实际,有较强的可操作性,不宜泛泛而谈。

对下级的来文(请示)应及时批复,议而不决,拖着不办,将对下级的工作造成不利影响。

【例12】

国务院关于同意在乌鲁木齐国际机场开展口岸签证业务的批复

新疆维吾尔自治区人民政府:

你区《关于再次请求批准乌鲁木齐国际机场开展口岸签证业务的请示》(新政发〔2006〕41号)收悉。现批复如下:

一、同意在乌鲁木齐国际机场开展口岸签证业务。

二、乌鲁木齐国际机场口岸签证机构原则上只签发一次有效入境签证。

三、请你区抓紧成立乌鲁木齐国际机场口岸签证工作领导小组,该小组由你区公安厅牵头,外办、国家安全、海关等部门以及有权签发邀请函电的其他一类授权单位参加,协调组织口岸签证工作实施方案及相关工作措施的落实。

国务院

二〇〇七年三月六日

简析:这是一份标准的审批类批复。在标题中明确表明肯定态度。正文文字不多,但关于开展口岸签证业务的关键事项都明确限定,要求请示机关据此办理,不容置疑。

思考与练习

1. 下面的公文有多处不规范之处,请做出修改。

关于修建××工商所的报告

地区工商局:我县××区有6个乡,是全县边远山区之一,是××县、××县、××县、××县的必经之路,也是我县原煤、硫铁矿区。原该所住房是向财政局租借的,去年经县安办鉴定为危险建筑,于今年7月9日垮塌,该所干部办公、住宿不能解决,需及时修建该所,计划建筑面积1 800平方米,需资金500万元,特此请示,请予批准。

××县工商局
××××年×月×日

2. 本书的"报告"实例《××州人民政府关于我州连续遭受大暴雨、泥石流灾害的情况报告》的结尾称:"我们将另文请示省政府派工作组察看灾情,帮助解决亟待解决的困难。"请根据报告的内容,以××州人民政府的名义,向省政府写一份请示。

3. 简要分析请示和报告的区别。

第五节　公文写作——交流性公文

一、通报

(一)通报的特点和种类

通报是用来表彰先进、批评错误、传达重要精神或情况的下行公文。它可以起到总结经验、吸取教训、交流情况和推动工作的积极作用。

1. 通报的特点。通报具有典型性和交流性的特点。

(1)典型性。通报的事情,无论是正面的还是反面的,都要求有一定的典型性,能产生较大影响。

(2)交流性。通报事情的目的在于通过交流推进工作,因而交流性是通报的一个重要特点。

2. 通报的种类。通报有三种类型。

(1)表彰类。表彰类通报的作用在于表扬好人好事,树立榜样。

(2)批评类。批评类通报的作用在于批评错误,引出教训。

(3)交流类。交流类通报的目的主要是传递情况,掌握动态。

通报也可根据写作方式不同,分为直述式和转述式两种。

(二)通报的写作方法

通报的正文一般由四部分组成。

1. 概由。概由部分类似于新闻导语,要求用十分精练的文字高度概括出主要事实,点出意义或影响,表明态度。

2. 基本事实。基本事实部分叙述事件的主要过程,交代清楚有关问题,是概由的具体化。

3. 分析评价。分析评价部分解剖评说所叙事实,触及本质,引发结论,指出意义、后果和影响,切忌夸夸其谈,没有节制。

4. 决定、措施、要求和希望等。这一部分应根据通报的内容加以适当选择。

通报的写法有直述与转述两种,前者直陈其事,后者写法类似中转通知,因为其后有附件详述事实,所以通报本身不必直接叙说该事,点到为止,重点放在评析上。

(三)通报的写作要求

通报的写作有四个方面的要求。

第一,通报所反映的事实必须是真实的。不论是表彰先进事迹,还是批评错误行为,均应清楚交代事件发生的时间地点、涉及的人物、起因与结果及所造成的影响,表述要实事求是,不夸大也不缩小。

第二,对事件或人物所做的评价必须从实际出发,要坚持原则,充分体现政策。

第三,遣词造句均应注意把握分寸,充分估计可能产生的“副作用”,尤其是写批评性的通报时,自始至终要牢牢把握“惩前毖后,治病救人”的原则。提希望、指方向时应切合实际。

第四,制发通报要注意时效。反映时过境迁的事件会影响通报的积极作用。

(四)通报和通知的区别

通报和通知的共同点是二者都具有告知性。但二者也有许多不同之处,为了正确使用这两种公文,需要清楚二者的区别。

1. 行文目的不同。通知是要告知受文单位什么事、做什么、怎样做、何时去做和做到什么程度等;通报的重点是要告知受文单位是什么事,上级对这件事是什么态度以及怎样评价的。从行文目的看,前者对受文单位的要求是重在执行,而后者则重在教育。

2. 涉及的内容不同。通知所涉及的内容通常为两部分:做什么事,怎样做,受文单位能理解,能认真执行通知的要求就可以了。通报在涉及告知事项的同时还要分析其实质、产生的原因及其意义(或危害),但一般不提出非常具体的工作要求和实施意见。

【例 13】

上海市××区教育局党委关于给予
同盗窃歹徒顽强搏斗的计××记功表彰奖励的通报

局属各单位党总支、支部:

我区××中学党支部委员、人事干部计××同志,冒着生命危险,与盗窃歹徒顽强搏斗,保护了学校财产。这种精神,值得全体同志学习。

××××年×月×日0时15分,睡在教学大楼二楼单人宿舍的计××被楼上传来的响声惊醒,便警惕地意识到是盗窃歹徒在作案,立即起床奔向三楼。此时,歹徒已将电源切断,整个大楼一片漆黑。他隐约发现歹徒正准备从铁门钻进储藏室(储藏室铁门上的锁已被歹徒锯开),计××马上想到,储藏室内放有电表、照相机、录音机等贵重物品,便不顾个人安危,立即扑上前去,把歹徒拦腰抱住。歹徒凶相毕露,用一把大旋凿猛击计××的头部,并用双手卡住他的喉咙。计××头被击伤,鲜血直流,仍忍着剧痛,死死抱住歹徒不放,两人从储藏室门口一直翻滚到走廊扶梯处。计××年已57岁,同歹徒扭打将近10分钟,已经筋疲力尽。为了抓住歹徒,他使劲掰开歹徒卡自己喉咙的手,大声呼喊"捉贼"。歹徒乘计××松手之际,仓皇逃跑。计××挣扎着追到楼下,因伤口流血过多,昏倒在地。住在另一幢楼的陈××闻声赶来,立即报告了公安部门。计××被送进医院治疗。经查,其头部伤口长约4厘米,门牙被打掉两颗,双腿也多处受伤出血。

计××为了保护学校财产,把个人安危置之度外,敢于挺身而出,勇斗歹徒,表现了见义勇为、热爱集体的高尚品质。根据《上海市国家机关人员奖惩试行办法》规定,经×月×日局党委会讨论决定,给予计××记功奖励,并通报表彰。希望广大干部和教工,特别是共产党员,要很好地向他学习。现已放暑假,要求各校切实加强保卫工作,以确保学校财产的安全。

××××年×月×日(印章)

简析:这是一则以叙述事件过程为主要内容的表彰性通报。首段数语提要概括,继而具体记叙事件首尾,最后一段评价表彰,号召开展学习。行文有序,叙事完整,符合通报写作的基本要求。但叙事过细,略显琐碎。细细推敲,语言尚有可修改处,如“他隐约发现……计××马上想到……”应“计××”在前,“他”这个人称代词在后,或者索性省去后面的“计××”,因为主语未变。“计××年已57岁……已经筋疲力尽”一句,应放在“计××挣扎着追到楼下”之前,并将后句改写为“仍然挣扎着追到楼下”,语意更流畅。“立即报告了公安部门”改写成“立即报警”更为简洁。“松手之际”写作“松手之机”更好一些。标题中“奖励”二字可省去,因为“记功表彰”就是奖励,无须再说明。主送机关不能将“党总支”与“支部”并列,应去掉后者或改为“直属支部”。

【例14】

国务院办公厅关于内蒙古自治区人民政府
制止违规建设电站不力并酿成重大事故的通报

各省、自治区、直辖市人民政府,国务院各部委、各直属机构:

2004年以来,国务院多次要求各地区采取积极有效措施,坚决制止电站项目无序建设。但内蒙古自治区人民政府未能认真贯彻执行国家有关政策和规定,在制止违规建设电站方面工作不力,违规建设的丰镇市新丰电厂发生重大施工伤亡事故。为保证中央方针政策和宏观调控措施得到落实,增强宏观政策的公信力和执行力,防止类似事件再次发生,经国务院同意,现将有关情况通报如下:

一、经调查,内蒙古自治区违规建设电站情况十分严重,其规模高达860万千瓦。新丰电厂属于内蒙古自治区有关部门越权审批,有关企业违规突击抢建的项目之一。内蒙古自治区违规建设的有关电站项目被国家有关部门责令停止建设后,自治区人民政府没有按国家要求认真组织清理,有效加以制止,致使一些违规电站项目顶风抢建、边建边报、仓促施工,最终酿成2005年7月8日新丰电厂6死8伤的重大施工伤亡事故。同时,内蒙古自治区人民政府执行国家电力体制改革方案有偏差,允许专营电网的内蒙古电力(集团)有限责任公司建设新的电站项目,形成新的厂网不分。

二、新丰电厂违规建设并发生重大伤亡责任事故,是一起典型的漠视法纪、顶风违规并造成严重后果、影响极坏的事件。目前事故有关责任人和责任单位已受到党纪政纪处分，触犯法律的已由司法机关依法处理。国务院同时责成对项目违规建设负有领导责任的内蒙古自治区人民政府主席杨晶，副主席岳福洪、赵双连向国务院做出书面检查。

三、内蒙古自治区人民政府没有认真领会和严格执行国家宏观调控政策和电力体制改革规定，未从全局高度认识电站盲目布局、无序建设的危害性，对国家宏观调控的全局性、重要性和严肃性缺乏深刻认识，按程序办事的意识不强，这是内蒙古自治区违规建设电站总量较大、无序建设得不到有效制止的重要原因。为严肃政纪，现对内蒙古自治区人民政府予以通报批评，所有违规电站项目一律停止建设，认真进行整顿。内蒙古自治区人民政府要以此为鉴，提高认识，切实整改。

四、各地区、各部门都要从这起事件中吸取教训，引以为戒。要牢固树立和全面落实科学发展观，切实增强全局观念，认真贯彻中央各项宏观调控政策措施，坚决维护中央宏观调控的权威性，加强纪律，确保政令畅通。对有令不行、有禁不止并造成严重后果的行为，要依法依纪追究责任。

简析：该文是典型的批评类通报。开头部分三言两语概括情况，申明主旨。其后文字中，“一”是具体叙述事故相关情况；“二”是对事故定性，告之处罚结果；“三”是分析事故原因，提出处理意见；“四”是就此事故通报全国，提出明确要求。该文基本上按照“概述—基本事实—分析评价—做决定、提要求”的结构行文，清晰有序。但最后一段是对全文的收束，是总体性要求，严格地讲，不是“情况”，不宜列为“现将有关情况通报如下”中的第四条，应去掉序号“四”。文中“加强纪律”似是“加强纪律性”之误。

【例 15】

××省人民政府关于××市民政事业费管理使用情况的通报

××、××、×××××：

现将省民政厅《关于检查××市民政事业费管理使用情况的报告》通报给你们。

××市任意挪用、占用和滥用民政事业费的问题，是非常严重的。民政事业费体现了党和国家对广大优抚、救济对象生活疾苦的关怀，任何人挪用、侵占民政事业费，都是党纪国法所不容许的。凡是××市挪用和占用的民政事业费必须限期如数追回。为了严明党纪国法，对挪用、占用民政事业费的有关人员要按政策严肃处理，并将处理结果报省人民政府。

各地要巩固民政事业费检查的成果，进一步加强民政事业费管理体制的建设。要在财务检查的基础上认真总结经验和教训，堵塞漏洞，合理地使用各项经费。要把××市的问题引为借鉴，抓紧处理违反财经纪律和违法犯罪案件。目前尚未检查的地方要抓紧进行检查，一抓到底，善始善终。对验收不合格的，应进行补课。

附件:《省民政厅关于检查××市民政事业费管理使用情况的报告》

××省人民政府

××××年×月×日

简析:通报采用了转述式的写法。开篇类似批转式通知，一语直接道明所通报文件的名称，即取"现将××××(被转发单位名称)《关于××××(事项)的××(文种)》通报给你们"的固定表达方式引出正文。然后直接点明事实:"××市任意挪用、占用和滥用民政事业费的问题，是非常严重的。"因有附件详尽陈述具体事实，故在此处点到即止。继而简要剖析错误的严重性，提出明确的处理意见。最后一段就此事引出教训，对所属单位申明希望和要求，从而达到通报批评个别、教育一般的目的。

二、函

(一)函的特点和种类

函适用于不相隶属机关之间相互商洽工作、询问和答复问题、向有关主管部门请求批准某事项和主管部门答复审批某事项等。主管部门是指计划、规划、财政、税务、劳动、人事、机构编制、物价、外事、基建、科技和进出口贸易等部门。不相隶属机关之间行文，凡涉及求批与审批事项的，要坚持用函，而不应该用请示与批复。还应强调，函作为重要公文之一，与其他公文同样具有由制发机关权限决定的效力。

1. 函的特点。函具有灵活、具体的特点。

(1)灵活。函用于不相隶属的机关之间，但也可在系统内行文，常有类似"通知""请示""批复"的功用。

(2)具体。函的事项通常是比较具体的一般事宜。

2. 函的种类。函有便函与公函之别。便函在格式上类同书信，不需存档，使用起来十分方便。公函是正式公文，要严格按公文格式写作，其行文流程同其他公文一样规范。

公函按内容可分为三种。

(1)商洽函。商洽函主要用于不相隶属机关间洽谈工作，平等协商，共同处理有关事项。

(2)问答函。问答函主要用于各类机关之间就所需要关心、了解的事项相互询问和答复。

(3)求批审批函。不相隶属机关行文,属请求批准和需要审批答复事项的,应使用该类往来公函。系统内上下级间一般请求批答事宜也可使用。

此外,函还有发函与复函的区别。

(二)函(公函)的写作方法

1. 标题。函的标题由发函机关、事由、文种三部分组成。如果是答复的函件,文种就是"复函"(或回函)。

2. 正文。正文一般有去函和复函两种。去函应先交代去函的缘由和背景情况,再提出要商洽或询问的事项。复函一般先引述来函的发文字号和名称,然后针对来函事项表明态度,做出答复。求批函与审批函的写法类同请示与批复。

3. 尾语。函的结尾,去函惯用"请……为荷""请……为盼""盼复""敬请函复"。复函惯用"此复""特此函告"等语。

(三)函的写作要求

在写作函时,一般要注意以下三点。

第一,要直截了当、简洁明确地提出要商洽的事项和要询问的问题,并表明自己的态度,不绕弯子,不含糊其辞。

第二,不相隶属机关以函行文,要本着平等协商、以诚相见的态度,语气要谦和有礼,不卑不亢。

第三,语言要简洁,格式要规范。

【例16】

中华人民共和国国家工商行政管理总局
关于请协助报纸广告监测工作的函

新闻出版总署报刊司:

为贯彻落实国务院关于严厉打击虚假违法广告专项整治行动的部署,我局决定于近期对全国部分报纸发布广告遵守法律情况进行一次监督检查。检查的对象为各省报业集团所属发行量最大的子报一种,各省报业集团之外发行量最大的都市类报纸一种,以及京华时报、参考消息,出版日期为2005年3月3日至5日。为保证检查工作的效率和公正,请贵司协助提供有关报纸样报为盼。

感谢贵司对我局工作的大力支持。

国家工商行政管理总局(印章)
二〇〇五年三月九日

简析:此为商洽函,请对方对自己的工作予以支持和协助。文字简明,用语谦和,符合商洽函的文体风格。

【例 17】

商务部关于请确认《关于审理与企业改制相关的民事纠纷案件若干问题的规定》是否适用于外商投资的函

最高人民法院:

2002 年 12 月 3 日最高人民法院审判委员会第 1259 次会议通过、自 2003 年 2 月 1 日起施行的《关于审理与企业改制相关的民事纠纷案件若干问题的规定》颁布后,外国投资者对于该司法解释关于企业公司制改制后债务承担问题所确定的有关规则表示关注,担心该司法解释如果适用于外商投资,将会影响外资参与国内企业改组的顺利进行。为了创造更好的投资环境,进一步吸引外国投资,请贵院就该司法解释是否适用于外商投资的问题予以说明并函复。

特此函达。

中华人民共和国商务部
二〇〇三年九月十日

中华人民共和国最高人民法院对《商务部关于请确认〈关于审理与企业改制相关的民事纠纷案件若干问题的规定〉是否适用于外商投资的函》的复函

中华人民共和国商务部:

你部于 2003 年 9 月 12 日发给本院的商法函〔2003〕33 号《关于请确认〈关于审理与企业改制相关的民事纠纷案件若干问题的规定〉是否适用于外商投资的函》收悉。经研究,答复如下:

中国企业与外国企业合资、合作的行为,以及外资企业在中国的投资行为,虽然涉及企业主体、企业资产及股东的变化,但它们不属于国有企业改制范畴,且有专门的法律、法规调整,因此,外商投资行为不受上述司法解释的调整。

此复。

中华人民共和国最高人民法院
二〇〇三年十月二十日

简析:商务部出于工作需要,就某项司法解释的适用范围询问最高人民法院,后者予以准确明晰的答复。两文为一对典型的问答函,行文要言不烦、简洁

明了。需要注意的是,复函的标题中所引来函标题不必加书名号,因为不是法规性文件。(“关于……规定”仍要加书名号)

【例18】

国务院办公厅关于同意南昌市承办
2011年第七届全国城市运动会的函

体育总局:

你局《关于由江西省南昌市承办中华人民共和国第七届城市运动会的请示》(体竞字〔2007〕29号)收悉。经国务院领导同志批准,现函复如下:

同意2011年第七届全国城市运动会在江西省南昌市举行。

国务院办公厅

二〇〇七年二月二十三日

简析:该文为审批函。来文使用了请示文种,是体育总局向其上级国务院请求批示,同意在南昌举办第七届全国城市运动会。复函实为批复性质,但以国务院办公厅名义行文,它与体育总局非直接隶属关系,故选用“函”这一文种是恰当的。

【例19】

国家烟草专卖局办公室关于在全行业推广使用统一标识的函

国家××局××司:

烟草是国家实行“统一领导、垂直管理、专卖专营”的行业,为了体现烟草行业的统一性和整体性,增强行业凝聚力,我们拟在全行业推广使用经国家烟草专卖局研究决定的行业形象标识。因标识按《广告法》有关规定,属于企业形象广告范畴,特行文贵司予以审批。

标识应用范畴及图案见附件。

国家烟草专卖局办公室

2015年×月×日

简析:此为求批函。烟草专卖局欲在全行业推广使用统一标识,有涉及《中华人民共和国广告法》的相关规定,须报工商局广告司审批,属于向有关部门请求审批,应该以求批函行文。此文的个别文字表述可再斟酌,如标题中所用“推广使用统一标识”一语,而正文中未见“统一”之语,而采用了“行业形象标识”的提法,正文与标题严格一致方好。从全文看,标题也用“行业形象标识”比较准确。

三、议案

(一)议案的特点和种类

议案是各级人民政府按照法律程序向同级人民代表大会或人民代表大会常务委员会提请审议事项时所使用的建议性公文。

议案虽然一直在使用中,但在 1993 年才被列为法定行政公文。这样做有利于充分保证人民代表大会行使法律监督的职责,从而力保政府行为的合法性与重大决策的科学正确。议案提请审议的事项均为重大事项。议案一旦审查通过就具有法规效力,要求有关部门必须实施、办理。

1. 议案的特点。议案有法定性、限定性和重大性的特点。

(1)法定性。议案运行的全过程均须遵循法律程序,其作者是法定的,只能是各级人民政府,而只有同级人民代表大会或其常务委员会才被法律赋予审议的职权。且议案一旦通过,便具有法律规范力,有关部门必须依此行事。

(2)限定性。议案的提出和被讨论审议,最终通过或被否决,必须是在人民代表大会或其常委会举行会议期间,因此,议案的使用在时间和场合上被严格限定了。

(3)重大性。需要由政府向人民代表大会或其常委会提请审议的事项均应为重大事项,如订立法规、修改法令、财政预算、主要人事变动、机构设置和重大建设项目等,事关重大,故需高度重视、格外审慎,并通过审议这一法律程序得到充分保证。

2. 议案的种类。议案有直述类和另文类两种。

(1)直述类。在议案中直接陈述所提出审议的事项和解决方案、建议,不再另文详述。

(2)另文类。议案只简要说明审议的事项,提出审议请求,具体方案另文列于议案之后,二者仍为一体化文件。

(二)议案的写作方法

1. 标题。标题一般取常规公文标题模式,标明提出议案的机关、事由和文种,有时也不标明提出议案的机关。

2. 正文。直述类议案通常会复杂一些,要写清议案事由,而且需说明所提议案的背景、依据、理由或意义,这样才有利于议案顺利通过审议。应当注意的是,要将解决问题的方案、措施、建议尽量具体化,以便于实施。另文类议案则很简单,写明需要审议的事项和请求即可。

正文结束时,另行书写“请审议”。

3. 署名。议案按惯例以人民政府负责人的名义提出，因此应在正文右下方标出其职务并署名。

(三)议案的写作要求

第一，议案的案据十分重要，表达一定要充分，应突出关键理由。

第二，议案所设计的方案必须成熟、切实可行，事先经过精心研究、审慎论证，有较大把握为审议人接受。

第三，议案事项单纯，一案一事，不牵涉其他事项。

【例 20】

国务院关于提请审议兴建长江三峡工程的议案

全国人民代表大会：

长江是我国第一大河，流域面积占全国总面积的 19%，养育着全国三分之一的人口，工农业总产值约占全国的 40%，在我国国民经济发展中占有重要地位。长江中下游的洪水灾害历来频繁而严重。新中国成立以来，国家在长江流域进行了大规模的防洪建设，对保障中下游地区的经济建设和人民生命财产安全发挥了很大作用。但由于多方面的原因，长江资源还没有很好开发利用，水患尚未根治，上游洪水来量大与中下游河道特别是荆江河段过洪能力小的矛盾，依然十分突出，两岸地面高程又普遍低于洪水位，一旦发生特大洪水，堤防漫溃，将直接威胁荆江两岸江汉平原和洞庭湖区的一千五百万人口和二千三百万亩良田，人民群众的生命财产和一批大中城市、工矿企业和交通设施，将会遭受巨大损失，严重影响国民经济全局。这是我们国家的心腹大患。

如何解决长江的防洪问题，更好地开发长江资源，中共中央和国务院一直很重视，社会各界也十分关注。经过几十年来的治理实践和对各种意见、方案的反复研究和论证，解决长江中下游的防洪问题，必须采取综合治理措施。兴建三峡工程是综合治理的一项关键性措施。三峡工程兴建后，可将荆江河段的防洪标准由目前的十年一遇提高到百年一遇；配合其他措施，可以防止荆江河段发生毁灭性灾害；还可减轻洪水对武汉地区及下游的威胁。同时，三峡工程还有发电、航运、灌溉、供水和发展库区经济等巨大的综合经济效益和社会效益。三峡工程建成后年发电量八百四十亿千瓦时，占目前我国年发电量的八分之一，可为华东、华中和川东地区的经济发展提供重要的能源；可以大大提高川江航道通过能力，万吨级船队有半年时间可直达重庆，为发展西南地区的经济和繁荣长江航运事业创造条件。三峡工程还有利于长江中下游城镇的供水，有利于南水北调。总之，三峡工程的兴建，对加快我国现代化建设进程，提高综合国力，具有重要意义。

国务院对兴建三峡工程历来采取既积极又慎重的方针。近四十年来，有关部门和大批科技人员对三峡工程做了大量的勘测、科研、设计和试验工作。特别是一九八四年以来，社会各界提出了许多新的建议和意见。一些同志本着对国家、人民和子孙后代高度负责的精神，对库区百万移民的安置、生态与环境的保护、上游泥沙的淤积、巨额投资的筹措和回收等疑难问题，从不同角度提出了各自的意见。这些意见对于开拓思路，增进论证深度，完善实施方案，起到了十分有益的作用。

经过多年的研究、论证和审查，三峡工程坝址选在湖北省宜昌县三斗坪镇。工程的拦河大坝全长一千九百八十三米，坝顶高达一百八十五米，最大坝高一百七十五米。水库正常储水位一百七十五米，总库容三百九十三亿立方米。水电站总装机容量一千七百六十八万千瓦。工程静态总投资五百七十亿元（一九九〇年价格）。主体工程建设工期预计十五年。工程建设第九年，即可发电受益，预计在工程建成后不太长的时间里，即能偿还全部建设资金。

国务院三峡工程审查委员会对可行性报告进行了认真审查，认为三峡工程建设是必要的，技术上是可行的，经济上是合理的。随着经济的发展，国力是可以承担的。

三峡工程规模空前，技术复杂，投资多，周期长，特别是移民难度很大。对于已经发现的问题要继续研究、妥善解决，对今后可能再现的各种困难和问题，要有足够的思想准备。要谨慎从事，认真对待，使工程建设更加稳妥可靠，努力把这项造福当代、荫及子孙的事情办好。

国务院常务会议经过认真讨论，同意建设三峡工程。建议将兴建三峡工程列入国民经济和社会发展十年规划，由国务院根据国民经济的实际情况和国家财力物力的可能，选择适当时机组织实施。

请审议。

国务院总理　李鹏

一九九二年三月十六日

简析：兴建长江三峡工程，史无前例，规模空前，需要巨额投资和先进的科学技术保证，需要综合国力的支持。这一事关国家、人民及子孙后代重大利益的具有战略意义的决策，必须经过充分、严谨的科学论证和长期的精心准备，也必须由全国人民代表大会慎重研究，严格审议。

该文为直述类议案，这就需要对方案进行全面、具体、详细的阐述说明。于是先叙背景，侧重剖析长江水患威胁；次而申说兴建三峡工程带来的巨大综合效益；继之陈述试验、论证等前期准备情况；最后简述实施方案的具体目标，提供了工程设计的关键数据，表明了对兴建三峡工程的信心和决心，提出审议请求。全文简明、清晰、有序，可为写作范例。

四、纪要

（一）纪要的特点和种类

纪要适用于记载、传达会议情况和议定事项。

一些重要的会议，如工作会议、座谈会和研讨会等，需要将会议过程、主要精神、商定的事项、研讨的问题等如实记载下来，以便传达交流或贯彻执行。

纪要可上报上级领导，供上级了解会议的情况，以便取得领导的支持与指导；也可以送有关的平级单位交流信息，沟通情况，以取得它们的协助和配合。对上级领导和有关单位来说，纪要的作用表现在汇报情况和交流信息方面，而对与会单位来说，其作用则表现在行政的约束力和工作指导性上。

1. 纪要的特点。纪要有纪实性和概括性的特点。

（1）纪实性。纪要必须真实客观地反映会议情况，不能凭主观意愿曲解、添改会议情况。

（2）概括性。经过整理后的纪要，要概括反映出会议最基本、最主要的内容。

2. 纪要的种类。纪要有办公会议纪要和专题会议纪要两种类型。

（1）办公会议纪要。日常工作中需要定期或不定期召开办公例会，集中研究一些重要问题，这就需要把会议情况记录整理出来，以便传达到有关单位和有关人员，共同遵守、执行，此类会议情况的记载为办公会议纪要。

（2）专题会议纪要。围绕某个特定事项召开的各种名目的专门性会议所做的记载均属专题会议纪要。

（二）纪要的写作方法

纪要一般由标题、正文和结尾三部分组成。

1. 标题。标题写法比较简单，在“纪要”前加会议名称即可；有的则按一般格式写作《关于×××××的会议纪要》；还有的例行会议直接在眉首上书写“会议纪要”名称，代替原来的单一的发文机关标识，正文就不再有标题了。

2. 发文字号。会议纪要一般不设标准的发文字号，而是在标题下标注年号和顺序号（多是例行办公会议），或标明会议日期。

3. 正文。会议纪要的正文由三部分构成。

(1)前言。前言概括会议的情况,介绍主持召开会议的单位,会议的目的、议题、时间、地点、会期、参加人员、议程安排、会议的进行情况和取得的结果。例行办公会的会议纪要,常将这部分内容即会议的组织情况分条在开头列出,简明清楚。

(2)主体。主体部分肩负的职责是传达会议议定的事项和主要精神,是会议纪要的核心部分。其主要内容是:会议研究了什么问题;与会单位的代表就这些问题发表了哪些意见;议定了哪些事项;尚需今后继续研究解决、统一认识的事项有哪些;对与会单位今后的工作提出了哪些任务和要求;等等。

由于会议规模的不同,会议内容所涉及的范围不同,与会单位的构成不同,主体部分的具体写法也有所不同,较为普遍的写法有三种。

第一种,把会议的内容归纳出几个问题,逐个加以阐述。大型会议、内容涉及范围广泛的会议大都采用此种写法。

第二种,把会议的讨论发言和会议进展的情况(一致的意见、分歧的地方)加以综合和概括,客观地反映会议的基本精神。小型会议、内容涉及范围较窄的会议多采用此种写法。

第三种,发言摘要式写法,即把与会者的发言摘出其主要观点和意见,“记录”式地写出。应当注意的是,要如实反映与会者的观点,以供他人阅读分析,领会会议精神。

(3)结尾。结尾有多种写法,或以提希望、发号召结束,或以摆出尚需进一步研讨的问题结束,或者采用写完主体部分就自然结尾的方式。

纪要常以“会议听取了”“会议认为”“会议强调”“会议通过了”“与会者提出”一类口吻行文。在正文结束后,往往还要列出出席会议的主要人员。比较特殊的是,纪要不必加盖印章。

(三)纪要的写作要求

纪要在写作上主要有如下四点要求。

第一,必须严格地把纪要和决定区分开。二者虽都要求有关单位认真遵守、认真执行,但又有所不同。决定反映的是一致的意见和观点,它集中体现的是某一个部门或机关的意志;纪要虽然要写清议定的事项,与会者比较集中的、一致的观点和意见,但也可反映与会者不同的观点和意见。

第二,纪要必须忠实反映与会者的观点和意见,如实反映会议的情况,它是在会议记录的基础上加以综合、概括的产物,不允许添枝加叶,断章取义。

第三,反映会议的情况时,要将议定的事项、比较一致的观点和意见与尚未议定的事项、不一致的观点和意见严格区别开,不可含混不清。

第四,使用纪要时要采取慎重态度,不可滥用。凡是不具权威性的会议,会议所讨论或形成的比较一致的意见对与会单位不具有约束力,与会单位也没有义务遵守和执行的,就不应使用会议纪要的形式。要把会议纪要和会议简报区别开来。

【例21】

教育部“提高教学质量、深化教学改革工作研讨会”会议纪要

5月24日至25日,教育部“提高教学质量、深化教学改革工作研讨会”在成都西南财经大学隆重召开。这次会议的主要任务是,传达贯彻国务院常务会议与加强和改进高等学校招生管理工作会议两个会议精神,全面贯彻落实科学发展观,切实把高等教育发展的重点放在提高质量上来。吴启迪副部长出席会议并发表了重要讲话。来自全国各省、直辖市、自治区教育厅(局)高教处处长,教育部直属高校教务处处长,国防科工委、国家民委、中国科学院主管高等教育的处室负责人,以及所属部分高校的教务处处长共125名代表参加了会议。高教司领导及有关职能处的负责人在会上做了专题报告。江苏省教育厅、北京大学、武汉大学、东南大学和西南财经大学等单位做了典型发言。现将会议主要内容纪要如下:

会议认为,1999年,党中央、国务院做出的扩大高等教育招生规模的重大决策,极大地促进了我国高等教育的改革和发展,取得了巨大成就,上了一个台阶,实践证明,中央的决策是正确的,成效是明显的。高等教育规模实现了历史性跨越。2005年,全国高等学校在学人数达到了2 300万人,规模位居世界第一,毛入学率为21%,我国高等教育已经步入了大众化发展阶段。高等教育管理体制和布局结构调整成效显著,形成了中央和省两级管理、以省为主的管理新体制,高校后勤社会化、校内人事和分配制度、招生考试制度、毕业生就业制度和高校成本分担制度等重大改革也取得明显成效。在规模发展的同时,高等教育质量得到了有效保证,教育部出台了2001年4号和2005年1号两个重要文件,实施了“高等学校教学质量与教学改革工程”,这些措施的实施,有效保证了教育教学质量的稳步提高。高水平大学和重点学科建设取得明显成效,高水平大学在培养和造就高层次创造性人才、构建国家创新体系中发挥着越来越重要的作用。高等学校为国家经济建设和社会发展的服务能力不断增强,贡献力度不断加大。高等教育对外交流与合作顺利推进,国际竞争力不断提高,为建设创新型国家奠定了坚实的基础。

会议认为,在充分肯定成绩的同时,还应当清醒地看到我国高等教育面临

着许多困难和问题:一是素质教育问题,学生实践能力和创造精神的培养亟待加强。二是规模、质量、结构和效益的关系问题,不少学校的专业设置与结构还不能适应经济社会发展的需要,大众教育阶段的新的质量问题日益凸显。三是各级各类高等教育的协调发展问题。一些高校办学定位不明确,盲目追求所谓的上层次、上规格,导致人才培养的规格或模式趋同。四是高等教育的投入增长跟不上规模发展,部分高校校舍、教学仪器设备、图书和师资明显不足,办学条件紧张。五是教师队伍的问题,教师的精力投入不足,教学积极性不高,甚至有个别教师不遵守课堂讲授纪律等。六是高校的毕业生数量逐年增长,就业面临压力,尤其是高职高专毕业生的压力更大。

会议认为,面对新的形势和挑战,党中央、国务院做出的高等教育的发展要全面贯彻科学发展观,切实把重点放在提高质量上的重大决策是十分及时的,十分正确的。会议代表一致认为,高等学校要坚持科学发展观,处理好规模、结构、质量、效益的关系,实现高等教育全面协调可持续发展;要加强宏观调控和分类指导,加大教学投入,深化教学改革,强化教学管理;要建设一支高素质的教师队伍,实行启发式教学,继续推进素质教育,培养学生的创新精神和实践能力;要加大实施"质量工程"的工作力度,全面提高高等教育教学质量。会议代表一致表示,要把本地区、本高校的工作重点放在深化教育教学改革,合理布局,优化结构,推动科技创新与人才培养紧密结合上来。

与会代表听取了高教司司长张尧学同志所做的关于在"十一五"时期实施"质量工程(二期)"计划的报告,一致同意其中的工作思路和主要举措,并建议在以下八个方面加大工作力度,取得明显成效。一是高度重视,加大投入,建立高校质量保障的长效机制;二是推进拔尖创新与紧缺人才的培养;三是大力提高一般本科院校的教学质量;四是提高高职高专教育的教学质量;五是提高网络、成人高等教育教学质量;六是加强公共资源共享平台建设;七是加强高等学校评估工作;八是开展高等教育教改研究。为了把以上八个方面的举措落到实处,代表们建议教育部能够抓紧论证和研究,制定出切实可行的"质量工程(二期)"计划实施方案,并作为"十一五"提高高等教育的重要举措。

代表们一致认为,这次会议是为提高教学质量、深化教学改革、研究新形势、理清新思路、提出新举措的一次重要会议,会议开得十分及时,会议内容丰富、充实,效率高,效果好,对各地和各高校"十一五"期间加强人才培养工作具有重要的指导意义。与会代表感谢西南财经大学为会议提供了热情周到的服务。

与会代表一致表示,一定要贯彻落实好本次会议精神,加大投入,深化改革，强化管理，加大本地、本部门和本校实施“质量工程”的工作力度，为提高高等教育质量做出新的更大的贡献。

全国高等学校教学研究中心
二〇〇六年八月十五日

简析：一份合格的会议纪要，既要全面完整地简要记述会议的过程，又要突出会议的主要成果和有价值的内容。整理会议纪要，应根据会议的性质、内容和形式的不同而采取不尽相同的方法。该文涉及的是一个专题工作研讨会，会议的形式为领导讲话、专题报告和典型发言。该文作为综合反映会议情况的纪要，没有依序简述会议上每个人讲话的内容，而是将所有讲话综合在一起，归纳为高等教育在高校扩招以来取得的成绩、目前面临的困难和问题、关于以提高教学质量为重点的重大决策、提高教学质量的思路与举措、对本次会议的评价等方面的内容，围绕会议主旨，清晰、完整地反映了会议全貌。开头简要介绍会议概况，文中以“会议认为”“与会代表一致表示”的口吻行文，这些都符合会议纪要的写作规范。细推敲，该文仍有语言表述不够严谨之处，如“传达贯彻国务院常务会议与加强和改进高等学校招生管理工作会议两个会议精神”，既然是两个会议，前者就应明确关于什么内容的会议，或是标明何次会议；后者似应标明召开会议的单位（看来是国务院），这样才完整明确。再者，“……并作为‘十一五’提高高等教育的重要举措”一句，“教育”应为“教育质量”或“教育水平”。

思考与练习

1. 请将下面一篇文章改写为表彰性通报，以县委的名义发出，号召全县团员及青年学习苏庆春同志的英雄事迹。

一身正气无所畏惧

——记勇斗不法分子的××县工商所经检员苏庆春

2 月 23 日清晨，呼啸的北风将××县段××公路打扫得干干净净。设在××路段的工商检查站前，一个身材魁伟的小伙子警惕地注视着穿梭来往的车辆，一身工商服增添了几分英气，他就是××县××工商所年轻的经济检查员苏庆春，正在这里和同伴们一起站岗值勤。

突然，一辆满载货物的大卡车从南疾驰而来。“停车！”小苏猛一挥手，车“嚓”的一声停在了他跟前。“要检查吗？”车上下来一个30岁上下的司机，卷花头，脸上有一道深深的疤痕。“哥们儿，大冷天够辛苦的。”司机边说，边递上一支烟，透着热乎劲，“我急着往车站送货，要查您可快点。”小苏推开了烟，说了声：“谢谢，不会，请打开车门看看。”随后小苏钻进了驾驶室。他无意中将手扶在车座上，忽然察觉到司机表情有些不自然，多年的经验使他警惕起来，检查越发细致。摸着摸着，他的手触到了一块硬物，在他的命令下，司机被迫撕开了坐垫，层层包裹中，一块八九两重的黄澄澄的金块暴露在眼前。无疑，小苏面前站着的是一个黄金走私嫌疑人。司机慌了神，连连小声哀求：“我这可是第一次，您高抬贵手，放我一马，我张某知恩图报，忘不了你。”“走！老老实实到工商局去接受处理。”小苏的回答斩钉截铁。

汽车向县工商局驶去，张某见只有他们两个人，顿时来了精神：“哥们儿，这黄金咱俩儿半劈，怎么样，交个朋友嘛。”随后他又掏出两条“肯特”烟和1 000元钱，硬塞在小苏怀里。小苏轻蔑地笑笑：“你死了心吧，别想收买我。”张某脸一变，恶狠狠地说：“山不转水转，别把事做绝了，人总得给自己留条后路吧？”小苏说：“你还是给自己找条正路吧！”黔驴技穷的张某见小苏软硬不吃，猛地踩了煞车，随手抽出明晃晃的匕首向小苏胸部连刺四刀，鲜血顿时染红了工商服。小苏面无惧色，大喊：“抓坏人啊！”与张某搏斗起来。闻声赶来的几个小伙子，一拥而上，张某被制服了，等待他的将是无情的法律制裁。身负重伤的小苏被群众送到医院抢救，在医生的精心治疗下，他很快痊愈，又精神抖擞地站在自己的岗位上。

26岁的共产党员苏庆春，参加工作仅6年，却连续4年被评为县先进工作者。他刻苦钻研业务，凭着自己的机智、经验和勤奋，曾单独和参与破获走私案十余起。他以兢兢业业的工作态度赢得了同志们的赞扬，以公正廉洁的作风获得了群众的好评。今天，他又以一身正气和无所畏惧的斗争精神，树立了一个工商干部的高大形象。

2. 请评改下面的一则通报。

通报

×院成教字〔2005〕第3号

××学院教师××同志担任夜大学2003级“计算机会计”班的哲学课教学中，不按教学计划的要求和教学管理的规定，经常提前下课，任意缩短教学课时，在课堂教学过程中，不考勤，对违纪现象不制止，课堂秩序混乱，对待考试缺乏严肃态度，错拿本科生试题给夜大生考试，学生反映强烈。

为了教学管理，树立良好的教风、学风，对××同志的上述表现予以通报批评。

希望各位在夜大任课的老师，都要按照学校的规定，加强课堂管理，严格要求，教书育人，以身作则，认真管理，提高质量。

北京××学院成人教育处
二〇〇五年六月二十日

3. 修改以下病文。

函

××大学校长：

首先让我们以××电子工业学校的名义，向贵校表示衷心的感谢。感谢你们为我校办学给予的很大帮助。目前我校又面临一个很难解决的问题。

事情是这样的：我校开办不久，师资力量很差，决定派12位年轻教师到贵校旁听进修一年。我校与贵校有关部门多次商量。但12位年轻教师进修住宿问题，至今也没有得到解决。提高教学质量的关键是师资。为提高我校教育质量，恳请贵校设法解决我校进修教师的住宿问题。贵校府高庭阔、物实人济，且具宽大为怀、救人之危的美德。以上区区小事，谅贵校不难解决。我们不知贵校还有什么实际困难，如果这些困难我校能帮助解决的话，请尽管提出，我校会竭力去办。再说一句，贵校如能解决我校进修教师的住宿问题，我们以我校领导的名义向贵校领导深深地表示谢意。万望函复。

××电子工业学校
××××年×月×日

4. 请结合实例说明议案的特点。

5. 请自选一个热门话题，在班内组织一次座谈会，详细记录会议发言，并整理出一份专题性会议纪要。

第六节 公文写作——告知性公文

一、决议

决议适用于会议讨论通过的重大决策事项。

(一)决议的特点和种类

1. 决议的特点。决议有权威性和指导性两个特点。

(1)权威性。决议是经过党和国家的会议讨论通过才能生效并由党和国家的领导机关发布的,是党和国家领导机关意志的反映。决议的内容事关重要决策事项,一经公布,全党、全国上下都必须坚决执行。

(2)指导性。决议表述的观点和对事项的评价都具有指导意义。

决议与决定主要区别在于是否经过会议集体讨论并表决通过。

2. 决议的种类。决议有事项性决议和重大问题决议两种。

(1)事项性决议是对会议讨论通过的具体事项的决议。《中国共产党第十八次全国代表大会关于中央纪律检查委员会工作报告的决议》是中国共产党第十八次全国代表大会审查、批准中央纪律检查委员会的工作报告后形成的。大会充分肯定了十七届中央纪律检查委员会的工作。

(2)重大问题决议是对会议关于重大问题讨论后做出的总结性决议。《关于建国以来党的若干历史问题的决议》是中国共产党历史上具有深远影响的重要文件。其起草工作从 1979 年 11 月开始,在中央政治局、书记处的领导下,由邓小平、胡耀邦主持进行。经长时间讨论和修改,集中全党智慧形成,在 1981 年 6 月中国共产党第十一届六中全会通过。决议对新中国成立以来党的重大历史问题特别是"文化大革命"、毛泽东的功过是非和毛泽东思想基本内容与指导意义做出了总结和评价。

(二)决议的写作方法

决议由首部和正文两部分组成。

1. 首部。首部包括标题和成文时间两个项目。

(1)标题。决议的标题有两种形式:一种是由发文机关、事由和文种构成;另一种是由事由和文种构成。

(2)成文时间。即决议正式通过的日期。

2. 正文。正文由决议根据和决议事项两部分组成。其写法有两种形式:一种适用于内容单一的决议,把议定的事项直接叙写出来;另一种适用于内容比较复杂的决议，将决议事项分条列项表述出来。

【例22】

第十一届全国人民代表大会第五次会议关于全国人民代表大会常务委员会工作报告的决议

（2012年3月14日第十一届全国人民代表大会第五次会议通过）

第十一届全国人民代表大会第五次会议听取和审议了吴邦国委员长受全国人大常委会委托所做的工作报告。会议充分肯定全国人大常委会过去一年的工作，同意报告提出的关于今后一年的主要任务，决定批准这个报告。

会议要求，全国人大常委会高举中国特色社会主义伟大旗帜，以邓小平理论和“三个代表”重要思想为指导，深入贯彻落实科学发展观，坚定不移走中国特色社会主义政治发展道路，坚持党的领导、人民当家做主、依法治国有机统一，紧紧围绕党和国家工作大局依法行使职权，在完善中国特色社会主义法律体系上迈出新步伐，在推动中央重大决策部署贯彻落实上见到新成效，努力实现本届全国人大的各项目标任务，为全面建设小康社会、加快推进社会主义现代化做出新的贡献。

简析：该决议属于事项性决议，内容集中单一，只需写清何时何会议听取和审议了何报告，会议对报告方的要求，言简意赅。

二、公报

（一）公报的特点和种类

公报“适用于公布重要决定或者重大事项”。与“决议”一样，原为《中国共产党机关公文处理条例》中的文种，此次党政机关公文合并后纳入新条例。

1. 公报的特点。公报具有权威性、公开性和新闻性的特点。

（1）权威性。公报的发布机关为国家党政机关。公报所涉及的内容，应是党内外、国内外普遍关心和瞩目的重大事件或重要决定。

（2）公开性。公报是公之于众的文件，无须保密，一般也没有主送机关、抄送机关，而是普告天下，众所周知。

（3）新闻性。公报的内容都是新近发生的事件或新近做出的决定，属于人民群众关心、应知而未知的事项，要求制作和发布迅速、及时，因此又具有新闻性特点。

2. 公报的种类。公报的种类有会议公报、事项公报和联合公报。

(1)会议公报是用以报道重要会议或会谈的决定和情况的公报。这种公报一般用于党中央召开的会议。如《中国共产党第十七届中央纪律检查委员会第七次全体会议公报》(2012 年 1 月 10 日中国共产党第十七届中央纪律检查委员会第七次全体会议通过)。

(2)事项公报是党政高级领导机关及部门用以发布重大情况、重要事件的文件。诸如教育部《2011 年全国教育事业发展统计公报》、人力资源社会保障部《2011 年度人力资源和社会保障事业发展统计公报》。

(3)联合公报是一种特殊用途的公报,用以发布国家之间、政党之间和团体之间经过会议达成的某种协议,如《中俄联合公报》。

(二)公报的写作方法

公报包括开头、主体两部分。

1. 开头。开头即前言部分。事件性公报要求用最鲜明、最精练的语言概述事件的核心内容,即何时、何地、发生了什么重大事件;会议性公报要求概述会议的名称、时间、地点和参加人员等;联合公报要求概述公报的来由,即在何时、何地、谁与谁举行了什么会谈或谁对谁进行了什么性质的访问等。

2. 主体。主体是公报的核心内容,要求把公报的内容完整、系统和有序地表达清楚。常见的有三种写法:一种是分段式,即每段说明一层意思或一项决定;第二种是序号式,多用于内容复杂、问题较多的公报;第三种是条款式,多用于联合公报。

【例 23】

中国共产党第十八届中央委员会第一次全体会议公报

(2012 年 11 月 15 日中国共产党第十八届中央委员会第一次全体会议通过)

中国共产党第十八届中央委员会第一次全体会议,于 2012 年 11 月 15 日在北京举行。

出席会议的有中央委员 205 人,候补中央委员 171 人。中央纪律检查委员会委员列席会议。

习近平同志主持会议并做了重要讲话。

全会选举了中央政治局委员、中央政治局常务委员会委员、中央委员会总书记;根据中央政治局常务委员会的提名,通过了中央书记处成员,决定了中央军事委员会组成人员;批准了十八届中央纪律检查委员会第一次全体会议选举产生的书记、副书记和常务委员会委员人选。名单如下:

一、中央政治局委员(名单略)

二、中央政治局常务委员会委员(名单略)

三、中央委员会总书记(名单略)

四、中央书记处书记(名单略)

五、中央军事委员会主席、副主席、委员(名单略)

六、中央纪律检查委员会书记、副书记、常务委员会委员(名单略)

简析:会议公报是党和国家的重要会议就会议情况或重要决定事项公开发布的公报,其内容必须是经会议讨论通过并决定公开发布的。该公报开头写明会议基本情况,主体对会议主要议程作介绍,然后是选举结果,全文简明扼要。

三、命令(令)

(一)命令(令)的特点和种类

命令(令)适用于依照有关法律发布行政法规和规章,宣布施行重大强制性行政措施,嘉奖有关单位及人员等。

1. 命令(令)的特点。命令具有高度权威性和绝对强制性。

(1)高度权威性。在诸种公文中,命令(令)最具权威性。它一般都是由省部级以上的国家机关(或其代表)制发,而中央机关较地方机关使用更多。我国《宪法》已有规定,国家主席、全国人大常委会委员长、国务院总理、各部部长、各委员会主任、县以上各级人民政府及其法定机关和负责人方有权发布命令(令)。

(2)绝对强制性。法律赋予国家高级机关或其负责人发布命令(令)来决策重大事项,指挥重大行动的权力。命令(令)可以直接统一和约束人们的行为,一旦发布,受文对象必须无条件地接受、遵从和执行,不允许违背、抗拒和贻误,否则,要受到严厉惩处。

2. 命令(令)的种类。命令(令)分为发布令、行政令和嘉奖令三种类型。

(1)发布令用于国家权力机关颁布重要的行政法规、规章、条例和办法。这些具有严格法律意义的条文提供了人们行为的规范、准则和依据。

(2)行政令是国家行政机关在必要的时候保证重大强制性行政措施得以顺利实施的命令。这类命令平时很少使用。

(3)嘉奖令是以国家机关的名义,以命令的形式表彰奖励对国家和人民做出突出贡献的单位或人员。

(二)命令(令)的写作方法

1. 标题。命令(令)基本上是对外公开发布的,其标题可以由发文机关名称+文种构成,省去事由,发布令多取此法;也可以标明事由,成为三项俱全的标准式标题,行政令和嘉奖令多是这样。标题中用“命令”,还是用简称“令”,主要视文字是否表达顺畅和谐而定。

2. 发文字号。发布令不使用通常的发文字号,习惯上以一届政府机关首长任期为限,按自然顺序以流水号的形式排列文号。如以国务院总理温家宝的名义发布的《中华人民共和国国务院令》第386号(公布《乡村医生从业管理条例》)。

3. 主送机关。命令(令)一般都公开使用,故多无受文单位和主送机关,但有时嘉奖令因有特定的受文对象而需标出。如《国务院中央军委关于授予钱学森同志“国家杰出贡献科学家”荣誉称号的命令》,主送机关为国防科工委。

4. 正文。发布令的内容极简单,三言两语即可说清。行政令先简要说明理由和目的,后陈述命令事项,有时还要辅以相关要求。嘉奖令需概要介绍嘉奖对象的主要事迹以作为嘉奖的理由,并稍作分析评价,在说明嘉奖内容后大多还简要提出希望、要求,收束全文。

5. 署名。发布令常以行政机关首脑的名义发布,故在正文右下方、成文日期上方签署发布人的职务、姓名。

(三)命令(令)的写作要求

命令(令)因其高度的权威性和特有的强制力以及事项的重大性而不能随意使用。特别要注意,嘉奖令通常只在中央机关中使用,其下属部门及地方各级政府则可用“决定”或“通报”之类的公文进行表彰奖励。

命令(令)公布后,必须坚决执行,因此行文务求准确、明晰、简要和严谨,语风庄重,措辞精准,突出命令(令)所特有的果断、坚决、不容置疑的色彩。

【例24】

中华人民共和国交通部令

2006年第2号

《机动车驾驶员培训管理规定》已于2005年12月15日经第29次部务会议通过,现予公布,自2006年4月1日起施行。

部长　李盛霖

二〇〇六年一月十二日

简析: 这种发布令极其简单,只需写清何种法规,何时以何种形式通过,何时实施便可。发布法规和规章,是命令的最主要功能,故发布令最为多见。

【例 25】

国务院中央军委关于授予丁晓兵同志“保持英雄本色的忠诚卫士”荣誉称号的命令

国函〔2006〕126 号

公安部、中国人民武装警察部队：

丁晓兵，男，1965 年 9 月出生，现任武警一八一师五四二团政治委员，上校警衔，1983 年 10 月入伍，1984 年 10 月在执行军事任务中英勇负伤，失去右臂。该同志入伍 20 多年来，牢记使命，献身国防，以伤残之躯续写人生辉煌篇章，先后被人事部和中国残联授予“全国自强模范”称号，被武警部队评为第八届“中国武警十大忠诚卫士”，被中组部授予“全国优秀共产党员”荣誉称号，荣立一等功 1 次、三等功 2 次。他自强不息，争创一流业绩，任指导员期间，所在连队被军区评为基层建设先进连，荣立集体一等功 1 次、三等功 2 次；任营教导员和团政治处主任期间，所在单位年年被评为先进。他刻苦钻研，积极探索新形势下的带兵特点和规律，总结归纳出“心理自我调节 12 法”“群众性教育 20 法”等 105 条带兵经验，被上级推广。他关爱部属，以情带兵，先后捐款 5 万多元救助 67 名家庭困难的干部战士，在他的教育帮助下，28 名后进战士被转化，30 多名战士考上军校，17 名战士直接提干。为表彰先进，国务院、中央军委决定，授予丁晓兵同志“保持英雄本色的忠诚卫士”荣誉称号。

丁晓兵同志是践行“三个代表”重要思想和落实科学发展观的楷模，是保持共产党员先进性的典范。国务院、中央军委号召全体公安民警、武警官兵和全军指战员向丁晓兵同志学习，学习他爱党爱国、永葆党和人民忠诚卫士本色的崇高品质，坚决听党话，始终跟党走；学习他战时舍身、平时忘我的崇高思想境界，努力实践我军宗旨，自觉为祖国和人民的利益不懈奋斗；学习他心系基层、情注士兵的高尚情操，坚持为基层官兵做好事、办实事、解难事；学习他自强不息、奋发有为的进取精神，立足本职岗位争先创优、建功立业。广大官兵要以丁晓兵同志为榜样，高举邓小平理论和“三个代表”重要思想伟大旗帜，牢固树立和落实科学发展观，爱岗敬业，无私奉献，为构建社会主义和谐社会，更好地履行新世纪新阶段我军历史使命而努力奋斗！

国务院总理　温家宝
中央军委主席　胡锦涛
二〇〇六年十二月五日

简析：丁晓兵同志因其“战时舍身、平时忘我的崇高思想境界”“心系基层、情注士兵”的高尚情操，特别是“以伤残之躯续写人生辉煌篇章”的自强不息、奋发进取的精神，获得了由国务院、中央军委以命令形式授予的“保持英雄本色的忠诚卫士”的荣誉称号，得到了最高规格的嘉奖。该文先以洗练的文字概括了丁晓兵同志的英雄事迹和高尚品德，简明而又不失全面；继之就此提出学习丁晓兵同志的要求，目标明确，号召有力。

四、公告

（一）公告的特点和种类

公告是用来向国内外宣布重要事项或者法定事项的知照性公文。

公告是对外公开告知的公文，适用范围比较广，使用也越来越多。为了保证充分告之，公告均采用大众化的传播方式，如报纸、广播、电视和张贴等。

1. 公告的特点。公共具有告知广泛和庄重的特点。

（1）告知广泛。公告的事项往往不仅对内，而且能够涉外，可以产生国际影响，因而其告知对象相当普遍。

（2）庄重。公告的事项一般是广为关注的大事及重要法定性事项，制发机关多是具有很高权威性的行政机关，基层单位不能随意制发公告。

2. 公告的种类。公告具有重大事项和法定事项两种类型。

（1）重大事项类。此类公告用于宣布关于国家政治、经济、军事、外交和人事等方面的重大事项。

（2）法定事项类。此类公告用于政府公布法令、法规，高层次的行政机关及其工作部门公布自己职权范围内的法定事项。

（二）公告的写作方法

1. 标题。标题有四种写作形式：发文机关 + 事由 + 文种；发文机关 + 文种；事由 + 文种；文种。

2. 发文字号。公告不同于一般公文，其发文字号也不取标准形式，经常在标题下标明年号和顺序号，不加机关代字。还有的公告不设发文字号，而在标题下直书发布日期。

3. 主送机关。公告因为是向社会公众发布事项，无具体特指对象，因此无主送机关。

4. 正文。正文包括以下三方面的内容。

（1）开头。开头概括点明发布公告的根据。

（2）主体。主体即公告事项，要写清何时、何地、何机关（何人）做出何种决定，发生了什么重大事件，将要进行什么重要工作。如果内容较多，可分条列项,逐一表明,要注意条理清晰。

(3)尾语。文末多以“特此公告”“现予公告”等语结束,也可不设尾语。

(三)公告的写作要求

公告使用应慎重,特别要反对不分部门、场合、事项而滥用公告的做法,也不要把公告混同通知,更不能当作广告用来“广而告之”。不要把作为行政机关的规范性公文的公告与作为司法专用文的公告,以及日常生活中常见的用来向群众宣布某一事项的非正规“公告”混为一谈。例如,各级人民法院在审理案件时,依照法律规定,需要向未能通知到的被告人或其代理人发公告。如宣布企业、公司破产,依法强制被告搬迁等很多事项均可用公告。再如,上海好记星数码科技有限公司在报纸广告版发布了“2005 好记星普及风暴特惠公告”。其实,这类商业事项改用“启事”或其他广告文种为好。

公告的主旨必须符合党和国家的方针政策,维护党和国家的根本利益,坚持原则,“一文一事”,中心明确。

公告的语言要庄重、得体,高度规范,遣词造句应慎重推敲。

【例 26】

中华人民共和国财政部公告

根据国家国债发行的有关规定,财政部决定发行 2007 年记账式(五期)国债(以下简称本期国债),现将有关事项公告如下:

一、本期国债通过全国银行间债券市场和证券交易所市场(以下简称各交易场所)面向社会各类投资者发行。

二、本期国债计划发行 300 亿元,实际发行面值金额为 300 亿元。

三、本期国债期限 5 年,经投标确定的票面年利率为 3.18%,2007 年 4 月 23 日开始发行并计息,4 月 25 日发行结束,4 月 30 日起,本期国债在各交易场所以现券买卖和回购的方式上市交易。

四、本期国债为固定利率附息债,利息按年支付,利息支付日为每年 4 月 23 日(节假日顺延,下同),2012 年 4 月 23 日偿还本金并支付最后一年利息。

五、本期国债在 2007 年 4 月 23 日至 4 月 25 日的发行期内,采取场内挂牌和场外签订分销合同的方式分销,分销对象为在中国证券登记结算有限责任公司开立股票和基金账户及在中央国债登记结算有限责任公司开立债券账户的各类投资者。通过各交易场所分销部分,由承销机构根据市场情况自定价格。

特此公告

中华人民共和国财政部
二〇〇七年四月二十日

简析:财政部依法向社会公众宣布关于发行 2007 年记账式国债的有关事项,属国家行政机关公布自己职权范围内的法定事项,故使用了法定事项类公告。该文标题省去事由,因向社会广泛告之,无须标明主送机关。这种书面格式是周知性公文经常采用的。

五、通告

(一)通告的特点和种类

向社会各有关方面公布应当遵守或者周知的事项用通告。通告亦属知照性下行公文,同公告一样,公开对外发布,故也采取大众化的传播方式。

1. 通告的特点。通告具有周知性和专向性的特点。

(1)周知性。同公告一样,通告也是公开告知有关事项,发布对象很广泛。

(2)专向性。通告的事项是特定的,其发布对象虽然较普遍,但与公告相比,是局限在一定范围内的,即与事项有直接利害关系的社会各有关方面。

2. 通告的种类。通告具有制约和周知两种类型。

(1)制约类。这类通告是在一定范围内公布涉及政策、法规、法纪等方面的事项,要求有关人员了解并遵照执行。

(2)周知类。周知类通告重在公布一定范围内应周知的事项,虽不具法规性,但也常有程度不等的约束力。纯告知性通告使用甚少。

(二)通告的写作方法

1. 标题。标题的写法有两种:由政府部门发布的关于重要事项的通告,采用如《××省人民政府关于××的通告》"三要素"齐备的标题;一般机关发布的通告也可以只写发文机关和文种名称而略去事由。

2. 发文字号。同公告一样,这种向公众宣布的周知性公文,不必按常规设标准发文字号,只需在标题下标注年号和顺序号,甚至只标明日期。

3. 正文。正文首先要写清楚发布本通告的目的及法律或事实依据,接着以"特此通告如下""现就××问题通告如下"等语句作为过渡语,转入第二部分内容即通告的具体事项,一般采取分条列项的方法写出(通告事项单一的可不分条项)。最后单列一段提出希望和要求,或说明实施期限和告知的有效范围。

4. 尾语。尾语可采用"此告""特此通告"等语作结。

（三）通告的写作要求

通告是具有一定约束力的文告，通常有明确的规定性，即“允许做什么”和“不允许做什么”，因此，不仅要求主旨必须是明确的，而且还必须充分体现国家的方针、政策、法律和法规的要求。通告的语言应该通俗易懂，因其具有专向性的特点，可以适当使用专用术语，但要注意慎用缩略语，避免产生歧义。

【例 27】

海南省公安厅关于开展预防重特大道路交通事故攻坚整治的通告

为贯彻落实公安部预防重特大道路交通事故电视电话会议精神，省公安厅决定，从 2006 年 10 月 25 日至 12 月 31 日在全省范围内开展预防重特大道路交通事故攻坚整治工作，重点打好四场攻坚战。

一、打好交通安全宣传攻坚战。突出抓好客运驾驶人、摩托车驾驶人、中小学生、农民、进城务工人员等重点人群的宣传教育工作。

二、打好客运企业及驾驶人整顿的攻坚战。重点抓好车辆的摸底排查和专项整治，严格落实所属驾驶人的安全教育和管理，强化源头治理。

三、打好道路通行秩序整治的攻坚战。重点加强高速公路、国道、重点旅游道路以及危险路段的巡逻检查，加大对超员、超载、超速、酒后驾车、无证驾驶等严重交通违法行为查纠力度，确保道路交通的良好秩序。

四、打好摩托车专项整治“飓风行动”的攻坚战。加大工作力度，继续严厉打击摩托车交通违法行为，遏制摩托车交通违法问题突出、交通事故多发的势头。

望广大交通参与者积极配合预防重特大道路交通事故攻坚整治活动，切实提高交通安全意识，严格遵守道路交通安全法律法规，确保我省道路安全、畅通，不发生重特大道路交通事故。

特此通告

海南省公安厅
二〇〇六年十一月八日

简析：公安部门整治交通，遏制重特大交通事故，必须有广大群众的积极参与和支持，为此，省公安厅以通告的形式发布相关信息。这种典型的制约类通告带有一定的强制性，不但要求群众周知，且必须遵守。文中并未说明整治交通的具体规定乃至处罚办法，因为这在相关的法规中已做出明确要求。

该通告将此次交通整治工作的重点集中为“打好四场攻坚战”，易于了解，便于记忆，令人印象深刻，达到了宣传、动员的目的。

思考与练习

1. 请修改下面一则公告并说明理由。

××供电局公告

近来，我市连续发生冒充供电局工作人员对用户进行停电、断电、拆剪线路、拆卸电表、敲诈勒索等不法事件，致使电表被盗，电线剪切、私接乱拉，情节十分恶劣。这不仅给用户造成经济损失，生活不便，而且严重破坏我局声誉和供用电双方关系。为此，特声明如下：

（一）凡我局职工在用户处进行拆、装电表，剪接电线，迁移电杆，变动表位，抄表收费，用电监督，电器修理等业务事项，一律身穿蟹青色军干装电业标志服，佩戴闪电帽徽和豫电胸章，并有工作证随身证件。未有上述标志者，均属冒充，用户有权制止。

（二）希各机关团体、居民用户，提高警惕，协助我局做好供电工作，严防坏人扰乱社会秩序。

（三）凡机关团体、个人，拿获、揭发冒充我供电局工作人员者，经查证落实后，除表示谢意外，并给予一定物质奖励。

××××年四月七日

2. 简要说明公告与通告的异同。

3. 举例说明目前社会上滥用公告的现象，并分析公告与广告的区别。

第六章

通用事务文书

通用事务文书或称普通事务文书，是指党政机关、企事业单位、社会团体及个人在处理日常事务时普遍使用的一类应用文，主要文种有简报、计划、总结、调查报告和规章制度等。除法定公文外，这类应用文的使用最为广泛。

第一节　简报

一、简报的概念和作用

简报是党政机关、人民团体、企事业单位内部使用的一种带有新闻性质的文体，其内容以反映情况、交流信息为主，各单位内部编发的“××简讯”“××动态”“情况反映”“工作通讯”“内部参考”等均属简报的范畴。

简报是对有关情况的简要报道，与报纸的新闻报道并无本质区别。不同的是，简报主要用于单位（系统）内部，其内容一般不适宜公开发表。

简报内容广泛，行文灵活。其作用主要是在单位内部通报情况、传递信息和交流沟通，也可以用于汇报、指导工作，将本单位的近期工作情况及有关资料报上级机关，或是将上级机关的工作部署及方针政策及时提供给下级机关单位。它简明、快捷、灵活，信息量大，是目前机关单位使用频率很高的文书。

二、简报的分类

简报内容广泛，种类繁多，根据其内容，可以分为动态简报、专题简报和会议简报三类。

（一）动态简报

动态简报主要反映本系统、本单位日常工作的进展情况，或与工作有关的新情况、新问题，其目的在于传递信息、交流经验和推动工作，一般为连续编发。

（二）专题简报

专题简报是针对某项任务而专门编发的，如“医保制度改革情况简报”“省严打办关于严厉打击经济犯罪情况简报”等。这类简报要求更为及时、集中、敏锐地反映某项活动的进展情况，一般不定期，随着某项活动的结束而结束。

（三）会议简报

会议简报专门报送、交流有关重要会议的情况，包括会议日程、内容、有关人物的发言和会外花絮等。如全国人民代表大会、全国政协会议、中央各种重要会议和地方各级的“两代会”等都要编发会议简报。这类简报一般由会议主办单位在会议期间连续编发，以供与会者及有关人员了解情况、互通信息以及交流思想和经验。

三、简报的文体特点及写作要求

（一）简报的特点

简报作为一种文体，主要有以下三方面的特点。

1. 简要性。简报的“简”体现在两个方面：一是内容要简。机关或单位的工作繁多，但不能事无巨细全部写入简报，因此要注意选择那些与党的方针政策密切相关的、涉及本部门的重要情况和典型事例编写。二是文字要干净利落，不能啰唆。

2. 快捷性。快，即反映情况要迅速及时。简报以反映信息为主，对新事物、新经验能否及时反映，就成为衡量其价值的重要因素。如果错过时机，简报就不能起到相应的作用。

3. 限制性。简报的内容一般只限于本部门、本系统和本地区的情况和问题。它的阅读范围也受到限制，一些简报还有机密等级与发送范围。这些都使其与公开发行的新闻有别。

（二）简报的写作要求

与简报的文体特点相应，写作简报要注意三个方面的要求。

1. 选题要抓住重点。简报的选题很重要，它可以决定简报的价值。因此，要注意选取与党的方针政策密切相关的问题、情况，选择与本单位、系统相关的中心工作、重点任务，选择引人注目的新苗头、新动态。

2. 材料应真实准确。简报选用的材料必须真实准确，其中的人物、事件、时间、地点和数据都必须符合客观真实，不夸大，不以偏概全，不文过饰非。

3. 内容、语言要简练。简报要求简明精炼，篇幅简短。所以，内容上要选材精当，文字上要言简意赅，去除空话、套话和冗言赘语。

四、简报的格式及结构安排

简报在格式上有其特定的要求。一份简报由报头、报文、报尾三部分组成（见图 6－1）。

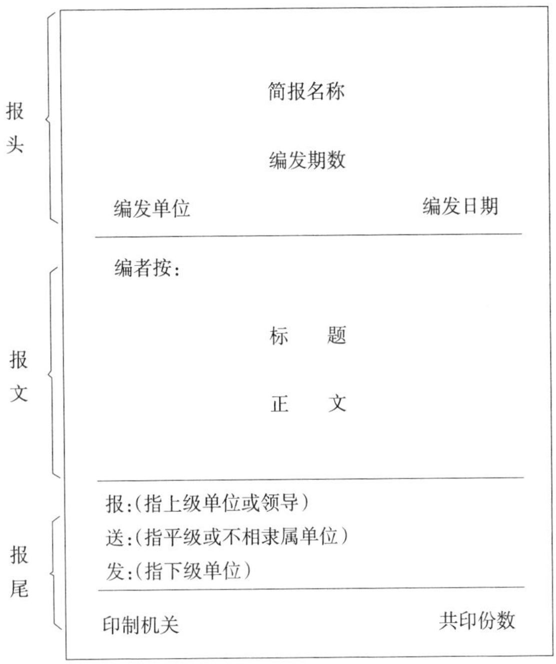

图 6－1　简报的格式

（一）报头

简报的报头类似于公文首页的眉首（文头），约占首页 1/3 的版面，一般由简报名称、编发期数、编发单位和编发日期等部分构成。其位置安排为：简报名称即“××简报”居中偏上，以套红大字标出；简报名称正下方标注期号；期号下左侧为编发单位的名称；右侧为编发日期；再下面，用套红粗线通栏横贯，由此构成整个报头部分。如果简报内容带有保密性，还要在报头左上方标明“机密”或“内部资料”等字样，在右上方打上编号。

（二）报文

简报的报文由标题和正文组成。有的简报在标题之前有一段编者的“按语”，类似于报纸的“编者按”，以阐明意图，指导阅读。

1. 标题。简报的标题比较灵活，其中新闻式标题最为常见，可以是单标题，如《我厂产品走向世界》《上海交通大学评选出2005年感动校园十大学生新闻人物》；可以是双标题，如《一方有难八方支援——我公司职工积极参加赈灾义卖活动》《亲切的关怀　巨大的鼓舞——中央首长来我院视察工作》；也可以是三重标题，如《只有识别才能杜绝——我局举办假冒伪劣产品展示会——500假冒伪劣产品当众曝光》《绿化祖国　造福子孙——我公司广大职工积极参加植树造林活动——总经理带队百余人参加》。

2. 报文。简报的报文即简报所刊载的文章，因简报的作用不同，涉及内容不同，体式及结构安排也有所不同。

常见的简报编写体式有以下三种。

（1）报道体。这类简报很接近报纸的新闻消息，机关单位常以这种形式报道单位的工作情况、工作动向及新事件、新成果，其特点是抓住重心，简明扼要地陈述有关事实，突出简报反映信息快的特点。

（2）转引体。这类简报多用很长的篇幅刊载有关领导讲话或摘引理论文章，旨在明确领导讲话意图及思想动态，以供有关方面参考。

（3）汇编体。这类简报采用汇编的形式，将围绕一个中心内容的有关材料剪辑编排在一起，如某地区开展的某一项工作，某项活动的进程，或群众对某一事件的反映，综合起来形成一份总体介绍。其特点是内容比较丰富，能做到点面结合，反映全局。

简报的内容、体式不同，具体结构安排也有所不同。但作为一种以反映情况、沟通信息为主要作用的文体，简报在文章结构上又有其共同特征，即文章一般由导语、主体、结语三部分组成。

（1）导语。导语是文章的开头部分，它以简明的语言概括全文主旨或交代主要事实。根据内容、体式的不同，导语的写法也各有不同，无论是叙述、评论、引语还是提问的方式，导语都要求做到简明扼要、开门见山，最大限度地向读者传递信息，吸引其注意力。

（2）主体。主体是文章的中心部分，它紧承导语，运用具体材料对导语进行印证和进一步阐明。这一部分要注意选择典型材料，靠事实说话。其结构安排，可以按事件本身的发展顺序，或按事件内部的逻辑关系，也可以按照事件性质归类。不论采用纵式还是横式结构，都要做到围绕主旨，而不能旁逸斜出。

（3）结语。结语是在文章结尾处概括内容或总结成绩，指出发展趋势，提出希望，发出号召，也有一些简报没有结语，主体写完自然收束。

（三）报尾

报尾位于简报末页最下方，划两条平行线，在平行线内注明本期简报抄报、抄送的单位名称，在平行线的下方注明简报的印制机关及印制份数。

【例1】

食品药品监管简报

第×期

四川省食品安全协调委员会办公室编印　　　　××××年×月×日

四川省重大食品安全事故应急演练在广安举行

为适应重大食品安全事故应急救援的需要，提高全省应对食品安全突发事件的快速处置能力。2007年9月19日上午，四川省食品药品监督管理局和广安市人民政府在广安市联合举办了四川省重大食品安全事故（Ⅲ级）应急演练，广安市、广安区农业、质监、工商、卫生等10个部门、500余人参加了演练。国家食品药品监督管理局食品安全协调司副司长×××，省食品药品监督管理局长×××，广安市委书记、市人大常委会主任××，市委副书记、市长×××，省政府应急办主任×××等领导出席了应急演练观摩会，省食品安全协调委员会成员单位联络员、各市（州）食品安全协调委员会负责人、食品药品监督管理局有关人员共200余人到现场观摩学习。

演练从一次农村聚餐开始：广安市广安区亲民镇星光村3组村民李全民家新房竣工后，宴请亲朋好友，因食用卤猪头肉发生130人食物中毒，另有5名市民因食用同一食品发生中毒。广安市食品安全事故应急指挥部立即启动Ⅲ级应急救援预案，实施应急救援。在紧张有序的气氛中，演练分五项逐项进行：分级响应。事故发生后，广安区人民政府迅速启动Ⅳ级应急救援预案，采取应急措施，并及时将情况按规定报告；指挥协调。随着事态发展，事故升级为Ⅲ级，市食品安全事故应急指挥部紧急研究对策，组织实施应急救援；紧急处置。事态急剧恶化，市食品安全事故应急指挥部依法采取紧急处置措施，全力做好应急救援工作，事态得到有效控制；响应终结。事故原因已调查清楚，相关危害因素已消除，市指挥部组织有关部门和专家进行分析论证，宣布应急响应结束；后期处置。市食品安全应急指挥部召开新闻发布会，通报事故发生、紧急处置、责任追究及后期处置等情况。

此次应急演练，检验了各级政府在应对突发食品安全事件时的反应速度和救援能力,提高了各相关部门之间的应急联动能力,为全省食品安全应急工作积累了实战经验,对各市(州)政府的食品安全应急演练工作起到了很好的示范作用。

分送:

共印××份

简析:这是一份动态简报,采用报道体。标题简洁明晰,概括简报内容,导语部分点明这次活动举办的原因及参加活动的单位及人员。主体部分按先后顺序具体介绍这次食品安全事故演练的情况。最后总结这次活动的意义。全文叙述事件简明扼要,突出了简报反映信息"新"和"快"的特点。

【例2】

教育部简报

(第6期)

教育部办公厅　　　　2007年12月18日

编者按:11月20日,我部等部门联合召开2007年全国普通高校毕业生就业工作会议,对做好2007年高校毕业生就业工作作出部署。各地各高校结合本地本校实际,迅速贯彻落实。不少地方和高校立足抓早、抓实、抓细,努力为毕业生就业创造良好条件。对这些有特色、人性化、重实效的措施和做法,我们将陆续摘发,供各地各高校参阅。

各地高校推进毕业生就业工作动态

湖北组织就业指导宣讲团深入高校巡回演讲。湖北省高校毕业生就业指导中心精心挑选知名企业专家级职业讲师,组成"高校毕业生就业指导宣讲团",先后到12所高校进行毕业生就业指导演讲,到场学生近万人次。宣讲团成员从企业招聘主管的角度,向毕业生传授就业面试技巧以及求职过程中可能遇到的求职陷阱及预防措施,帮助毕业生掌握入职后的快速成长技巧,使毕业生全面了解企业用人及招聘程序,提高就业应聘能力。

浙江温州市启动大学生就业见习制度。温州市近日出台《关于建立高校毕业生就业见习制度的通知》,为符合条件的未就业毕业生提供6个月的就业见习机会。见习期间,双方不建立劳动关系,但用人单位须提供必要的工作、生活条件,并为其办理人身意外伤害保险。学员见习期间当地财政给予每人每月350~500元的生活补助,不足部分由学员所在见习单位承担。政府人才中介服务机构和公共就业服务机构对见习毕业生提供免费人事代理和失业登记管理服务。

中国农业大学为促进就业,学生毕业论文可请校外导师。为进一步促进毕业生就业工作,中国农业大学近日出台新规,在政府部门、企事业、科研院所、其他高校实习3个月以上的毕业生,可根据专业培养目标和实习单位的实际需要选择论文题目,在实习单位直接选定校外指导教师(须具有中级以上职称)。为保证论文质量,学校还择优选派校内教师直接指导,学校教师为第一责任导师。

北京语言大学积极拓展毕业生就业服务工作。为帮助毕业生从容自信地求职择业,北京语言大学制作并发放了《北京语言大学中国毕业生就业指导手册》和《北京语言大学2007届中国毕业生推介手册》,对毕业生就业相关的法律政策、求职、签约、派遣等方面的规定以及2007届毕业生的整体情况作了详细介绍。学校把《推介手册》寄给用人单位,使用人单位更好地了解学校的专业特色和毕业生情况,从而提高了毕业生的社会认可度。

南开大学探索"产品设计"式全程化就业指导工作新模式。南开大学最近出台新的《职业生涯发展辅导实施方案》,打破传统的"成品包装"式的就业指导工作模式,引入"产品设计"式的职业发展辅导,按照"一年级树立职业意识,二年级确立职业目标,三年级素质拓展提升,四年级求职能力支持"的思路,确立了每个学期要实现的目标以及辅导内容。学校还为每一名学生建立职业生涯电子档案,并开设了校内公共选修课"职业生涯辅导"。

天津大学通过手机短信公布就业信息深受学生欢迎。天津大学利用掌握的2007年毕业生手机号码,将学校已有招聘会的时间、地点、招聘相关专业等大量就业信息通过手机短信的形式发送给学生。自11月22日第一条就业信息发送成功后,3天就向6 000余名毕业生发送短信24 000多条次,不但提高了就业工作效率,而且使学生感受到了学校的人文关怀。

吉林大学注重加强毕业生就业基地建设。吉林大学实施“基地带动市场、市场促进就业”的战略，与各行各业的用人单位和人才交流机构建立互惠双赢的长期合作关系，逐渐形成了相对稳定的毕业生就业基地，与学校有长期合作关系的用人单位已达1 000多家，今年计划到学校招聘的单位比去年增加近10个百分点。目前，学校已召开企业宣讲会150场，700多家单位提出需求信息7 000多条。

华中科技大学建立职业咨询室为毕业生提供就业咨询服务。华中科技大学今年开通了职业咨询室，为全校学生提供“一对一”的职业规划与就业指导咨询服务。目前共有来自大学生就业指导中心和各院系学生工作组的15名教师，每周一至周五下午轮流在职业咨询室值班，为来访学生提供咨询服务，受到了学生的欢迎与好评。

西南大学评选“就业形象大使”积极推动毕业生就业工作。西南大学日前在全校2003级和2004级本科生中择优选聘20名2007年“西南大学就业工作形象大使”。“就业形象大使”经过培训后，将参加至少1年的就业服务工作，包括直接参与用人单位接待、信息发布、洽谈面试等校园招聘的全过程。通过开展这一选聘活动，积极推动广大学生认清就业形势，端正择业观念，掌握择业技巧，更好地实现就业。

简析：这是一份动态简报，主要是报道各高校如何响应贯彻教育部工作会议部署毕业生就业工作的情况，采用汇编体。正文前“编者按”简要介绍全文内容，点明编发目的。正文分别介绍各地大学的具体做法，每段以段旨句统领，层次清楚。

思考与练习

1. 根据简报的写作要求，将下列材料组织成一份格式完整的简报。

（1）编发单位：××市商业委员会宣传部再就业工程领导小组

（2）编者按：再就业是当前重大的社会问题，就我们商委系统而言，目前待岗的人数已达1 838人。要保证每一名下岗职工都能得到基本生活费，保证50%的下岗职工重新就业，保证下岗问题不积累，其任务是十分艰巨的。

（3）千方百计地实施再就业工程，在不断引导下岗职工改变择业观、进行自我就业的同时,还要依靠积极组织指导就业、主动吸纳、主动安置和经常性的访贫问苦。据此,我们主编并陆续刊出本系统在实施再就业工程中的具体做法和涌现出来的典型事例,供大家借鉴,以期达到有所启迪的目的。

(4)前阶段,商委系统各级组织根据县委《关于进一步深化再就业工程宣传活动的通知》精神,结合本系统实际,积极宣传再就业工程有关方针政策,宣传再就业工程中涌现出来的典型事例,积极引导广大干部职工树立适应社会主义市场经济的就业观和择业观。通过两个多月的宣传,成效显著。

(5)商委和总公司、林场两级党组织相继成立了再就业工程宣传活动领导小组,并落实具体工作人员,形成了一级抓一级的组织网络。商委、总公司及林场逐级下发再就业宣传互动实施意见,使各级单位在了解上级再就业宣传活动指导思想的同时,也进一步明确了宣传内容及有关活动安排。

(6)宣传形式的多样化。

(7)总结典型,推动全盘。

(8)如物资公司及时将有关实施再就业工程的方针政策印发到各基层企业;商业总公司通过向下岗职工发放生活费的机会,宣传再就业工程的意义,进一步引导他们转变就业观念;粮油总公司及时下发《关于做好企业减员分流工作实施意见》,同时,准备在年内完成35 名再就业储备培训任务。

(9)各公司认真总结典型,深化了职工对再就业工程的认识并促进了其就业观念的转变。

(10)一是总结宣传了生产自救的典型,如商业总公司先后总结宣传了原××轧花厂开展生产自救、创办××絮棉厂,确保职工工资的经验;二是总结宣传了组织扶住的典型,如粮油总公司总结宣传了饲料一厂组织人员上街开办电器修理部的事例。通过广泛深入的宣传,广大干部职工对再就业工程的意义有了新认识,择业观念有了新转变,竞争意识有了新提高,自强不息的精神进一步弘扬。

2. 以学校近期举办的活动为例,写一份反映校园生活的简报。

第二节 计划

一、计划的概念和作用

计划类应用文是单位或个人对今后一定时期内要进行的工作、要完成的任务所做的设想与打算,包括提出预定目标,制定相应的措施,写明进行的步骤和方法,明确完成时间等。目标、措施和步骤被称为计划三要素。

计划类应用文的称谓不一。对时间较长、具有宏观指导意义、工作步骤和实施措施不做具体安排的，称为规划、纲要、要点；对时间较短、根据一定决策目标做出具体可行的安排的，称为计划、方案、安排；对上级向下属单位交代政策、布置工作和明确任务的，称部署；对初步的、不成熟的、富有创新性的非正式计划，称为打算、设想。拟写计划，要根据不同情况选择不同名称。

“凡事预则立，不预则废”。事先拟订计划，对做好工作事关重大。有了计划，就能明确目标和步骤，减少盲目性；就能统筹全局，组织人员协同行动，合理安排人力、物力、财力，使工作顺利进行。计划对我们的工作也可以起到监督、检查作用，我们根据计划指标、要求，可随时检查工作进度、督促工作进程，也可以对照计划检查工作效果，及时发现问题、总结经验教训，以保证今后工作的顺利开展。

二、计划的分类

计划种类繁多，形式多样，根据不同的标准，可以分为不同的类别。

按制订计划的主体，可以分为国家计划、部门计划、单位计划、科室计划、班组计划和个人计划等。

按计划的内容，可以分为工作计划、学习计划、教学计划、科研计划、财务计划、销售计划和分配计划等。

按计划的时间，可以分为长期计划、年度计划、季度计划和月计划等。

三、计划的特点及写作要求

（一）具有预见性

计划是对未来工作进行预测的产物。一份好的计划应该有前瞻性、想象力和挑战性，既要从社会现实和本单位、本部门的实际情况出发，又要考虑到未来的发展和变化，致力于新格局的开拓。

（二）从实际出发

计划是指导实际工作的，制订计划必须从实际出发，实事求是，统筹兼顾。事先要做好调查研究，分析现实情况及各相关条件，考虑到将来工作进程中的可控制和不可控制因素，根据现有的人力、物力、财力做出安排，注意避免保守或盲目冒进和脱离实际的倾向。

（三）具体明确

制订一份计划，无论范围大小、时间长短，必须有明确的目的，即在一定时间内完成什么任务、达到什么目标，获得什么效益。目的不明确，计划就失去其存在的意义。计划的措施、步骤、要求和时间安排也都要写得具体、明确，写计划忌讳大而化之、笼统含混，缺乏具体措施、步骤，分工不清，责任不明，使人无所适从。

四、计划的写法

计划没有固定的格式，一份完整的计划，一般由标题、正文、署名和日期三个部分组成。

（一）标题

计划标题一般包括四个部分：计划单位名称、计划时间期限、计划内容范围和计划文种。如《××公司20××年新产品开发计划》《××市人事局2009年人事计划》。单位内部的工作计划，标题可以省略单位名称。未成熟的、有待修订的计划，标题后可在括号内注明“草案”或“征求意见稿”。

（二）正文

正文是计划的主体，一般包括以下三部分。

1. 简短的序言。序言应写明制订计划的主观目的、客观依据、指导思想和基本情况等。

2. 目标、任务（做什么）。这部分要明确提出目标、任务、要求，即“做什么”“什么时候完成”。要写清楚目标或任务的数量、质量、工作步骤和时间期限。比较复杂的，可按主次顺序分条叙述，并在每个问题前加小标题。

3. 具体措施、步骤、方法（怎么做）。这部分要写明落实目标的具体做法，即怎么做、分几步做、什么时候做什么和做到什么程度等，同时要考虑到人员调配、措施步骤、人力、财力和物力的安排及后勤保证等。步骤、措施和时间安排是对目标、任务的具体化，是实现目标、任务的重要保证。为条理清楚，便于执行，这部分一般分条列项来写。

（三）署名和日期

署名和日期写在正文的右下方。署名要写制订计划单位的规范化名称，下面标注制订计划的日期。如果是上报或下达的计划，要在署名和日期上加盖公章。

【例3】

××区总工会2009年工作计划

指导思想：以“三个代表”重要思想为指导，以可持续发展观为统领，按照中国工会十五大提出的各项工作部署，着眼全区经济和各项事业发展大局，把维护广大职工群众的利益作为工会工作的出发点和落脚点，推动建立和谐劳动关系。

根据上级部署，结合我区工会工作的实际情况，2009 年要重点抓好六项工作。

一、以区总工会换届为契机，进一步加强工会领导班子建设。

…………

换届工作分两个阶段进行：

（一）筹备阶段，于 8 月底前完成。拟成立工会换届领导机构和工作小组，明确工作职责；制订换届筹备工作计划和日程安排；拟定召开工会代表大会的时间、议程、代表构成和名额分配及产生办法；起草相关文件和工作报告；做好会务安排和宣传报道等准备工作；完成代表候选人提名、确定、选举和报批审查等选举工作；完成新一届工会委员会委员和经费审查委员会候选人推荐、考察和报批手续等。

（二）组织实施阶段，于 9 月份进行。召开工会代表大会，听取和审议工作报告，选举产生新一届县（区）总工会委员、常委、副主席、主席；经费审查委员会委员、副主任、主任。

责任人：×××

二、围绕发展与和谐两大主题，团结动员广大职工为建设"×××"建功立业。

…………

重点工作：开展创建劳动关系和谐企业活动。

工作目标：保护、调动、发挥好职工和企业经营者两方面的积极性，推动建立规范有序、公正合理、互利共赢、和谐稳定的社会主义新型劳动关系。

具体措施：尽快让创建和谐企业活动领导小组运作起来，2 月底制定好创建活动实施方案和相关工作制度，召开各相关单位协调会议；3～10 月为创建活动宣传、实施阶段，形成党政主导、依托三方、工会动作、各方配合、广大企业和职工积极参与的创建工作格局；年底进行"劳动关系和谐企业"的申报、考核和表彰。

责任人：×××
完成时间：2009 年 12 月

简析：这份计划条理清晰，目标明确，分工具体，每一部分既明确了工作任务，即"要做什么"，也制定了具体执行措施，即"怎么做"，并规定了完成时限，确定了责任人。不足之处是格式不太一致，落款处未注明制订计划的单位和日期。

思考与练习

1. 写一份个人年度学习计划。

2. 经对外经济贸易部批准，应我天津外贸进出口总公司的邀请，澳大利亚环球贸易公司董事长杰弗逊一行将于今年10月15日来天津进行友好访问，时间为3天。杰弗逊一行将参观10月15日开始的出口商品小交会，考察天津经济开发区，并就开展双边贸易问题与天津市轻工业进出口总公司洽谈业务。请根据上述情况为天津外贸进出口总公司制订一份接待计划。

第三节　总结

一、总结的概念和作用

总结是某一部门、单位或个人对前一阶段的工作、学习活动进行回顾、检查，经过分析、归纳，肯定成绩，找出问题，认清经验教训，以便指导今后实践活动的应用文体。

总结是日常工作中经常使用的文体，是做好各项工作的重要环节。通过总结，机关、单位或个人可以肯定成绩，增强信心，也可以发现问题，及时采取措施加以解决。在回顾检查、反思评价的过程中总结经验、吸取教训，找出规律，可以使总结者更全面、更理性地认识自己，在今后的工作中扬长避短，减少盲目性，或将过去的实践活动上升为理性认识并加以推广，以更好地指导实践。这对提高工作效率、推动社会发展有着重要的意义。

二、总结的分类

根据不同的标准，可以把总结分为不同的种类。

（1）按性质分，有综合总结和专题总结。综合总结是对本部门、单位或个人一定阶段全面工作的总结；专题总结是对某项工作、任务或某个问题处理情况的回顾总结。

（2）按内容分，有学习总结、工作总结和生产总结等。

（3）按时间分，有月份总结、季度总结、半年总结和年度总结等。

(4)按范围分,有单位总结、部门总结和个人总结等。

三、总结的特点及写作要求

(一)实事求是

总结是对过去的工作、学习进行检查和反思,是对自己再认识的过程,目的是为了正确评价过去、指导未来,把今后的工作做得更好。所以,写总结一定要从实际出发,以实际工作为依据,不能无中生有、弄虚作假或夸大成绩、掩饰不足。

(二)具有理论性

总结的意义在于对过去的工作、学习进行回顾、反思,肯定成绩,发现问题,以期为今后的工作和学习提供借鉴。因此,写总结既要有对具体工作、学习状况的陈述,又不能止于罗列现象、就事论事,而应该在对过去具体工作、做法进行分析研究的基础上提炼出带有规律性的认识,使其具有指导实践的理论高度。

(三)材料充分,重点突出

总结过去的工作、学习,要有事例、数据、体会和见解等具体材料,丰富充实的材料是写好一篇总结的关键。但总结不是流水账,不能不分主次,面面俱到。要根据目的选择典型材料,突出主要问题。

四、总结的写法

总结的一般结构模式分为标题、正文、署名和日期三部分。

(一)标题

总结的标题一般采用公文标题的写法,由单位名称、时限、内容和文种名称组成,如《××市财政局2004年财政工作总结》《××大学××学院2010年教学工作总结》,也有采用新闻式标题的,如《我厂是如何深化劳动改革的》《实行优化劳动组合调动了职工的积极性》《树理想信念之魂　立民族精神之根——上海交通大学学生党员先进性教育活动工作总结》等。

(二)正文

总结的正文一般包括三方面内容。

1. 情况概述。情况概述是总述,简明扼要地交代工作、学习的时间、背景和主要成绩(经验),要求实事求是、中肯贴切。

2. 主要做法(成绩、收获)、经验和体会。这部分是总结的主要内容,一般采用分块、分条标项式写法。可以先讲做法(成绩、收获),后讲体会、经验教训,也可以根据内容分成几个问题写,每个问题既有做法,又有体会;还可以把工作分成几个阶段,按时间顺序写。

3. 存在问题(缺点、不足)和努力方向(今后打算)。这是一个问题的两个方面,可以分开写,也可以合在一起写。这部分一般写得比较简单,但问题要中肯,改进措施要切实可行,努力方向要明确。

(三)署名和日期

在篇末标出单位或部门的名称,并写明时间。

【例4】

开拓创新建模式 岗位培训结硕果

——2004 年财政部岗位培训工作总结

经部领导批准,2004 年 5 月 18 日至 6 月 2 日、10 月 13 ~ 28 日、11 月 10 ~ 15 日,干部教育中心与人事教育司联合举办了“财政部副处级干部岗位培训班”“财政部正处级干部岗位培训班”“财政系统司(厅)长、专员岗位培训及专题研讨班”等三期岗位培训班,取得了圆满成功。三期岗位培训班探索了面对新形势、新任务财政干部能力建设的新路子,初步建立了以“设定一个目标,严把两个关口,创新三项工作,严格四项管理”为核心内容的岗位培训新模式。

现将 2004 年举办的三期培训班的具体做法、收获和体会总结如下,同时,我们将在此基础上进一步完善方案,争取把 2005 年的岗位培训工作做得更好。

一、做法——全新设计,系统安排,实践了岗位培训新模式

(一)设定一个目标(略)

(二)严把两个关口(略)

(三)创新三项工作

1. 制定全新的教学方案

一是分层次按内容设计教学模块。每个模块围绕一个中心议题,聘请教师授课,组织学员研讨,提升学员某一方面的能力。副处级干部岗位培训班有 8 个教学模块:破冰训练和综合知识测试、谈工作体会——印象最深的一项工作、政治理论及政策水平的提高、领导能力及培养、沟通与协调能力及其培养、拓展训练、谈学习体会——我应该怎样当好副处级干部、总结和汇报等。正处级干部岗位培训班有 10 个教学模块:破冰训练和综合知识测试、谈履行职务的体会——我当处长时所处理的一项印象最深的工作、拓展训练、政治理论水平及其提高、财政业务能力及其培养、领导能力及其培养、沟通与协调能力及其培养、依法行政能力及其培养、谈学习体会——我应该怎样当好正处级干部、总结和汇报等。司(厅)长、专员岗位培训及专题研讨班的培训内容分为 9 个专题:

做好财政厅长的体会和建议、编制“十一五”财政发展规划的有关问题、政府效率、司局级领导干部的领导艺术与团队建设、司局级领导干部的语言艺术技巧、当前宏观经济形势与发展趋势、司局级领导干部专项拓展训练、司局级领导干部的管理艺术及技巧、总结和汇报等。

二是紧紧围绕财政部岗位培训的总目标，突出培训重点。首先，突出不同岗位的角色特点。在司局级干部岗位培训中注重突出“决策把关、培养干部带队伍”的角色特点；在副处级干部岗位培训中注重突出“参谋助手”的角色特点。其次，突出对主要能力的重点提高。参照《国家公务员通用能力标准框架（试行）》的有关要求，在设计岗位培训教学内容时，对9项公务员通用能力都有所涉及，并根据部机关干部的具体特点而有所侧重，着重提高学员的“领导能力”和“沟通协调能力”。据统计，在三期岗位培训班中，涉及“领导能力”和“沟通协调能力”的内容占培训计划的50%以上。

2.采取全新的教学方法

岗位培训班秉承“教无定法”的思想，根据“培训方法为培训内容服务”的原则，大量采用互动式、启发式、体验式和直观式等多种教学模式，充分调动学员的积极性和参与意识。与其他部委采用的岗位培训教学方法相比，本次岗位培训班我们创新采用了演讲录像回放点评和情景模拟等教学方法；与财政部以往举办的培训班相比，本次岗位培训班我们首次采用了破冰训练、拓展训练等教学培训方法；与此同时，本次岗位培训班还采用了小组讨论、代表发言、讲座、调查问卷、案例分析、头脑风暴法、综合知识测试和课前小测验等多种形式。

3.做好全新的培训宣传

…………

（四）严格四项管理（略）

1.严格项目管理（略）

2.严格目标管理（略）

3.严格教学管理（略）

4.严格质量管理（略）

二、收获——提升能力，建设队伍，积累了岗位培训新经验

（一）学到了知识，总结了自己，研讨了问题，明确了方向（略）

（二）对学习有了新认识，对现代培训有了新感悟（略）

（三）初步探索了符合财政干部需要的岗位培训新模式（略）

三、体会——全新理念，深入研究，成功源自各方面的重视和支持

（一）必须树立全新的培训理念（略）

（二）必须深入开展调查研究，准确把握培训需求

深入调查研究、广泛征求意见和准确把握需求是制定培训方案并成功举办培训班的重要条件，认真做了这三项工作，能使我们真正了解到财政事业发展最需要的培训是什么，履行岗位职责最需要的培训是什么，干部自身发展最需要的培训是什么；真正理解培训创新的“新”是什么、创新的方向在哪里。这些问题调查清楚了，岗位培训的准备工作就基本完成了，举办培训班取得成功就是水到渠成的事情了。

（三）必须争取各方面的重视和支持（略）

在部党组、部领导的亲切关怀和各兄弟单位的大力支持下，2004 年的财政部岗位培训工作带着沉甸甸的硕果进入了总结阶段。2005 年，财政部岗位培训工作将面临新的调整，我们决心不辜负党组的期望，在 2004 年工作的基础上，总结完善，不断探索，努力创新，积极探索建立一套适应财政岗位培训的好机制、好制度、好形式，更好地服务于财政中心工作。

简析：这是一篇专题性的工作总结，即对 2004 年财政部岗位培训工作进行总结。这份总结有三方面的优点。第一，文章分“做法”“收获”“体会”三个部分，既有对具体工作做法的总结汇报，又能从具体工作中总结提炼出理性认识，从而为今后的工作提供可资借鉴的理论指导，体现了总结的意义和价值。第二，文章的每部分又分若干层次，详细介绍培训的具体做法，条理清晰，内容充实，重点突出。第三，文笔流畅，语言中肯。不足之处是，只谈成绩，而没有提及这次培训工作中的不足及需要改进之处。

思考与练习

写一份个人年度学习总结。

第四节　调查报告

一、调查报告的概念和作用

调查报告也称调查分析、调查与思考，是对某一事物或现象进行周密的调查并对调查结果进行研究、分析之后写成的一种夹叙夹议式的书面报告。

深入实际进行调查研究，是撰写调查报告的基础和前提。调查研究包括明确调查对象、调查范围、调查时间，确定调查方法，组织调研人员，设计调查方案、问卷等。调查研究要在正确的理论指导下,遵循客观性、科学性、系统性、理论与实践相结合的原则。在对有关事物或现象进行全面、深入调查的基础上,了解其基本情况、发展态势,并运用科学的思维方法对调查结果进行综合分析,从中得出对事物本质或带有规律性的认识。

调查报告是对调查研究结果的提炼与升华,通过对调查研究有关材料的分析与提炼,揭示事物的本质或总结出带有规律性的认识。调查报告可以直接提供给有关领导机关参阅,也可以登载在有关组织的内部刊物上或公开发表在报刊上,是各级各类组织及个人了解事物的重要渠道,也是有关部门指导工作、进行决策和管理的重要依据。

二、调查报告的分类

根据不同的划分标准,可以将调查报告分为不同的类型。如根据内容的范围,可以将调查报告分为综合性调查报告和专题性调查报告;根据文体形式,可以将调查报告分为公文体式的调查报告、新闻体式的调查报告和研究体式的调查报告。一般最为常见的分类,是根据调查报告内容的性质,分为总结经验的调查报告、揭示问题的调查报告和反映情况的调查报告三种类型。

(一)总结经验的调查报告

总结经验的调查报告,是指通过对先进典型的调查分析,总结其成功经验,提出具有普遍指导意义的认识与做法。

(二)揭示问题的调查报告

揭示问题的调查报告,主要针对现实生活或实际工作中出现的重大问题,通过调查分析,揭示问题的本质、危害及产生的原因,并提出解决问题的建议。

(三)反映情况的调查报告

反映情况的调查报告,主要是针对社会政治、经济、军事、文化和生活等某一方面的发展变化,通过调查分析,揭示其基本情况、发展规律及运行态势。

三、调查报告的文体特点

(一)内容的真实性

真实性是调查报告最基本的特征。调查报告必须从实际情况出发,通过对社会生活中某一现实情况或问题进行周密调查并进行科学分析,得出结论或规律性认识。调查报告中所涉及的人、事及情况、数据必须来自于客观现实,进行分析时要以现实为依据,不为迎合某种意图而弄虚作假,要有整体和联系的观念,避免以偏概全,或把特殊情况作为普遍现象,凭借想象或主观臆断得出结论。

（二）对象的典型性

调查报告的目的，在于通过对有关情况及事例的调查与分析，揭示其本质、趋势和规律，为有关部门及个人提供指导工作、进行决策的依据。这就要求调查报告所反映的对象要有现实针对性，是经济、政治或社会生活中出现的典型情况、典型事例，唯其具有典型性，才富有普遍的指导意义。

（三）主题的深刻性

调查报告要反映事物的本质，揭示有关现象或问题背后具有规律性的东西，而不是对事实的简单复制、粘贴。这就要求调查报告的作者要以事实为基础进行综合分析与理性思考，对事实进行提炼升华，揭示其背后的本质及规律。

四、调查报告的写作要求

（一）深入实际进行调查，充分占有材料

调查报告建立在调查研究的基础上，对调查对象进行周密调查、获得充分的材料是写好调查报告的第一步。注意根据实际情况选择调查方法，如问卷调查、抽样调查、个别采访调查和统计调查等。

不论采用何种调查方法搜集材料，都要注意如实详尽地做好记录。只有把调查对象的基本情况调查清楚，获得充分的材料，才能在此基础上进行分析、综合，归纳提炼出对事物本质的深刻认识。

（二）对材料进行综合分析，选好表现角度

写调查报告，要对纷繁多样的材料进行归类整理和分析研究，进行一番“去粗取精、去伪存真、由此及彼、由表及里”的筛选整理工作，从中提炼出具有现实意义的问题及有价值的观点。作者要在综合分析现有材料的基础上，把调查对象放在更广阔的时空环境中，注意其与周围事物的比较联系，从最能体现事物本质、解决矛盾的焦点或社会热点方面选择表现角度，写出具有思想性、典型性与现实意义的调查报告。

（三）合理使用材料，用事实说话

调查报告建立在调查研究的基础上，以对调查对象基本情况及有关数据、事实材料的掌握为依据，用事实说话，是调查报告的重要特征。调查报告的观点，不是作者的某种主观意向，而是建立在对调查对象有关材料综合分析的基础上。同样，在调查报告写作过程中，要注意选取有代表性的材料说明问题，尤其是精确的统计数据及典型事例。同时，也要注意材料安排的多样化，如典型材料与一般材料、直接材料与间接材料、现实材料与历史材料、正面材料与反面材料结合等。

【例5】

以先进文化引领和谐社区建设

——上海市浦东新区塘桥街道社区文化建设的实践与启示

社区是城市经济和社会生活的基本单元，社区和谐是社会和谐的基础，而社会主义先进文化则是和谐社区建设的精神支撑和有效载体。近年来，上海市浦东新区塘桥街道党工委、办事处，适应社会发展和居民需求的变化，提出“文化立社区，温馨在塘桥”的理念，全方位打造社区文化，注重“规划、环境、载体、活动”建设，探索出以提升文化“软实力”来推动和谐社区建设的途径。

探索——深入把握居民需求，明确社区发展思路

塘桥始建于清代嘉庆年间，距今有190年的历史。如今的塘桥，地处陆家嘴金融贸易区，面积3.86平方公里，常住人口8万。按照构建社会主义和谐社会的要求，根据浦东新区陆家嘴功能区“率先实现现代化、建设国际一流的金融贸易区和方便舒适的现代生活区”的总体目标，塘桥街道努力在社区建设上下功夫。

为了找准构建和谐社区的抓手，2004年，塘桥街道党工委和办事处结合制订《2004—2010年社区发展纲要》和《“温馨在塘桥”三年行动方案》，就居民对社区服务的需求进行了访谈式调查，用近一个月的时间，深入不同人群，比较准确地掌握了不同人群的不同需求和共同爱好。在此基础上，找出和谐社区建设的切入点，即以“温馨在塘桥”工程为抓手，贯穿“兴办实事、提升服务、文化贯通、党建统领”的工作思路，积极打造具有时代特征、区域特点、公众认同的社区文化。这一思路被确定为“文化立社区，温馨在塘桥”的社区建设理念。经过社区上下的努力，“文化立社区，温馨在塘桥”的社区建设理念在不断深化，塘桥街道社区建设取得了党群关系和谐、条块关系顺畅、管理与服务相通、信息反馈便捷的良好效果。

实践——社区文化蓬勃发展，异彩纷呈

塘桥街道主要从以下几个方面不断加大社区文化的建设力度。

普及基础文化。以满足社区居民崇尚知识、追求进步的文化需求为目标，围绕创建学习型社区，大力普及基础文化。一是依托社区教育学校这一平台，增设教育培训的科目种类，扩大教育覆盖面。据不完全统计，仅2005年上半年，塘桥街道就设立各类社区教育点24个、教育课程班220余个，接受培训的居民近万人次，教育科目涉及基础教育、网络、英语、艺术、戏曲等20多个种类，被推荐为“全国教育科学‘十五’规划重点课题——学习型社区建设与研究实验基地”。二是结合不同群体的需求，深入开展特色文化活动。如南泉居委会成立“电脑爱好者协会”、建立“南泉希望网”，引导青少年正确对待网络，收到了很好的效果，被评为全国青年文明社区。三是建立健全学习型社区网络，形成社区终身教育服务体系。

活跃群众文化。一方面，依托社区书院，通过举办讲座、画展、论坛、演讲等主题鲜明的文化活动，吸引不同居民群体的参与。比如，“先进文化展示厅”已先后举办图片、书画、摄影等展览40多批。同时，在这里还孵化出了许多居民自我管理、自我服务的社区文化团队，如上海陆派越剧沙龙、塘桥书画爱好者协会、摄影家协会等组织，吸引了社区爱好者的广泛参与。另一方面，结合重大节庆日，组织居民广泛开展各种纪念活动，进行爱国主义、理想信念和家庭伦理等传统教育，在潜移默化中加强先进文化对社区成员人生观、价值观的引导与规范。

引进高雅文化。社区居民文化需求的多样化，要求社区文化建设做到品位多元、雅俗共赏。在具体实践中，塘桥街道千方百计引进各种专业文化院团，为居民送上艺术大餐，在满足需求中努力提升社区的文化品位。2005年，塘桥街道先后与上海大剧院艺术中心、上海民族乐团、上海交响乐团、上海沪剧院等单位沟通联系，安排了“高雅艺术进社区——中华民乐进塘桥”大型民乐专场、“仲夏之夜——上海沪剧名家广场演出”。高雅的艺术享受既营造了社区的“文气”，又提高了居民的素质。

打造品牌文化。塘桥街道从打造“硬件”、培育“软件”两个层面，充分发挥文化品牌的示范、凝聚、影响作用，凸显塘桥的特色和温馨。一是以居民需求为导向，构建融党建和文化于一体、具有塘桥特色的阳光驿站和社区书院，充分发挥社区图书馆、社区教育学校、文化休闲广场、先进文化展示厅等功能馆室的作用，坚持以先进的文化思想、丰富的活动内容、灵活的服务形式，吸引众多的参与者。二是充分发挥基层党组织的政治、组织优势，在鼓励社区文化体育团队积极开展活动的同时，引导文艺活动骨干重视活动品牌的原创性。在社区文化站的扶持下，已形成一些保留曲目，被称为塘桥名品。

目前，塘桥街道已经拥有了由居民参与设计、创作的区标、区歌、社区“温馨公约”、《2004—2010年社区发展纲要》和《“温馨在塘桥”三年行动方案》等一系列扩充社区文化内涵的标志与章程。每年交叉举行的文化艺术节和体育运动会已成为社区广大居民共同参与的文化体育盛会。每月1日的广场升旗仪式，每月第一个周四的“综合环境整治日”，已成为广大居民接受爱国主义教育的固定载体。社区报、社区精神、各种“塘桥杯”赛事为社区文化的发展增添了新亮点。

启示——先进文化是和谐社区建设的有效载体

塘桥街道“文化立社区”的实践带给我们一个重要启示：先进文化是和谐社区建设的有效载体。

先进文化有利于凝聚社区民心。和谐社会的核心是人与人的和谐，文化是人与人交流沟通的桥梁。社区文化以其特有的功能，通过文化活动这个媒介把不同年龄、不同性别、不同职业、不同阶层的人联系起来，形成具有共同爱好的社会群体，以喜闻乐见的文体活动，丰富了社区群众生活，提升了人们的精神境界，提高了社区的文明程度，营造了广大居民守望相助的人际氛围与和谐共处的人文环境。

先进文化有利于提高社区的组织化程度。文体团队是社区社会组织的主要形式，文体团队成立、活动、发展的过程也是社区居民实践自主管理、自由活动、自我发展的民主自治过程。塘桥街道注重把群众自发、分散的文体活动群体组织起来，引导他们逐步形成街道引导扶持、团队组织运作、社区居民积极参与的群众性社区文体活动团队。这就实现了社区文体团队的组织有序、运作规范，体现了较高的社会组织化水准。

先进文化有利于巩固党的执政基础。先进的社区文化具有引领作用。街道通过形式多样、内容丰富的社区文化活动，向广大社区群众传递党和政府的政策主张，可以有效地将社区群众的思想和行动统一到建设中国特色社会主义伟大事业上来。社区党员积极参与社区文化团队活动并在其中发挥骨干作用，这就把党组织与文化团队、党员与群众紧密联系起来，密切了党群关系，凝聚了社区群众，有效彰显了党在社区的影响力、凝聚力。

先进文化有利于促进社区建设的全面发展。文化是推动社会进步的重要力量。塘桥街道把“文化立社区”理念与“温馨在塘桥”工程有机衔接起来，有力促进了社区形态、功能和居民文明素质的全面协调发展。通过大规模住房“平改坡”工程的实施和多条道路的美化整治，有效推进了社区文明建设。社区书院、敬老院、文化广场等项目的实施，有效拓展了社区的服务保障功能。以创建全国文明城区为契机，整合资源，整治队伍，发动群众，治理环境，有效增强了社区的向心力和亲和力。

（《人民日报》，2006 年 1 月 17 日）

简析：这是一篇总结经验的调查报告，谈的是上海市浦东新区塘桥街道进行社区文化建设的探索和启示。开头部分概括阐述其经验及时代意义。正文分为探索、实践、启示三部分，纵向顺序介绍塘桥街道进行社区文化建设的思路、具体做法及经验启示，在纵向结构中，又横向展开内容，使文章丰满而有序。

【例6】

关于大学新生社会适应性的调查报告

从中学到大学是学生个体人生中面临的一次大转变。随着高等教育改革的深入，高校在办学规模、教育模式、校园文化等方面都发生了不同程度的变化；同时，由于家庭环境和成长经历等因素的影响，学生入校时个体间的适应能力、心理健康状况差异也越来越明显。新生在入校后常常因为不能适应大学生活而引发消极事件。基于此，2008 年 4 月，笔者对安徽大学进行了一项关于大学生社会适应性的问卷调查。调查旨在切实掌握当前新生在适应过程中的困难和需要，及时发现教育管理等环节中存在的问题，为学校的新生适应教育工作提供政策依据。该问卷包括 40 个问题，涉及思想状况、学习、人际交往及日常生活等方面。

一、调查对象

本次调查以安徽大学 2007 级本科生为研究对象，共随机发放 1 000 份问卷，回收 980 份，回收率 98%；有效问卷 969 份，有效率 98.9%。问卷中，文科院系和理科院系的调查数量大致相当；男女生的比例大致相当，男生稍多于女生；年龄集中在 19 ~22 周岁；籍贯以农村为主；应届生较多。

二、调查结果与分析

通过调查，笔者总结当前学生在适应过程中有以下三个特点。

1. 新生的思想表现个性化突出，政治信仰和学习动机过于务实

43.4% 的学生表示高考填报志愿由自己选择决定，43.3% 的学生是与父母共同商量后决定。学生的自我意识在决定志愿时已经有所体现，不再像以往一样，很多考生的高考志愿大多是听从父母和老师的意见。进入大学后，学生经常议论就业问题（30.1%）、日常学习和生活问题（21.7%）、时事政治问题（17.1%）、恋爱问题（11.3%）、物价上涨等经济问题（10.4%）和同学关系问题（7.1%）等话题。尽管入学不久，除了就业是学生们最关注的话题外，新生还广泛关注周围的生活。面对就业压力有39.3% 的被调查者未来打算考研，31.8% 的学生打算就业，11.8% 的学生打算将来创业，17.1% 的学生暂时没有打算。学生的个人规划呈现出个性化特征。关于"最想在大学四年里得到什么"，39.2% 的学生选择"过硬的专业知识"，42.9% 的学生选择"良好的社会活动能力"。学生们根据自己的实际情况，有着各自不同的规划。

调查发现，超过一半的新生递交了入党申请书。在递交入党申请书的原因方面，有55.1%的新生表示是“对未来的工作考虑”，选择“个人政治信仰”的仅占33.5%。而在学习目的方面，71%的学生表示学习是为了找到工作，表示因为热爱所学专业而学习的学生仅占8.7%。学生在政治信仰和学习动机方面表现得过于务实。

2. 新生普遍存在学习困难，主要表现在学习目标不明确和学习方法不适应

新生的学习不适应主要并非智力问题而是对大学学习特点的不适应。57.5%的新生坦言自己学习存在困难。而在这些学生中，1/3的学生认为“缺乏学习动力和目标”是最大的苦恼。由于高考压力的消除和大学相对中学比较宽松的教育管理体制，使得不少新生体会到放松的同时感到迷茫。加上自主学习意识和能力的薄弱，学生不知道自己“为什么要学习”和“要学什么”，常常把应付期末考试作为学习的主要任务。

在“关于大学学习与高中学习的不同之处”时，49%的学生认为是个人的学习方法，25%的学生认为是专业学习模式，还有22.6%的学生认为是教师的授课方式。由此看出，多数新生体会到大学与中学在学习方法上的差别。大学教育是专业教育，大学的学习是以自学为主，更多的是要求学生在老师的带领下独立思考，充分发挥主观能动性。而学生在中学大多接受的是“应试教育”，是被动的“填鸭式”的学习，学生自主学习的意识和能力都没有得到有效的锻炼。进入大学以后，以教师为主导的教学模式变成了以学生为主的自学模式，教师上课也不再像高中那么详细地讲解，而是提纲挈领式的，所以学生感到很大的不适应。

3. 新生的人际交往状况一般，主要表现在人际交往面窄和参与集体性活动少

进入大学后，与学生交流最密切的对象依次是班级同学(62.6%)、中学同学(13.8%)、家长(13.3%)和大学老乡(4.5%)等，与老师的交流排在最末(0.5%)。与学生联系最多的仅仅是班级同学，学生与授课教师、辅导员“很少有交流”的比例均超过了70%。对学生思想和价值观影响最大的人依次是家人(34.9%)、同学或朋友(29.9%)、老师(14.4%)和名人(13.1%)等。当遇到困惑或心情不好时，学生们首先求助同学、好朋友(60.5%)，然后是憋在心里(22.9%)、向家人诉说(7.9%)，求助老师的只占0.6%，求助心理中心的占0.4%。可见，在新生最需要帮助的阶段，学生与学校老师的交往相当有限，教师对学生的影响不够充分，学校所能发挥的作用并不理想，师生间缺乏沟通和信任。

调查显示，尽管有68%的学生表示愿意参加院系、学校或社会组织的集体活动，而实际上学生主要的休闲方式却是聊天、体育运动和上网打游戏，其中选

择“聊天”的占30.5%，选择“体育运动”的占27.5%，选择“上网打游戏”的占18.1%。除了体育运动，其余两项基本与集体活动没有联系。从上文提到的个体心理发展任务来看，作为个体人际交往状况发展中的一项重要指标，事实上学生在课余并没有足够的机会参与人际交往，学校提供的集体活动显然也没有满足广大新生的需要。

而且，仅有24.8%的学生认为自己善于人际交往；58.2%的学生认为自己人际关系一般；还有16.7%的学生认为自己不善于交往。对于入学以来的心情状态，持有无聊或者烦躁、郁闷等消极情绪的学生占到了41.1%。这也从一个侧面反映了新生的适应状况并不乐观。

三、新生适应教育的几点建议

根据调查结果可知，当前大学新生的适应教育工作任务艰巨。学校应当将此项工作作为系统工程来加以落实。除了学生管理部门和教学部门承担主要的工作外，各部门和院系都要参与其中。美国的大学在新生入校后，针对新生可能遇到的困难按照学习问题、生活问题、心理问题等分别为新生安排一对一的工作人员，学生可以随时与他们联系，及时、有效地解决问题。另外，学校为每个新生提供一个个人电子邮箱，便于学校将必要的公共信息及时传递给每个学生。这些做法值得借鉴。

针对调查中发现的问题，本文提出以下几点建议：

1. 指导新生进行个人规划，使之更加理性合理

学生在做个人规划时，不仅要充分考虑个人的兴趣、爱好、发展方向等，还要充分结合周围环境和社会需要。首先，学校要进一步激发新生个体的自我意识。因为良好的自我意识是个体正确进行自我定位的前提，也是未来个人在对自我规划进行调整和评估时的主要内在动力。学校可以通过《大学生心理健康》《大学生职业生涯规划》等课程教学和团体训练等加强对新生的人格教育和自我体验，丰富个体的自我认知。其次，学校要积极帮助新生进行合理的社会定位。通过系统开展形势与政策教育，帮助学生明确自身所承担的社会责任，认清自身所处的环境，进行合理的社会定位。最后，帮助学生评估个人的规划。针对学生个人规划个性化的特点，教师和辅导员可以一对一对学生的个人规划进行评估，给予建议。

2. 加强对新生学习适应的指导

苏联心理学家列昂捷夫说：“学生学习的自觉性是和动机分不开的。事实上，有正确学习动机的学生才有主动性，学习劲头大，能克服困难，提高学习效果。”大学学习主要在于学生的自学，所以，培养学生正确的学习动机是适应教育的重要任务之一。上文提出对个体自我规划的指导，其意义也在于激发学生的个人学习

动机。另外,通过积极宣传学生典型事迹,举办各种与专业联系紧密的文化科技活动等,也能达到激发个体学习动机的效果。学校还应为学生提供多渠道、多途径的学习机会,创造更多的平台让学生在实践中学习、实践中锻炼。

大学学习还必须掌握科学的方法。学校可以安排专门的老师为新生提供咨询帮助,或组织教学经验丰富的老师、学习能力突出的高年级学生以各种形式为新生提供辅导。特别是一年级的课程,教师在授课的同时最好能介绍一些专业学习的信息和方法,为学生提供方便。另外,应当鼓励教师就利用网络开设教学博客,介绍专业课程学习的进程、特点等,解答学生的疑惑或难题等。

3. 积极发展朋辈辅导,提高新生的人际交往能力

为了帮助学生正确面对人际交往,提高人际交往能力,缓解负面性情绪,除了要积极发挥教师、辅导员联系学生的作用外,进一步加强学校的心理咨询工作和心理健康教育的专业化建设也是必需的。其中,积极发展朋辈辅导将是针对性较强的有效措施之一。学校可以一方面加强心理委员、辅导员助理等学生骨干的队伍建设,通过他们切实反映学生中的思想动态和情绪困扰,并利用社团活动、网络工具等方式及时开展跟踪帮扶;另一方面针对一年级学生开设团体辅导课。通过系统、专业的学习辅导,在新生中开展有关自我意识、情绪管理、时间管理等涉及学习、生活、生涯规划等领域的团体训练,促进同辈间的交流和互助,帮助学生健康成长。同时,针对不同的人际交往障碍人群举办工作坊,供学生选择参加。

特别值得一提的是,在学生个体的社会性发展中,个体人生观价值观的引导、学习动机和方法的指导、情绪的疏导等,需要广大教师和辅导员发挥重要的作用。而调查结果却反映出师生间交流的缺乏,这显然不利于新生对大学生活的了解和适应。对此,学校可以进一步完善制度建设,将师生联系制度化,如导师定期联系制、辅导员每周班会制等。同时,还应积极拓宽师生间交流的渠道,特别是课后联系的渠道。比如,要求教师为学生提供工作 E - mail,用于联系、指导;经常举办师生共同参与的科技竞赛、文体活动等。

(《中国电力教育》,2008 年 11 月)

简析: 这是一份反映情况的调查报告,内容是关于大学新生在思想认识、学习、人际交往及日常生活等方面的适应情况。前言部分交代了调查背景、调查方法、调查目的及调查范围,开门见山,直接切入正题。正文分三部分,第一部分介绍调查对象、调查手段及调查结果,有明确的针对性。第二部分是就调查结果进行具体分析,是文章的主体,其可称道之处,首先是材料充分、具体,以调查得来的具体数据说明问题。其次,通过对材料的整理、分析,总结出新生在思想、政治信仰和学习目标、人际交往及参与集体活动三个方面存在的问题,这样

的认识符合事实，而且有说服力和现实意义。第三部分则是承第二部分的问题提出建议和应对措施。全文有情况，有问题，有对策，不仅有理有据，而且环环相扣，逻辑严密。这样的调查报告，有着很强的现实意义，可以作为高校新生适应教育工作决策的依据。

思考与练习

1. 指出下面调查报告的开头包括了哪几方面的内容。

养老保险制度实施现状调查报告

——以北京市为例

本次调查共发放问卷502份，收回502份，回收率为100%。在问卷调查的具体实施过程中，由首都经济贸易大学劳动经济学院劳动和社会保障专业的大学生担任调查员，学生经过了中国社会科学院社会政策研究中心专家的培训。为了保证调查数据的准确、真实性，调查时手持问卷，当场填写，当场收回、审验。这次调查从问卷设计、调查方式的选取、调查的具体实施到数据的收集与处理都以科学、严谨、实事求是的科学态度为前提，按严格的程序执行，调查结果具有较强的信度与效度。为了方便起见，对"社会保障用户"以下统称为"受访者"。本文由于篇幅所限，仅就养老保险方面的部分典型问题进行报告，归纳为四个部分，共十二个判断。

一、关于现行养老制度的满意度

二、关于现行养老制度的知晓度

三、关于现行养老制度的执行度

四、简短的结论与启示

2. 阅读下面一篇调查报告的材料，回答问题。

靠名牌赢得市场

——关于深圳市飞亚达(集团)股份有限公司的调查

飞亚达(集团)股份有限公司是一家以生产钟表为主的大型企业，1987年成立于深圳。在经济特区这块改革开放的沃土上，该公司坚持不懈地实施名牌战略，终于在竞争激烈的钟表行业后来居上。历经12年的艰苦创业，飞亚达由一个钟表小厂发展为总资产逾 8 亿元，年创利润 8 000 万元的上市公司，成为国内同行的翘楚。

实践：名牌战略造就了一个名牌企业。

一、树立雄心创名牌

飞亚达早在成立之初，就立下了用 10 年时间创出国内名牌、用 10 ~ 15 年创国际名牌的雄心。公司取名为飞亚达，即取“飞出亚洲，达至全球”之意。

二、为什么要树立雄心创名牌（略）

三、怎样实行名牌战略

（一）高素质管理（略）

（二）高科技生产（略）

（三）高品位设计（略）

（四）高投入营销（略）

启示：现代企业必须重视实施名牌战略

（一）提高产品质量、提升企业品位的内在要求（略）

（二）企业参与市场竞争尤其是国际市场竞争的客观需要（略）

（三）增强国家经济实力的重要手段（略）

回答问题：

(1) 这份调查报告属于什么类型的调查报告？

(2) 请用一句话概括这份调查报告开头部分的内容。

(3) 这篇调查报告属于什么结构模式？

第五节　规章制度

一、规章制度的概念和作用

规章制度是在一定范围内具有权威性、强制性与约束力，要求有关人员共同遵守的行为规范和准则。

规章制度具有极为严肃的法律和道德的规范力，具有统一人们意志和行动的重要作用，是实施科学管理的有效手段和创造良好的工作、生活、学习、生产环境和建立正常社会秩序的必要条件。各机关、团体制定规章制度规定有关人员应该遵守的事项，可以约束和控制个体的各种行为，使个体更好地服从于集体，保证公务活动、生产工作和学习生活正常有序地进行。

二、规章制度的种类

规章制度的种类很多,这里主要介绍如下六种类型。

(一)条例

条例用于对法律、法规、政策做出全面、原则的规定,或对某一工作事项制定出实施原则、方法,一般由国家权力机关制定发布,有时也由国家行政机关制定颁布。

(二)章程

章程用于党派、团体、公司企业对本组织的性质、宗旨、任务、机构、活动规则、权利和义务等内部事务做出规定,以约束成员行为,保证组织正常运作。

(三)规定

规定是由国家机关、人民团体、企事业单位制定的,对某项具体工作或行动做出具体规范性要求的一种法规性文件。

(四)办法

办法是对某项工作或某一方面的活动做出具体规定、安排,提出具体措施的文书,与规定相比,办法更具体,既有指导原则,又有具体措施。

(五)规则

规则是各行业为了进行管理或开展某项公务活动而制定的,要求有关人员共同遵守的规范性文书。

(六)制度

制度是为了强化本部门的管理、严格组织纪律而制定的,要求有关人员共同遵守的规范性文书,制度具有严格的强制性和约束力。

除以上各类外,规章制度还包括细则、守则、公约等。

三、规章制度的写法

规章制度的种类很多,各个文种的结构和写法不尽相同,但也有其共同之处。

(一)标题

规章制度的标题一般由单位名称和文件名称两部分组成,例如,《全国财经院校语文研究会章程》《出版物汉字使用管理规定》;也有的是由单位名称、主旨、文件名称三部分组成,例如,《××学院鼓励青年教师积极参加社会实践的规定》《××公司发行××债券条例》。如果是暂行或试行的规章制度,在标题后的括号内要注明“暂行”或“试行”字样。

规章制度一般在标题下要加题注，注明发布机关和发布时间，有的还要注明通过会议的名称和时间。规章制度正文之后一般不必署名，不写日期，不盖公章。

（二）正文

规章制度的正文结构一般有以下两种形式。

1. 分章列条式（章条式）。将规章制度的内容分成若干章，每章又分若干条。第一章是总则，中间各章是分则，最后一章是附则。

总则须写明制定文种的依据、目的、宗旨、背景、基本原则、意义。例如，《××学院鼓励青年教师积极参加社会实践的规定》第一条：“为鼓励青年教师积极参加社会实践活动，以利于提高教学质量，深入开展科学研究，培养与造就一支既具有较高学术水平又能面向实际，理论联系实际的师资队伍，特制定本规定。”也有的文件，如一些组织的章程，开头即写明该组织的性质与宗旨。

在总则之下，按各部分内容的逻辑顺序或工作活动程序分条列项编排内容，这部分要注意各级条款编号的层次安排。

附则是文章的结尾部分，是对制定的规章制度的补充和说明，应说明文件的制定权、修订权、解释权的归属者，或与其他相关规章制度的关系以及生效日期等。

2. 一条到底式（条贯式）。这种规章制度只分条目（款）不分章节，一般开头说明缘由、目的、依据，主体部分分条列出各项规定，最后一条是相当于附则的内容。

四、规章制度的写作要求

第一，规章制度是具有法规性的、对有关人员具有约束力的文件，因此，制定规章制度必须以党和国家的方针、政策为依据，与有关法律保持一致，保证规章制度的严肃性、合法性、规范性、可行性和相对的稳定性。这就要求写规章制度时，必须深入学习党和国家的方针政策和有关法律，深入实际、深入群众搞好调查研究工作，广泛听取各方面的意见。

第二，规章制度是要求有关人员共同遵守的，因此，每一章、每一条、每一款都必须写得明确、具体、概念准确，准许什么、不准许什么，要明明白白，界限清楚。同时，遣词造句要合乎规范，忌用抽象、笼统、语义含混的词语。

为保证规章制度的“质量”，充分发挥其作用，拟出草稿后，应广泛征求意见，反复讨论、修改，然后再上报有关机关批准，颁布执行。

【例 7】

普通高等学校学生管理规定

第一章 总则

第一条 为维护普通高等学校正常的教育教学秩序和生活秩序，保障学生身心健康，促进学生德、智、体、美全面发展，依据教育法、高等教育法以及其他有关法律、法规，制定本规定。

第二条 本规定适用于普通高等学校、承担研究生教育任务的科学研究机构（以下称高等学校或学校）对接受普通高等学历教育的研究生和本科、专科（高职）学生的管理。

第三条 高等学校要以培养人才为中心，按照国家教育方针，遵循教育规律，不断提高教育质量；要依法治校，从严管理，健全和完善管理制度，规范管理行为；要将管理与加强教育相结合，不断提高管理水平，努力培养社会主义合格建设者和可靠接班人。

第四条 高等学校学生应当努力学习马克思列宁主义、毛泽东思想、邓小平理论和“三个代表”重要思想，确立在中国共产党领导下走中国特色社会主义道路、实现中华民族伟大复兴的共同理想和坚定信念；应当树立爱国主义思想，具有团结统一、爱好和平、勤劳勇敢、自强不息的精神；应当遵守宪法、法律、法规，遵守公民道德规范，遵守《高等学校学生行为准则》，遵守学校管理制度，具有良好的道德品质和行为习惯；应当刻苦学习，勇于探索，积极实践，努力掌握现代科学文化知识和专业技能；应当积极锻炼身体，具有健康体魄。

第二章 学生的权利与义务

第五条 学生在校期间依法享有下列权利：

（一）参加学校教育教学计划安排的各项活动，使用学校提供的教育教学资源。

（二）参加社会服务、勤工助学，在校内组织、参加学生团体及文娱体育等活动。

（三）申请奖学金、助学金及助学贷款。

（四）在思想品德、学业成绩等方面获得公正评价，完成学校规定学业后获得相应的学历证书、学位证书。

（五）对学校给予的处分或者处理有异议，向学校或者教育行政部门提出申诉；对学校、教职员工侵犯其人身权、财产权等合法权益，提出申诉或者依法提起诉讼。

（六）法律、法规规定的其他权利。

第六条 学生在校期间依法履行下列义务：

（一）遵守宪法、法律、法规。

（二）遵守学校管理制度。

（三）努力学习，完成规定学业。

（四）按规定缴纳学费及有关费用，履行获得贷学金及助学金的相应义务。

（五）遵守学生行为规范，尊敬师长，养成良好的思想品德和行为习惯。

（六）法律、法规规定的其他义务。

第三章 学籍管理

第一节 入学与注册

第七条 按国家招生规定录取的新生，持录取通知书，按学校有关要求和规定的期限到校办理入学手续。因故不能按期入学者，应当向学校请假。未请假或者请假逾期者，除因不可抗力等正当事由以外，视为放弃入学资格。

第八条 新生入学后，学校在三个月内按照国家招生规定对其进行复查。复查合格者予以注册，取得学籍。复查不合格者，由学校区别情况，予以处理，直至取消入学资格。

凡属弄虚作假、徇私舞弊取得学籍者，一经查实，学校应当取消其学籍。情节恶劣的，应当请有关部门查究。

第九条 对患有疾病的新生，经学校指定的二级甲等以上医院（下同）诊断不宜在校学习的，可以保留入学资格一年。保留入学资格者不具有学籍。在保留入学资格期内经治疗康复，可以向学校申请入学，由学校指定医院诊断，符合体检要求，经学校复查合格后，重新办理入学手续。复查不合格或者逾期不办理入学手续者，取消入学资格。

第十条 每学期开学时，学生应当按学校规定办理注册手续。不能如期注册者，应当履行暂缓注册手续。未按学校规定缴纳学费或者其他不符合注册条件的不予注册。

家庭经济困难的学生可以申请贷款或者其他形式资助，办理有关手续后注册。

第二节 考核与成绩记载(略)

第三节 转专业与转学

第十八条 学生可以按学校的规定申请转专业。学生转专业由所在学校批准。

学校根据社会对人才需求情况的发展变化，经学生同意，必要时可以适当调整学生所学专业。

第十九条　学生一般应当在被录取学校完成学业。如患病或者确有特殊困难，无法继续在本校学习的，可以申请转学。

第二十条　学生有下列情形之一，不得转学：

（一）入学未满一学期的。

（二）由招生时所在地的下一批次录取学校转入上一批次学校、由低学历层次转为高学历层次的。

（三）招生时确定为定向、委托培养的。

（四）应予退学的。

（五）其他无正当理由的。

第二十一条　学生转学，经两校同意，由转出学校报所在地省级教育行政部门确认转学理由正当，可以办理转学手续；跨省转学者由转出地省级教育行政部门商转入地省级教育行政部门，按转学条件确认后办理转学手续。须转户口的由转入地省级教育行政部门将有关文件抄送转入校所在地公安部门。

第四节　休学与复学（略）

第五节　退学（略）

第六节　毕业、结业与肄业（略）

第四章　校园秩序与课外活动（略）

第五章　奖励与处分（略）

第六章　附　则（略）

简析：本规定标题由规章内容与文件名称两部分组成。总体结构采用“章条式”，章断条连。第一章总则是文章的总纲，第二章至第五章为分则，分条具体说明了本规定若干方面的内容，第六章是附则，说明本规定的适用部门及人群，最后一条说明本规定的施行日期，及与本规定有异的规章该如何处理。各条款规定内容明确，如第五章从正反两方面规定奖惩的具体措施，界限分明。整篇文章文辞准确、规范、简洁，符合法规性文件的标准。

【例8】

北京市价格监测办法

第一条　为规范价格监测工作，保障价格监测信息的准确性和及时性，发挥价格监测在宏观经济调控中的作用，根据《中华人民共和国价格法》，结合本市实际情况，制定本办法。

第二条 本办法适用于本市行政区域内的价格监测工作。

本办法所称价格监测是指价格主管部门对重要商品和服务价格的相关信息进行跟踪、采集、分析、预警和报告的活动。

第三条 市和区、县价格主管部门负责本行政区域内的价格监测工作，组织实施价格监测报告制度；监测分析重要商品和服务价格及市场供求的变动情况；跟踪反馈价格政策和措施的执行效果；实施价格预测、预警，及时提出建议。

价格主管部门设立的价格监测机构具体承担价格监测工作。

第四条 本市对下列重要商品和服务实施价格监测：

（一）粮、油、肉、蛋、菜等农副产品；

（二）钢材、水泥、有色金属等工业生产资料；

（三）化肥、农膜、农药等农业生产资料；

（四）成品油、燃气、煤炭等能源产品；

（五）汽车、通信设备、家用电器等机电产品；

（六）房屋买卖、租赁和土地出让；

（七）医疗、教育、客货运输等服务；

（八）国家和本市确定的其他重要商品和服务。

第五条 市价格主管部门根据国家价格监测报告制度，结合实际情况，制定本市价格监测报告制度，确定重要商品和服务价格的具体监测项目，明确价格信息的采集、汇总、分析和报告办法。

第六条 价格监测涉及的单位和个人应当配合价格主管部门做好价格监测工作，如实提供价格相关信息。

第七条 价格监测包括常规监测、专项调查和应急监测等方式。

第八条 价格主管部门根据本市价格监测报告制度，确定合法经营、信誉良好、具有行业代表性的经营者作为定点单位，开展常规监测。价格主管部门与定点单位可以签订协议。

价格主管部门应当向定点单位颁发证书和标牌，并向社会公告。

第九条 定点单位有权了解所提供商品和服务的本地区价格平均水平。

定点单位应当建立价格监测台账，安排专职或者兼职人员，按照价格监测报告制度的要求，准确、及时、完整报送价格相关信息。

第十条 定点单位因生产、经营调整，不能满足价格监测工作需要的，价格主管部门应当及时收回证书和标牌，并向社会公告。

第十一条 有下列情况之一的，价格主管部门可以开展专项调查：

（一）经济运行中的热点和难点问题；

(二)社会关注度较高的价格问题;

(三)价格政策和措施的执行情况。

第十二条　专项调查应当明确调查对象,制定调查方案,获取特定商品和服务的价格相关信息,提供及时准确的情况和分析,为宏观经济调控提供参考。

第十三条　有下列情况之一的,价格主管部门应当开展应急监测:

(一)社会公众集中购买某类商品;

(二)某类商品价格波动明显;

(三)其他应当开展应急监测的情况。

第十四条　价格主管部门应当建立健全价格监测预警网络,制定应急监测预案,明确预案启动和解除条件、工作程序、保障措施等内容,及时向本级人民政府和上一级价格主管部门报告应急监测期间市场价格波动情况、原因和建议。

第十五条　价格主管部门应当对定点单位给予政策咨询、业务指导和免费培训,并提供必要的工作条件。

价格监测信息不得用于宏观经济调控和价格管理工作以外的其他目的。

第十六条　价格监测工作人员应当具备从事价格监测工作所需的专业知识,按照价格监测报告制度规定的内容、标准、方法、时间和程序,持证开展价格监测工作。

对属于国家机密或者商业秘密的价格监测信息,价格主管部门及其工作人员应当予以保密。

第十七条　价格主管部门建立价格监测专家会商制度,根据工作需要,会同有关专家及时分析市场变化情况、预测价格走势。

第十八条　价格主管部门应当及时向本级人民政府和上一级价格主管部门报送价格监测报告。

价格监测报告主要包括下列内容:

(一)监测商品和服务价格的运行情况及社会反应;

(二)监测商品和服务价格的变动原因分析及趋势预测、预警;

(三)价格政策和措施的执行效果;

(四)应对的政策和措施建议;

(五)与监测商品和服务价格有关的其他情况。

第十九条　价格主管部门应当加强信息化建设,完善信息采集、处理、传输系统,畅通信息报送渠道,实现政府相关部门信息共享。

价格监测工作所需经费列入预算。

第二十条　价格监测工作人员有下列行为之一的,由有关部门依法给予行政处分;构成犯罪的,依法追究刑事责任:

（一）未按照价格监测报告制度规定的内容、标准、方法、时间和程序，开展价格监测工作的；

（二）瞒报、虚报或者篡改价格监测信息的；

（三）泄露属于国家机密或者商业秘密的价格监测信息的；

（四）将价格监测信息用于宏观经济调控和价格管理工作以外的其他目的的。

第二十一条 违反本办法第六条规定，价格监测涉及的单位和个人拒绝配合或者拒绝提供信息，影响价格监测工作的，由价格主管部门责令限期改正；逾期不改的，处 3 万元以下罚款。

第二十二条 违反本办法第九条第二款规定，定点单位未准确、及时、完整报送价格相关信息的，由价格主管部门责令改正，可处 1 万元以下罚款。

第二十三条 本办法自 2011 年 12 月 1 日起施行。

简析：本办法共二十三条，总体结构为“条贯式”。第一、二条标明本办法的制定依据、目的及适用范围。第三条至第十九条，分条陈述有关价格主管部门的各项具体职责及管理范围。第二十条至二十三条指出违反本办法的有关情形及处理规定。

思考与练习

1. 阅读下面学生制定的一份规章制度，指出问题并加以修改。

××系宿舍卫生管理条例

目的：为了继续发扬我系在宿舍卫生方面的优良传统，使我系的宿舍卫生成绩再提高到一个更高的水平，特制定以下条例。内容如下：

1. 宿舍卫生出现一次不及格给予“黄牌警告”，累计三次“黄牌”者将给予“红牌”，获得“红牌”的宿舍将给予走读 15 天的处罚。

2. 宿舍卫生若出现不及格情况者将予以张榜公布批评。若出现走读情况者，将张榜公布该宿舍的成员名单。

3. 定期或不定期地由老师或生活部长带领各班生活委员对男女生宿舍进行卫生检查。

4. 定期将各班宿舍卫生成绩在系内板报栏公布。

5. 每学期生活部将对各班的宿舍卫生成绩予以总结，对成绩优秀和表现突出的宿舍和班级予以公开表扬。表扬对象包括：

A. 被评为校级星级宿舍的宿舍。

B. 未被评为校级星级宿舍，但一学期只有3次(含)以内未得90分以上的宿舍(其未得90分的成绩不得低于80分)可被评为系级先进宿舍。

C. 宿舍卫生平均成绩进入校内前10名的班级。

6. 获得“黄牌”警告的宿舍成员将在本学期的奖学金综合评定中扣除一分；获得“红牌”走读的宿舍成员将被取消本学期的奖学金评定资格。

7. 对星级宿舍和成绩突出的宿舍将给予张榜公布表扬，获得校级星级宿舍的宿舍成员将在本学期的奖学金综合评定中加一分，宿舍卫生平均成绩排名第一的班级将在优秀班集体和优秀团支部的评比中予以加分。

8. 以上条例经老师、系学生会、各班班长和生活委员讨论通过，从即日起生效执行。

条例实施时间：××××年××月

××系生活部

××××年×月×日

2. ××高等职业学院学生社团经过一段时间的筹备，最近要成立“××高等职业学院大学生影评协会”。请为这个协会起草一份章程。

第七章

常用经济文书

经济文书是指专门用于处理经济事务的应用文。随着经济体制改革的不断深入和对外开放步伐的不断加快，经济专用文书的使用频率越来越高，其效能和作用也日益显著。因此，研究和探讨经济专用文书如何才能更有效地为经济建设服务，显得尤为重要。写作经济专用文书，需要作者具备较高的政策水平、完备的经济专业知识以及按特定规范写作的能力。下面介绍几种常见的经济专用文书的写法。

第一节　经济活动分析报告

一、经济活动分析报告的概念和作用

经济活动分析是指以科学的经济理论和现行的经济方针政策为指导，根据计划指标、会计核算资料、统计资料和调查研究所掌握的情况，运用科学的方法，对某一部门或单位的经济活动状况所做的分析研究。经济活动分析报告就是反映经济活动分析研究过程和结果的报告。

经济活动分析报告在经济工作中的作用重大。

（一）有助于企业改善经营管理，提高经济效益

一个企业要实现科学管理，离不开周密的计算和分析。一篇好的经济活动分析报告，不仅是对资料的分析综合，而且能够通过综合分析，上升到理性认识，找出企业生产经营活动的规律，总结经验，发现企业经济活动中存在的缺陷和问题。

（二）有助于宏观经济决策及有关部门制订计划

经济活动分析报告能及时反映国民经济的发展动态，对于国家经济部门了解经济现状，探索经济发展规律，及时修改和制定有关的经济政策，实现宏观经

济调控具有积极的作用。另外,经济活动分析报告能较全面地反映企业生产经营的状态,特别是计划执行中出现的新情况、新问题,并能对如何进一步调整局部与整体的关系,搞好综合平衡提出切实可行的建议,为有关部门制订下一步经济活动计划提供客观依据。

(三)有助于政府经济管理部门发挥职能作用

财政、金融、税务和统计等部门在对国民经济进行监督和管理的过程中,需要通过经济活动分析报告了解企业的生产经营情况,支持和鼓励先进企业,扶持和监督后进企业,制裁违法企业,充分发挥管理部门在经济活动中的职能作用。

二、经济活动分析报告的特点

(一)重数据更重分析

任何经济活动分析报告都是围绕特定的目的,为解决经济工作中的问题而写作的,借助计划指标、会计核算资料、统计资料等把经济活动过程综合成指标体系,为经济活动分析提供了比较全面的数据。分析是报告的根本,报告是分析的结晶。没有科学的分析,就写不出有说服力的报告。一般的分析方法,有定性分析和定量分析两种。定性分析是概念性分析,定量分析是数据分析。在经济活动分析报告中,更侧重于定量分析、数理推导。因为经济活动的结果,可以通过数据直接或间接地表现出来,并进而得出结论。例如,销售额、销售利润等可以反映企业的营销情况。这就决定了经济活动分析的重点在于分析研究大量的数据及其相互关系,从中发现问题,总结经验,以调整对策,改进管理。

(二)兼具总结性和指导性

经济活动分析报告的内容是经济活动过程及其结果,必须从现有的经济事实出发,通过必要的回顾和剖析,对经济工作的成绩与问题、经验与教训做出评价。从这个意义上说,它具有明显的总结性。同时,总结对未来的经济活动具有重要的指导意义,可以使企业提高工作的自觉性,避免决策的盲目性。

三、经济活动分析报告的种类

根据经济活动分析报告的内容可将其分为以下三种。

(一)全面经济活动分析报告

全面经济活动分析报告是根据各项主要经济指标,对某个部门或某个单位一定时期的经济活动进行系统的分析研究之后写出的报告。其内容广泛,综合性强。

(二)专题经济活动分析报告

专题经济活动分析报告是根据当前的中心工作,对某些重大经济措施和业务上的重大变化以及工作中的薄弱环节和关键问题等进行专项分析后所写的分析报告。其内容专一,分析透彻。常见的有市场供需动态分析报告、消费倾向分析报告、商品购销活动分析报告等。

(三)简要经济活动分析报告

简要经济活动分析报告围绕几个财务指标、计划指标或抓住一两个重点问题进行分析,目的是观察经济活动的趋势和工作改进程度。

四、经济活动分析报告的写作和要求

经济活动分析报告的写作应把握以下三点。

(一)搜集材料,翔实充分

材料是写作的基础,材料的搜集整理直接关系到经济活动分析报告写作的质量。材料准备得越充分,对经济活动的分析可靠程度就越高;材料越真实,分析的结论就越准确。进行经济活动分析需要搜集的书面材料主要有四个方面。

1. 计划资料。计划资料包括企业生产、商品流转、财务计划资料以及各种供销合同等。这些资料可以显示企业在一定时期内应当完成的任务和要实现的目标。

2. 统计资料。统计资料是对计划指标实际执行情况的统计,反映企业或部门工作的进度和经营的效果。

3. 会计核算资料。会计核算资料包括企业、部门的资产负债表、现金流量表、利润表、成本表和流通费用表等全套会计报表,用以反映企业、部门财务指标的完成情况。

4. 其他资料。其他资料包括企业或部门各项经济指标的历史纪录,与本企业、本部门有关的市场营销材料,国家及上级机关有关本行业生产经营的规定、标准等。

除了以上材料外,还应注重调查得来的"活"材料。因为在调查中常常可以发现报表账册中没有但却很有价值的"活材料"。通过"活材料",可以了解生产经营中出现的新问题,找到影响计划指标完成的各种因素。搜集了全面充分的材料以后,还要对材料进行鉴别和整理,去伪存真,去粗取精,选出真实典型的材料,作为分析论证的基础。

(二)掌握方法,深入分析

经济活动分析报告需要综合运用各种分析方法,从不同方面、不同角度解剖经济现象。因此,它在吸收、利用普通文章表达方式和一般分析方法的同时,要更多地借助经济分析的技术方法。离开了一定的专业技术方法,经济活动分析就难以得出科学的结论。撰写经济活动分析报告常用的分析方法有四种。

1. 比较分析法。比较分析法又称指标分析法,是定量分析中常用的方法。它将同一基础上具有可比性的数字资料进行对比,从而反映经济运行的状况,说明事物之间的联系和差距。在实际运用中,常常从以下三个角度进行分析比较。

(1)比计划。以本期实际完成的指标与计划指标相比较,可以了解计划目标的执行状况,从而确定分析的主要问题,查找完成计划的可能因素或不能完成计划的原因。

(2)比历史。以本期完成的指标与历史同期指标或历史最高水平相比较,可以反映本单位经济活动发展变化的趋势,从而抓住关键,提高经营管理水平。

(3)比先进。以本期实际指标与主客观条件大致相同的国内外同行业先进单位的指标相比较,可以发现生产经营过程中存在的问题和薄弱环节,进而确定学习和赶超的切实可行的措施。

2. 因素分析法。因素分析法在利用比较分析法进行数据和情况的比较,在找到差距和问题的基础上,从错综复杂的诸多因素中,剖析、探究生产经营活动中最关键的因素。现代经济是多层次、多因素交叉的网络系统,因此,运用因素分析法,首先要辨别本质与非本质因素、主观与客观因素,抓住主要问题的主要因素进行重点分析;还要特别关注带有倾向性的因素,以便在今后的工作中掌握主动权。例如,影响经济指标的因素主要有科学研究与生产技术的因素、机器设备与工艺流程的因素、生产组织与经营管理的因素等。要从这些因素中辨别出哪些是影响本单位生产经营的主要因素、倾向性因素和主客观因素,并分析这些因素在经营活动中的作用和影响程度,以采取有效措施,提高经营管理水平。

3. 综合分析法。综合分析法是对各种经济指标的执行情况进行综合对比、计算和评价,从整体上权衡利弊得失,然后做出相应的评价或建议的分析方法。这种分析法通常与因素分析法结合使用,互相补充渗透,形成着眼全局、重点突出、兼具广度与深度的结论。

4. 预测分析法。预测分析法又称动态分析法或趋势分析法,是根据已有的经济指标对经济活动进行预测的方法。在实际运用中,常从两个方面进行预测分析:一是统计分析,即根据以往的统计数据计算、分析,预测未来经营活动的发展趋势;二是经验预测,即根据已有的成绩、经验、教训,进行科学分析和逻辑推断,对可能遇到的新情况、新问题进行预测。预测分析法能够立足于现实,放眼国内外市场的未来,对经济发展的前景进行分析预测,进行发展战略研究,这在现代经营管理中意义重大。此外,在经济活动分析中常用的还有调查分析法、平衡分析法等。一篇经济活动分析报告,往往不止运用一种分析方法写成,通常是根据分析的目的和内容的需要,综合运用几种方法进行全面深入的分析。

(三)结构严谨,重点突出

文章大体须有,定体则无。经济活动分析报告作为一种应用文体也是如此。涉及内容广泛,分析方法各异的特性,决定了经济活动分析报告撰写方法的多样性。但无论何种经济活动分析报告,一般都包括三部分内容。

1. 标题。经济活动分析报告的标题有单行标题和双行标题两种形式。

(1)单行式。单行标题简洁醒目。全面经济活动分析报告和简要经济活动分析报告的标题多由分析单位名称、时间、分析对象和文种四部分组成,也可同时或分别省略单位名称和时间。专题经济活动分析报告常用报告中的观点做标题。

(2)双行式。双行标题虚实相间,相辅相成。例如,《树欲静而风不止——彩电出口遭遇反倾销原因分析》。

2. 正文。正文由前言、主体、结尾三部分组成。

(1)前言。前言的写法多种多样,主要围绕经济活动分析的内容、范围、对象、目的和背景等进行概括介绍,提纲挈领,引人注目。

(2)主体。主体是经济活动分析报告的重点内容,集中反映经济活动分析的过程和结果,一般包括基本情况、分析评价和建议措施三方面的内容。

第一,基本情况。以文字和数据相结合的方式反映经济指标的完成、变化情况及其存在的问题,是分析的基础。情况的真实性与结论的准确性密切相关,而且直接关系到报告的价值,因此,一定要确保材料尤其是数据材料的翔实可靠。

第二,分析评价。即运用恰当的方法,对影响经济活动的各种因素及其影响的程度进行具体细致的分析说明,并对经济效益做出客观评价。分析的过程一般本着由表象到原因、从对比分析到因素分析的顺序进行,即先通过数据的纵横比较,找出问题,进而深入分析影响经济活动的主客观因素,把握主要矛盾,找出症结所在。这一部分既要摆出成绩,又要揭露矛盾;既有主观因素分析,也有客观因素分析。因此,要重视结构的安排,做到条理清晰,逻辑严密。结构方式有并列式和递进式。例如,一种产品的成本超出计划指标,就要从基础管理、能耗、原材料价格和销售渠道等方面寻找原因。通过对这些因素的分析测算,确定它们对成本上升的影响程度。对这些因素分别进行分析,用的就是并列式结构。而其中对能耗的分析,用的则是递进式结构:首先查出单耗增长是由于单位产品原材料费增加,弄清楚这种增加源于原材料的浪费,然后再深入分析原料进出库管理不善是导致单耗增长的主要原因。

分析评价要注意三个方面的"相结合"。

一是宏观分析与微观分析相结合。写作经济活动分析报告,应从微观分析入手,分析一个企业或部门的经济活动;同时还要从宏观经济着眼,把握国内外经济发展的动态和趋势。分析经济效益,要将局部利益和整体利益、近期利益和长远利益、经济效益与社会效益综合考虑,做到分析的准确和全面。

二是"死材料"与"活材料"相结合。经济活动分析报告要言之有理,就需要充分、典型的材料。"死材料"来自计划、报表及其他书面材料,"活材料"来自调查研究。在占有各种指标材料的基础上,还要把握生产经营过程中的实际情况,例如,经营管理、企业文化、职工工作态度和外部环境等方面的信息。二者结合使用,才能增强分析的说服力,发挥经济活动分析报告应有的作用。

三是文字材料与数字材料相结合。与其他报告类文体相比较,经济活动分析报告使用数据较多,尤其是分析部分,要充分发挥数字的威力。使用数字材料,要注意数字的准确性,同时要注意用简要的文字进行说明。至于两者的排列顺序,可以先列数字,再用事实说明,也可先举事实,再以数据佐证。

第三,建议措施。经济活动分析报告写作的目的,不仅是发现问题,更重要的是解决问题,因此,要针对经济活动分析的结果,提出切实可行的建议和措施。有的分析报告不单列这一部分,而是把它与对经济活动的分析评价糅合在一起进行写作。

(3)结尾。大多数经济活动分析报告在建议措施之后自然收束,不专门作结,但有些篇幅较长的经济活动分析报告在结尾处进行归纳总结。这样的结尾或照应开头,深化主题;或预测前景,展望未来。

3. 落款。呈报上级的经济活动分析报告,一般在正文的右下方写明单位名称与日期;公开发表的经济活动分析报告,通常在标题之下注明单位名称与作者姓名。

【例 1】

影响我国中药产品出口主要因素的分析

中国是世界天然药物资源拥有量最多的国家之一。改革开放以来,中国中药产业有了较大的发展。中药作为我国具有自主知识产权的医药品种,发展潜力是巨大的,但中药产品出口却面临日趋激烈的国际竞争环境,出口形势不容乐观。

一、价格呈下跌之势

近年来,我国中药产品出口形势一直不好,1996—1999年,中药产品出口连续4年下降(见表1)(略)。2000年虽略有回升,但2001年再度出现下降局面,出口额为4.47亿美元。2002年出口呈现出大幅度增长,出口额为6.71亿美元,全年进出口额达到8.55亿美元,接近恢复到1996年的最高水平。尽管如此,我国中药产品出口也只占世界中药产品出口额的3.5%左右,与我国中药产品大国的地位十分不相称。

从近年来我国中药产品出口情况看,主要表现出以下特点:

(一)出口数量上升且单位价格下降

在中药产品出口数量逐年上升的同时,中药产品出口价格总体呈下跌之势,尽管个别年份的中成药和植物提取物的单位价格有所上升,但并没有从根本上扭转中药产品出口价格下降的趋势。中药材出口数量增加,价格下降。1996年,中药材出口单位价格为2 361美元/吨,2002年1—6月单位价格仅为929美元/吨,比1996年下降了60.65%。植物提取物的出口价格始终不稳定,总体呈下降趋势。1996年,植物提取物的单位出口价格为8 799美元/吨,2002年1—6月,单位出口价格为8 222美元/吨,比1996年下降了6.56%。中成药产品出口数量及出口价格多数年份呈下降趋势。1996年,中成药产品出口数量为18 787吨,单位出口价格为7 561美元/吨,2002年1—6月,中成药出口量大幅度增长,为79 260吨,但单位出口价格仅为2 295美元/吨,比1996年下降了69.65%。2002年中成药出口虽然有所增长,但所占中药产品的进出口比重却在下降。

(二)出口以原料药为主且单个品种出口金额不大(略)

(三)出口市场集中于亚洲(略)

二、影响因素分析

影响我国中药产品出口的因素是多方面的,既包括国家管理方面的问题,也包括企业自身建设方面的原因,还包括国际环境对企业开拓国际市场的制约等。

(一)国家宏观管理政策不明确

政府有关主管部门协调不够,鼓励政策不配套。政府近年对中药产业的发展及出口虽十分重视,但由于政府各主管部门之间协调不够,一些配套政策不能及时出台,没有形成总体合力。政府科研投入不够,未形成中药管理标准体系。重应用研究轻基础研究是中药发展过程中的一个突出问题。中国在中药药效、安全性评价、生产工艺、质量标准和临床研究等方面始终未取得突破性进展,没有形成一整套国际上认可的中药管理标准体系,以致中药无法进入国际医药主流市场。此外,科研经费投入不够及科研力量不足也是重要原因。

(二)国内中药企业对中药产品出口未予重视

国内一些实力雄厚、科研力量强、有中药新产品开发能力的大企业具有较强的实力,但对中药产品出口积极性不高。原因是,这些企业认为:国内市场就是一个中药产品销售大市场,国内消费者对中药产品的需求很大,根本无须出口;另外,中药产品出口费用很高,且在国外进行宣传,能否达到预期效果,企业对此持怀疑态度。

(三)技术投入不足且创新能力低(略)

(四)规范化生产水平较低使产品难以适应国际标准(略)

(五)国际医药市场竞争日趋激烈

近年来,国际医药市场发展迅猛,特别是由于各国对植物药的开发和研究重视程度提高,中国中药产品出口面临的国际形势更加严峻。主要表现在:国外植物药生产和出口的扩大,与中国中药产品出口形成有力竞争。(略)植物药主要生产国加大研发投入,对中国中药产品出口形成潜在的制约。(略)

(六) 国际“巨型”医药公司对中国中药企业提出挑战(略)

(七)文化背景和理论体系差异影响中医药推广(略)

(八)技术性贸易壁垒成为中药产品出口的主要障碍(略)

三、开拓国际市场的措施

(一)建立中药国际市场信息系统(略)

(二)培育进入国际市场的中药目标产品和企业(略)

(三)研究探索中医药产品的国际营销策略(略)

(四)建立产学研相结合的研发体系(略)

(五)建立中药产品出口生产基地,树立保护知识产权意识(略)

(六)继续采用以医带药的方式进入国际市场(略)

(转引自张耀辉主编《应用写作》,略有改动)

简析:这是一篇专题性经济活动分析报告。前言概要介绍了中国中药市场的现状及在国际市场的不利处境。主体部分具体反映了中药出口面临的困境,并对影响出口的因素进行了深入分析,逻辑严密,重点突出。结尾部分为中药企业开拓国际市场提出了切实可行的改进措施。全文观点鲜明,数据翔实,分析中肯，建议合理、具体，具有很高的参考价值。

思考与练习

1. 举例说明经济活动分析报告的特点。
2. 经济活动分析报告的写作应注意哪些问题？

第二节 市场调查与预测报告

一、市场调查与预测报告的概念和作用

市场调查是以市场为对象的调查研究活动，即运用科学的方法，有计划、有目的地搜集、整理、分析和研究有关市场营销的情报，为决策提供依据。市场预测是经济预测的一种，是以一定的经济理论为指导，根据及时准确的统计资料和市场调查资料，运用一定的科学预测方法，对市场未来发展趋势做出预测。市场调查与预测报告就是反映市场调查与预测过程和结果的报告。

“凡事预则立，不预则废”。经济活动要增强自觉性，克服盲目性，市场调查与预测报告的作用尤为重要。

（一）市场调查与预测报告是获取市场信息的主要途径

美国市场协会认为，市场调查“通过信息将消费者、用户、公众与经营者联系在一起”，揭示了市场调查的本质。在市场消费变化加速，企业经营的外部环境和内部条件越来越复杂的今天，通过对国内外市场商品供求信息、营销活动信息和消费信息等各方面情报资料的搜集整理，可以知己知彼，把握市场变化的规律。

（二）市场调查与预测报告是进行科学决策的重要依据

没有科学的预测，就没有正确的决策。在对市场信息进行分析研究的基础上，对未来一定时期内市场发展前景和发展趋势进行预测，做出定性和定量结论，从而为有关部门制订计划、进行科学决策提供科学依据，有利于提高经济效益，降低决策风险。

二、市场调查与预测报告的特点

（一）真实性

真实性是市场调查与预测报告的基本要求。只有真实典型的材料才能反

映市场营销的规律，只有经过核实的、准确的数字才能作为推论的依据。因此，必须在认真深入调查的基础上，通过大量可靠数据和其他资料，真实客观地反映市场情况。在市场信息错综复杂、不断变化的情况下，还要对大量的新信息进行对比分析，反复核实，力争确凿无误。另外，对事实的分析和结论的推断，都应坚持客观性原则，反对虚假片面、主观臆断。

（二）针对性

在市场竞争激烈的情况下，必须经常进行市场调查与预测，有针对性地对产、供、销各方面的情况进行调查、分析、预测，从而把握正确的经营方向，增强自身的竞争力。

（三）时效性

市场行情的瞬息万变，决定了市场调查与预测报告具有很强的时效性。只有迅速及时地搜集国内外最新的、有价值的经济技术情报和市场信息，及时研究分析，才能为经济管理部门的决策和企业调整生产经营战略、避免盲目生产提供依据。否则，再有价值的信息，如果时过境迁，也会变得一文不值。

（四）科学性

市场调查与预测报告通过对未来市场前景的推测，直接引导、影响人们的消费。科学的预测能带来巨大的经济效益；反之，极有可能造成难以估量的损失。科学性要体现在调查与预测的全过程中，从选材、分析到结论，都要实事求是，利用科学的理论和辩证的方法进行论证与推测。

三、市场调查与预测报告的写作和要求

市场调查与预测报告所涉及的内容很多，范围很广。由于业务性质、经营范围与规模和经营过程中要解决的问题等的不同，决定了调查预测的内容各有侧重，其写作方法也多种多样。

一篇完整的市场调查与预测报告通常由标题、正文（前言、主体、结尾）、落款组成。市场调查与预测报告一般是按照作者对市场营销问题的调查、认识过程来安排结构的，突出表现是，主体部分一般由情况写到预测，再从预测到建议。至于前言和结尾的有无，应视具体情况而定。

（一）标题准确

市场调查与预测报告的标题应简明扼要、生动醒目。常见的有单标题和双标题两种形式。

1. 单标题。单标题一般由预测时限、预测范围、预测对象组成，例如，《2005

年中国汽车市场调查与展望》《儿童用品消费意向调查》(省略时限)。也可采用结论、提问、对比等写法,例如,《波司登纳米羽绒服畅销北京市场》《发展高速铁路势在必行》《小灵通市场前景暗淡吗?》。

2. 双标题。双标题虚实相间,表意完整,新颖生动,例如:

沉重的"红色"消费
——农村高价婚姻透视

"皇帝女儿"也"愁嫁"
——为什么舟山鱼"游"不动

(二)正文完整

正文包括前言、主体、结尾三部分。

1. 前言。前言一般有两种写法:一是交代调查目的、时间、地点、对象和范围并说明调查方法和结果,通过"过渡句"导入主体;二是开门见山,直接介绍全文的主要内容和主要观点。

2. 主体。主体是全文的核心部分,一般由情况、预测、建议三部分组成。

(1)情况。要如实反映调查对象过去和现在的主要情况,尤其要突出介绍现实情况。市场预测的前提,是对市场的历史与现状做出系统周密的调查研究,只有在今昔的对比中才能做出科学的预测。市场调查是市场预测的前提,而市场预测则是市场调查的延伸。写作市场调查与预测报告时需要注意三个问题:①广泛收集资料。影响市场供求变化的因素是多方面的,这就要求预测者认真做好调查研究,广泛收集资料。调查前要明确调查的目的和任务,拟订调查提纲,确定调查方式。预测所需的资料,有反映历史发展状况的纵向资料,也有反映某一特定时期内预测对象各方面情况的横向资料。在广泛占有资料的基础上,还要对资料进行周密的分析鉴别,要反复核实,确保数据、事实准确真实。对使用的数据,要说明来源或出处,以确保其严肃性和可信度。只有这样,才能做出正确的判断,才能写出符合实际的市场调查与预测报告。②突出重点。在纷繁复杂的市场,要善于分清主要矛盾和次要矛盾,抓住影响市场营销的关键因素,切忌面面俱到。③条目清晰。通常用小标题或段首提要句的形式分类归纳,具体内容以文字叙述为主,必要时用图表或数字辅助说明。使用图表通常可以更直观地显示某种变化趋势及各个因素的相互关系,使用时要有明确的目的性。文字叙述和图表、数字的顺序前后不拘,也可相互穿插。总之,要求反映情况真实、详尽,重点突出,为分析预测打下坚实的基础。

(2)预测。对市场进行预测,需要通过对材料的分析,把握市场现状及其发展趋势。预测是对未来的判断,做到准确无误有一定难度,因为在经济发展中确实存在一些不确定的或突发性的因素，但只要本着实事求是的精神，运用恰当的预测方法，就能够最大限度地避免预测的盲目性。常用的预测方法有定性预测法、定量预测法和定量定性综合预测法。预测主要运用议论的方式，有较多结论性的语言，尽量少写或不写分析过程。

(3)建议。建议是市场调查与预测报告的落脚点，即通过对历史和现实的数据及情报资料的分析，推论预测对象未来的发展趋势，从而提出比较切合实际的建议，调整生产经营策略，采取有针对性的有效措施，把握和占领市场。如此，才能充分发挥市场调查与预测报告的作用，实现经济活动的目标。

上述主体的三部分之间存在着十分紧密的逻辑关系，写作时要注意整体的有机统一。当然，也可根据具体情况适当调整其先后顺序。

3. 结尾。结尾或总结全文，重申主要观点；或展望未来，引起人们关注；或在预测部分自然收束，不另作结。

(三)落款清楚

市场调查与预测报告，应署作者姓名或集体、单位名称，以示负责。

【例2】

中国感冒药市场分析及2004年市场预测

左　亮

一、中国感冒药市场分析

1. 感冒药的市场容量

据权威机构——中国非处方药协会的统计，目前在中国常见病症的自我诊疗比例中最高的是感冒，占常见病症的89.6%，高出第二位30个百分点。高的自我诊疗率使得众多的感冒药目标消费者不再去医院治疗感冒，而是去药店自行买药。因此，现阶段，在中国药品零售市场中，感冒药的销售额约占药品零售总额的15%，按目前中国非处方药市场销售额为200亿元来计，感冒药的市场份额约为30亿元。

2. 市场特征

综合各方面的数据分析，感冒药市场具有以下几个特征：第一，具有非常明显的季节波动性。感冒引发的原因是着凉或流感病毒传染，而这两方面的原因都具有显著的季节性。冬春季节天气寒冷，容易着凉；春季由于气候湿润、温度适宜又是流感肆虐的季节。所以，感冒药的销售量往往是温度较低的冬春季节销售较多，而温度较高的夏秋季节比较少。第二，在感冒药的产品市场销售排行中，含西药成分的品牌占主导地位，其次是中西药结合，最后才是纯中药制剂。

由于西药成分中的对乙酰胺基酚、扑热息痛等成分能迅速解除感冒所引发的一系列症状，因此，西药与中西药的结合制剂要比纯中药制剂略胜一筹。第三，在感冒药生产企业所占的市场份额中，合资、外资企业生产的感冒药占中国感冒药市场份额的65%，而国内企业则占35%，这一现象可称之为“外强内弱”。

3. 消费特征

感冒药的消费具有四大特征：第一，随意性。（略）第二，速效性。（略）第三，品牌倾向性。（略）第四，非自主性。（略）

4. 产品竞争情况

据调查资料显示，目前在中国市场上销售的感冒药有泰诺、感康、新康泰克、康必得、快克、白加黑、正源丹、日夜百服宁、必理通、新速达感冒片、幸福伤风素、乐信感冒灵和力克舒等20多个品种。

（1）按价格水平分：价格在10元以下的药品占感冒药总销售量的62%，占总销售额的28%；价格在10～15元的药品占总销售量的33%，占总销售额的64%；价格在15～40元的感冒药占总销售额的8%。

（2）按企业性质分：合资、外资品牌有泰诺、新康泰克和日夜百服宁等16种，其销售额、销售量分别占感冒药市场销售额、销售量的61%和75%；国产品牌主要有感康、感冒通等8种，其销售额、销售量分别占感冒药市场销售额、销售量的39%和25%。

（3）按所含成分性质分：西药有新康泰克、泰诺、白加黑和日夜百服宁等20种，占感冒药品种总数的79%；中药有双黄连口服液、板蓝根颗粒等6种，占感冒药品种总数的21%。

5. 2001—2003年上半年全国药品零售市场感冒药销售前十名品种排序(略)

二、2004年中国感冒药市场预测

1. 市场规模

虽然中国的感冒药市场有30亿元的市场容量，但是近年来，市场的实际销售额却没能跟上这一数据。据资料显示，2001年中国感冒药的市场销售额为15亿元，2002年的市场实际销售额为18亿元，年增长率为20%，2003年由于上半年受非典疫情的影响，板蓝根、抗病毒口服液成为人们必备的预防良药，一度曾出现脱销的现象，因此估计2003年的市场实际销售额将超过25亿元，达到近年来的最高水平。所以，综合以上数据及市场走势，预测2004年中国感冒药市场的市场规模估计在21亿～23亿元之间，在21亿元左右的可能性更大。

2. 市场的总体趋势

2004年的中国感冒药市场将会呈现以下特征：

(1)纯中药制剂的感冒药如抗病毒口服液、板蓝根颗粒将会比2003年的销售量下降。(略)

(2)纯中药制剂的地位将逐步上升。(略)

(3)虽然纯中药制剂感冒药的地位有所上升,但2004年中国感冒药市场唱主角的仍然会是以西药为主的西药制剂,感康、日夜百服宁可能重新夺回感冒药市场销售排名的宝座。

(4)中国感冒药市场销售额的逐年增长将引发新一轮的市场竞争,2004年的中国感冒药市场将是诸侯争霸、风起云涌的局面。

3. 2004年中国感冒药市场销售前五位产品预测

第一位:感康　优势:(略)第二位:日夜百服宁　优势:(略)第三位:板蓝根颗粒(抗病毒口服液)　优势:(略)第四位:泰诺感冒片　优势:(略)第五位:双黄连口服液 优势:(略)

4. 值得注意的几点

(1)终端工作不容懈怠。(略)

(2)小心新一轮的价格战。(略)

(3)促销仍需加强。(略)

(引自中国营销传播网,2003年12月29日)

简析:这是一篇关于感冒药的市场调查与预测报告。文章没有前言,第一部分包含了情况介绍和分析,第二部分为预测和建议。第一部分通过权威机构的统计数据和市场调查的材料,反映了感冒药的市场容量、市场特征、消费特征和产品竞争四个方面的情况,并进行了有针对性的分析,既有定性的材料,又有定量的数据。第二部分针对第一部分提供的感冒药市场的产销情况,对2004年感冒药市场的规模、市场趋势、市场销售前五位的产品进行了预测;在此基础上,以注意事项的形式提出了建议。全文目的明确,资料翔实,分析的针对性强,建议具有可行性,对有关企业具有重要的参考价值。

思考与练习

1. 举例说明市场调查与预测报告的作用。

2. 写作市场调查与预测报告应注意哪些问题?

3. 调查2014年高校毕业生就业情况,运用科学的方法,预测2015年的就业形势,写一份市场调查与预测报告。

第三节　合同

一、合同的概念和作用

自1999年10月1日起,《中华人民共和国合同法》(以下简称《合同法》)正式实施,《中华人民共和国技术合同法》《中华人民共和国涉外经济合同法》《中华人民共和国经济合同法》同时废止。《合同法》第一章第二条指出:合同是"平等主体的自然人、法人、其他组织之间设立、变更、终止民事权利义务关系的协议"。依法订立的合同受法律的保护。因此,合同的作用是维护当事人的合法权益,保障经济活动的正常进行。此外,合同对于促进企业提高管理水平、强化内部激励机制等也具有重要作用。

二、合同的特点

合同具有合法性、平等性和规范性的特点。

(一)合法性

合同的合法性体现为:合同的内容必须符合国家政策、法规的要求,不得违反国家利益和社会公共利益;合同的签订必须履行合法的手续。

(二)平等性

合同的平等性:一是指签约各方法律地位平等,一方不得将自己的意志强加给另一方;二是指合同内容必须体现互惠互利、等价有偿的原则。

(三)规范性

合同的规范性首先体现在合同对各方当事人的行为具有法律约束力;其次是指合同写作的格式、内容必须符合特定的要求。

三、合同的种类

根据《合同法》的规定,中国现行的规范化合同主要有买卖合同,供用电、水、气、热力合同,赠与合同,借款合同,租赁合同,融资租赁合同,承揽合同,建设工程合同,运输合同,技术合同,保管合同,仓储合同,委托合同,行纪合同和居间合同等。此外,还有一些《合同法》中没有列出的合同,如出版合同、旅游组团合同和房屋装修合同等。

在实际工作中,只要按照《合同法》的原则和规定,参照规范化合同签订即可。

四、合同的写作和要求

合同既是法律文书，又是经济文书。合同的写作应符合《合同法》的有关规定，同时又要遵循应用写作的规律。

（一）格式规范

合同的书面格式主要有条款式、表格式、条款表格式三种。一份规范的合同一般包括四个方面的内容。

1. 标题。合同的标题一般由合同种类加文种构成，如《建设工程承包合同》。

2. 正文。正文一般包括引言、主体、结尾三部分。

（1）引言。引言说明订立合同的目的和依据，常用"为了……经双方协商一致，签订本合同并共同遵守"之类的句式表述。

（2）主体。主体是合同的核心部分，即合同的基本条款。这一部分涉及合同各方的责、权、利，内容复杂。写作时尤其要条理清晰明了，常以条、款、项、目等层次排序。

（3）结尾。结尾有的以"附则"表示，一般包括合同未尽事宜的协商办法、合同的有效期、正副本的份数和交存机构等。

3. 签署。签署包括各方当事人单位全称及代表签章，合同订立日期、地点，当事人单位的地址、邮编、电话、传真、开户银行和账号等。

4. 附件。有的合同有附件，如"房屋平面图""分摊建筑面积构成说明""设备清单"等，它们是合同内容不可分割的一部分，也具有法律效力。其目录一般列在签署项目之后。

（二）条款完备

根据《合同法》第 12 条的规定，合同一般都要具备以下基本条款。

1. 当事人的姓名或者名称和住所。当事人的名称和住所是指自然人的姓名和住所或单位的名称和地址。单位名称应使用全称，为行文方便，可在全称后括注简称，注明"甲方""乙方" "供方""需方"或"发包方""承包方"等。当事人的名称和住所是确定当事人及合同履行地法院对案件管辖权的主要依据。

2. 标的。标的是合同当事人双方权利义务共同指向的对象。不同性质的合同其标的各不相同。例如，购销合同的标的是货物；借款合同的标的是货币；租赁合同的标的是出租物；加工承揽合同的标的是劳务；建设工程合同的标的是工程项目等。标的是合同必备的基本条款，必须明确具体，否则，合同就无法执行。另外,国家禁止或限制流通的物品如枪支弹药、淫秽物品和毒品等不能作为标的。

3. 数量。数量是衡量当事人权利义务大小的尺度。在不同性质的合同中,应根据不同的标的物使用相应的计量单位。以物为标的的,其数量表现为一定的长度、体积或重量;以智力成果为标的的,其数量表现为智力成果的范围;以行为为标的的,其数量表现为一定的工作量。数量一定要确切,应当选择国家标准或双方共同接受的计量单位,还要确定双方认可的计量方法。

4. 质量。质量是检验标的内在素质和外观形态优劣的标准,涉及品种、型号、规格、等级、技术要求、物理和化学成分、款式和性能等。标的质量标准一般应写明国家、部颁、省级或行业标准字样。如确需特殊标准,则应由当事人议定并在合同相应条款中注明。

5. 价款或者报酬。

(1)价款是指在以物或智力成果等为标的的有偿合同中,取得利益的一方当事人向另一方当事人支付的以货币表示的代价(货币金额)。如租赁合同中的租金、技术转让合同中的转让费等。

(2)报酬是指在以行为为标的的有偿合同中,取得利益的一方当事人向另一方当事人支付的货币。如建设工程合同中的工程费用、居间合同中的中介费等。另外,合同履行中的附加费用,如保险费、保管费等,也应一并明确规定。合同中应准确说明价款或者报酬数额及计算标准、结算方式和程序等。

6. 履行期限、地点和方式。

(1)履行期限是指合同当事人双方履行义务的具体时限。履行期限对双方都有制约力,是检验合同能否全面、正确履行的重要标准之一。

(2)履行地点是指当事人履行合同规定义务的地点,它直接关系到合同履行的义务和费用,因此,必须注明合同履行的确切地点。如货物运输合同中,装货和卸货地点就非常重要,无论是装货地点还是卸货地点,出现差错都会给承运方造成损失,引起合同纠纷。为了避免因地点同名、同音出现错误,地点应写明省、市、县的名称。

(3)履行方式是指合同当事人履行义务的方式,因各种合同的不同内容而有差异。一般有货物交付方式、验收方式、价款结算方式和运输方式等。履行方式的选择,需经当事人协商一致确定。

7. 违约责任。违约责任是指当事人不履行合同义务或履行合同义务不符合约定而承担的责任。违约责任的签订对于督促合同当事人履行合同义务,并在违约发生后依法解决经济纠纷、维护正常经济秩序具有十分重要的作用。

8. 解决争议的方法。解决争议的方法是指合同当事人之间解决争议的方法，主要有和解、调解、仲裁和诉讼四种。当事人在订立合同时，应当约定解决争议的方法。

9. 其他条款。除合同基本条款以外，双方当事人应根据实际情况约定其他有关双方权利和义务的条款。如租赁合同，除通用条款外，还可写明租赁用途、租赁期间的财产保养和维修条款等。

（三）语言准确，表达周密

订立合同是一项严肃的法律行为。为了完整周全地体现双方当事人的意愿，减少合同纠纷，合同的语言必须准确稳妥，表达周密而无疏漏。

1. 语言准确。语言准确要求把握词义，准确使用每一个概念。例如，“定金”与“订金”，音同意殊。根据《合同法》中的定金法则，当缴纳定金者不履行协议时，无权请求返还定金；接受定金方不履行协议时，要双倍返还定金。订金则有预约之意，当不想履约时，可申请原额退还。消费者常常不明二者的区别，在购物过程中上当受骗的事情时有发生

语言准确要求多用书面语。因为书面语用词规范，歧义较少，应不用或少用口语词和方言词。例如，同一种农产品，因地域不同，名称各异。如黑木耳，在北方多称为“木耳”，而南方某些地区称为“云耳”。在合同中应采用双方认识一致的通用名称，必要时还应加以详细的说明。

语言准确要求慎用模糊词语。诸如“根据实际数量交货”“根据市场供需收货”“争取第三季度交货”“赢利后还款”等提法，会埋下合同纠纷的隐患。

2. 表达周密。表达周密要求内容要详尽、全面，不能遗漏或有意省略。例如，买卖合同中货物的数量条款，必要时可以根据国家有关规定，在合同中约定超欠交货幅度、正负尾差、合理损耗和合理磅差等，并且要用具体的数字表示；涉外合同中要明确以何种货币为支付手段；转账结算要写明“验单付款”还是“验货付款”。

表达周密要求对标的质量的规定要细致，多用修饰限制性词语。限制性词语的运用能准确地规定事物的性质，避免歧义。例如，“供货方保证货物系用上等材料和一流工艺制成，崭新、未曾使用，并在各方面与合同规定的质量、规格和性能相一致。”而在一则莱阳梨买卖合同中，标的仅写“莱阳梨”，没有关于其大小、成熟度、外观要求的具体的限定词，结果货到后发现疤痕多，品相不好，买方欲诉无据，只好自认倒霉。

《合同法》实施以来，国家工商行政管理局和交通部、国土资源部等行政执法和行业主管部门经反复优选评审，通过法定程序发布了一系列合同示范文本。订立合同，要选用统一的合同示范文本；如果内容特殊，没有示范文本，应

该以示范文本为参考自行拟制。

【例3】

北京市房屋租赁合同(经纪机构居间成交版)

合同编号:__________

出租人(甲方):________________　证件类型及编号:________________

承租人(乙方):________________　证件类型及编号:________________

居间人(丙方):________________　备案证明编号:__________________

依据《中华人民共和国合同法》及有关法律、法规的规定,甲方与乙方在丙方的居间撮合下,在平等、自愿的基础上,就房屋租赁的有关事宜达成协议如下:

第一条　房屋基本情况

(一)房屋坐落于北京市__________区(县)__________街道办事处(乡镇)________________,建筑面积__________平方米。

(二)房屋权属状况:甲方持有(□房屋所有权证/□公有住房租赁合同/□房屋买卖合同/□其他房屋来源证明文件),房屋所有权证书编号:________________或房屋来源证明名称:________________,房屋所有权人(公有住房承租人、购房人)姓名或名称:__________________,房屋(□是/□否)已设定了抵押。

第二条　房屋租赁情况及登记备案

(一)租赁用途:__________________;如租赁用途为居住的,居住人数为:__________________,最多不超过__________人。

(二)如租赁用途为居住的,甲方应自与乙方订立本合同之日起7日内,到房屋所在地的社区来京人员和出租房屋服务站办理房屋出租登记手续。对多人居住的出租房屋,乙方应将居住人员情况告知甲方,甲方应当建立居住人员登记簿,并按规定报送服务站。本合同变更或者终止的,甲方应自合同变更或者终止之日起5日内,到房屋所在地的社区来京人员和出租房屋服务站办理登记变更、注销手续。在本合同有效期内,居住人员发生变更的,乙方应当自变更之日起2日内告知服务站,办理变更登记手续。

居住人员中有外地来京人员的,甲方应提供相关证明,督促和协助乙方到当地公安派出所办理暂住证;居住人员中有境外人员的,(□甲方/□乙方)应自订立本合同之时起24小时内到当地公安派出所办理住宿登记手续。

租赁用途为非居住的,甲方应自订立房屋租赁合同之日起30日内,到房屋所在地的房屋行政管理部门办理房屋租赁合同备案手续。

第三条 租赁期限

(一)房屋租赁期自________年______月______日至________年______月______日,共计________年______个月。甲方应于________年______月______日前将房屋按约定条件交付给乙方。《房屋交割清单》(见附件一)经甲乙双方交验签字盖章并移交房门钥匙及____________________后视为交付完成。

(二)租赁期满或合同解除后,甲方有权收回房屋,乙方应按照原状返还房屋及其附属物品、设备设施。甲乙双方应对房屋和附属物品、设备设施及水电使用等情况进行验收,结清各自应当承担的费用。

乙方继续承租的,应提前_____日向甲方提出(□书面/□口头)续租要求,协商一致后双方重新签订房屋租赁合同。

第四条 租金及押金

(一)租金标准及支付方式:__________元/(□月/□季/□半年/□年),租金总计:人民币__________元整(¥:__________)。

支付方式:__________(□现金/□转账支票/□银行汇款),______押______付,各期租金支付日期:__________,__________,____________________。

(二)押金:人民币__________元整(¥:__________)租赁期满或合同解除后,房屋租赁押金除抵扣应由乙方承担的费用、租金,以及乙方应当承担的违约赔偿责任外,剩余部分应如数返还给乙方。

第五条 其他相关费用的承担方式

租赁期内的下列费用中,______________由甲方承担,________________由乙方承担:(1)水费(2)电费(3)电话费(4)电视收视费(5)供暖费(6)燃气费(7)物业管理费(8)房屋租赁税费(9)卫生费(10)上网费(11)车位费(12)室内设施维修费(13)____________________费用。

本合同中未列明的与房屋有关的其他费用均由甲方承担。如乙方垫付了应由甲方支付的费用,甲方应根据乙方出示的相关缴费凭据向乙方返还相应费用。

第六条 居间服务

(一)丙方应当认真负责地为甲乙双方订立房屋租赁合同提供机会或媒介服务,如实报告有关订立房屋租赁合同的事项,并协助甲乙双方办理物业交验。

(二)本合同签订后(□即时/□______日内),甲方应向丙方支付月租金的__________%即人民币__________元整(¥:__________)作为佣金,支付方式:□现金/□转账支票/□银行汇款;乙方应向丙方支付月租金的__________%即人民币__________元整(¥:__________)作为佣金,支付方式:□现金/□转账支票/□银行汇款。甲乙双方支付的佣金总和应不超过月租金标准。

(三)本合同签订后,如租赁双方解除、中止或变更租赁关系的,租赁双方仍应向丙方支付所约定的佣金。

第七条 房屋维护及维修

(一)甲方应保证出租房屋的建筑结构和设备设施符合建筑、消防、治安、卫生等方面的安全条件,不得危及人身安全;乙方保证遵守国家、北京市的法律法规规定以及房屋所在小区的物业管理规约。

(二)租赁期内,甲乙双方应共同保障该房屋及其附属物品、设备设施处于适用和安全的状态:

1. 对于该房屋及其附属物品、设备设施因自然属性或合理使用而导致的损耗,乙方应及时通知甲方修复。甲方应在接到乙方通知后的______日内进行维修。逾期不维修的,乙方可代为维修,费用由甲方承担。因维修房屋影响乙方使用的,应相应减少租金或延长租赁期限。

2. 因乙方保管不当或不合理使用,致使该房屋及其附属物品、设备设施发生损坏或故障的,乙方应负责维修或承担赔偿责任。

第八条 转租

除甲乙双方另有约定以外,乙方需事先征得甲方书面同意,方可在租赁期内将房屋部分或全部转租给他人,并就受转租人的行为向甲方承担责任。

第九条 合同解除

(一)经甲乙双方协商一致,可以解除本合同。

(二)因不可抗力导致本合同无法继续履行的,本合同自行解除。

(三)甲方有下列情形之一的,乙方有权单方解除合同:

1. 迟延交付房屋达______日的。

2. 交付的房屋严重不符合合同约定或影响乙方安全、健康的。

3. 不承担约定的维修义务,致使乙方无法正常使用房屋的。

4. ____。

(四)乙方有下列情形之一的,甲方有权单方解除合同,收回房屋:

1. 不按照约定支付租金达______日的。

2. 欠缴各项费用达__________元的。

3. 擅自改变房屋用途的。

4. 擅自拆改变动或损坏房屋主体结构的。

5. 保管不当或不合理使用导致附属物品、设备设施损坏并拒不赔偿的。

6. 利用房屋从事违法活动、损害公共利益或者妨碍他人正常工作、生活的。

7. 擅自将房屋转租给第三人的。

8. ____。

（五）其他法定的合同解除情形。

第十条 违约责任

（一）甲方有第九条第三款约定的情形之一的，应按月租金的______%向乙方支付违约金；乙方有第九条第四款约定的情形之一的，应按月租金的______%向甲方支付违约金，甲方并可要求乙方将房屋恢复原状或赔偿相应损失。

（二）租赁期内，甲方需提前收回该房屋的，或乙方需提前退租的，应提前______日通知对方，并按月租金的______%支付违约金，甲方还应退还相应的租金。

（三）因甲方未按约定履行维修义务造成乙方人身、财产损失的，甲方应承担赔偿责任。

（四）甲方未按约定时间交付该房屋或者乙方不按约定支付租金但未达到解除合同条件的，以及乙方未按约定时间返还房屋的，应按__________标准支付违约金。

（五）丙方提供虚假信息、隐瞒重要事实或有恶意串通行为的，除退还已收取的佣金外，还应赔偿由此给甲方或乙方造成的损失。

（六）____。

第十一条 合同争议的解决办法

本合同项下发生的争议，由三方当事人协商解决；协商不成的，依法向有管辖权的人民法院起诉，或按照另行达成的仲裁条款或仲裁协议申请仲裁。

第十二条 其他约定事项____
______________。

本合同经三方签字盖章后生效。本合同（及附件）一式______份，其中甲方执______份，乙方执______份，丙方执______份，__________执______份。

本合同生效后，各方对合同内容的变更或补充应采取书面形式，作为本合同的附件。附件与本合同具有同等的法律效力。

出租人（甲方）签章：______________________

委托代理人：______________________

联系方式：______________________

承租人（乙方）签章：______________________

国籍：______________________

委托代理人：______________________

联系方式：______________________

居间人（丙方）签章：______________________

联系方式：______________________

经纪执业人员签字：________________

资格注册证书编号：________________

______年______月______日

简析：这是一份条款式房屋租赁合同，为经纪机构居间成交版。其格式规范，条款完整，对租赁双方的权利、义务、违约责任等规定得具体、明确，便于合同的履行。

思考与练习

1. 举例说明合同基本条款写作应注意的问题。

2. ××大学拟购××牌电脑 600 台，以进一步改善教学条件。请选出 6 位同学，3 人一组，分别代表厂家与校方进行谈判。谈判结束后，请代双方签订一份条款式合同。

3. ××商场与××化妆品厂建立了长期的合作关系，商场销售该化妆品厂的 12 种产品。请代拟一份表格式购销合同。

第四节　商品说明书

一、商品说明书的概念和作用

商品说明书是向消费者介绍商品的有关知识、使用方法、保养及维修等事项的文书。

商品说明书是架设在商品和顾客之间的一座桥梁。首先，它是消费者使用产品的指南，消费者借助商品说明书了解商品的性能、用途及相关注意事项，从而更好地实现商品的使用价值。其次，说明书随着产品走入千家万户，使消费者通过它更多地了解生产企业，对产品和企业起到了广告宣传的作用。

二、商品说明书的特点

（一）实用性

商品说明书的目的是便于消费者使用产品。它以说明为主要表达方式，通过客观、真实、详细的介绍，使消费者全面地了解商品，掌握使用方法和注意事项,从而取得最佳使用效果。

(二)科学性

商品说明书的科学性表现在其内容反映产品实际情况,对有关知识、原理的介绍客观公允。特别是对于使用后可能产生的问题,应本着对用户负责的态度加以重点提示。

(三)条理性

为了便于消费者简便、快速地掌握商品说明书的内容,商品说明书常常按照产品结构的空间顺序和使用产品时的操作顺序,对商品的使用和保养方法进行详细介绍,条理清楚,次序分明。

三、商品说明书的写作和要求

(一)把握结构要素

商品说明书一般由标题、正文和结尾三部分组成。

1. 标题。标题由商品名称加文种构成,如《海尔洗衣机说明书》;或只表明商品名称,如《圣富德杭白菊》。

2. 正文。正文部分是说明书的主体,因物而异。商品说明书一般包括以下内容:商品的性能(性质、状态、功能)及特点、商品的原料及构成、商品的规格型号、商品的使用方法及用量(必要时配以图表)、商品的保养与维修、注意事项和厂家或商家的承诺等。写作时可根据不同类型商品的不同特征,具体细致地介绍说明。写作方法主要有三种。

(1)条款式。采用分条列举、逐项说明的方式进行介绍,层次清晰,简洁醒目。

(2)概述式。对商品的有关知识进行概要式的介绍,篇幅短小,内容连贯,能突出商品个性,为消费者留下深刻印象。这种方式常用于影视剧、书刊等的介绍。

(3)综合式。兼概括式和条款式两者之长,既有概括介绍,又有分项具体说明。这种概述与条款相结合的说明书,一方面可以突出产品的独特之处,另一方面又使常规项目的介绍一目了然,便于消费者理解与使用。

3. 结尾。结尾要注明生产厂家的名称、地址、电话号码和网址等,以示负责,同时便于消费者联系查询。

(二)立足受众需求

随着科技的发展,各类高新科技产品不断涌现,产品新的功能、配置不断推出,不少消费者面对新产品往往不知所措。而有些商品说明书却“说而不明”,为消费者使用产品带来极大的不便;有的内容过于简单,让人无所适从;有的术语深奥,让人不知所云;个别说明书内容陈旧,“超期服役”;等等。这些说明书极易误导消费者，引发意外事故和纠纷，造成严重的后果。因此，写作商品说明书时，要考虑普通读者的理解接受能力，了解消费者的心理需求，写出真正能让他们易看易懂的说明材料。

1. 直截了当。商品说明书是以用户为主要读者对象的，因此，商品说明书应针对大众最为关心或最为重要的信息，直截了当地加以介绍，若“拐弯抹角”“含糊其辞”，则形同虚设，毫无意义。另外，商品说明书不仅要写出商品的独到之处、操作方法，还应将商品的不足或因操作不当可能产生的问题或引发的后果告诉消费者。其实，这样做，不仅不会影响消费者的购买与使用，反而会增加消费者对商品的信任度。

2. 通俗浅显。面向大众的商品说明书，应力求通俗易懂，少用和不用专业术语和生僻词语。目前，在药品说明书中存在的一个突出问题是，药品规格和用量都用克、毫克表示，甚至规格和用量的计量单位不一致，消费者往往需要几次换算方知用量，即使是文化水平较高的人也倍感麻烦，容易出错。

3. 直观具体。商品说明书对产品的构造、装配方法、操作技术和注意事项等项目的说明，要配以图样、表格，作具体形象的解说，使用户把握要领，牢记在心。

【例 4】

贝特令

（儿童用鱼肝油软囊滴剂）

本品以 100% 天然鲨鱼肝油精制而成，内含婴幼儿及儿童发育成长必需的维生素 AD 以及能促进脑细胞发育、具有健脑、益智作用的二十二碳六烯酸（DHA）。本品采用国内首创单剂量包装，可开口后直接滴服，使用卫生。

【质量标准】DB33/WS—418—84—95(3)

【批准文号】浙卫药准字(1993)1021－1

【主要成分】100% 天然鲨鱼肝油制剂，每囊含维生素 A1800 单位、维生素 D600 单位、二十二碳六烯酸（DHA）50mg。

【作用与用途】增强体质，助长发育，健脑，益智，帮助钙、磷吸收，增强对传染病的抵抗力，用于婴幼儿及儿童成长期补充维生素 A、维生素 D 及 DHA。预防干眼病、夜盲症和佝偻病。本品也适用于孕妇、乳母补充维生素 A、维生素 D 及 DHA，有利于胎儿、婴儿健康成长和大脑发育。

【用法与用量】开口后将内容物滴服。婴幼儿、儿童、孕妇、乳母，每日均为 1 囊，或遵医嘱。有吞服能力的儿童、孕妇、乳母可在饭前直接吞服。

【注意】一次大剂量或长期过量服用可引起中毒反应。

【规格】铝塑装，每盒24囊。每囊合VA1800单位、VD600单位、DHA50mg。

【贮藏】遮光，密封，阴凉干燥处保存。

【附开口方法】本品为单剂量包装，婴幼儿不宜直接吞服。服用时可将滴嘴端浸入开水中，热烫半分钟，再挤压软囊，将内容物徐徐滴入婴幼儿口中，或掺入牛奶、米糊、粥内服用。

中国关心下一代工作委员会专家委员会、中国儿童卫生保健疾病防治指导中心推荐产品。

地址：浙江省舟山市普陀区兴建路1号

邮编：316100　电话总机：(0580)3012812

传真：(0580)3012170　电挂：普陀4720

浙江海力生制药公司

简析：这是一则条款式药品说明书。本品的使用者主要是婴幼儿，说明书充分考虑了婴幼儿产品使用的特点，突出其单剂包装的优势。其内容完备，条理明晰，服用提示周到细致，富有人情味。

思考与练习

1. 什么是商品说明书？它有哪些写作要求？
2. 为一种常用的家用电器写一份商品说明书。
3. 找一份同一种商品的说明书与广告，比较分析各自的特点，把握二者的不同。

第五节　商品广告文案

一、商品广告文案的概念和作用

商品广告文案是商品广告中的语言文字部分。在报纸、杂志、广播、电视和互联网等主要媒体上，广告的表现形式多种多样，但任何形式的广告都离不开语言文字这个最重要的工具。

广告文案是广告全部信息的核心，如果说画面和声音将广告的内容蕴含在内，广告文案则将广告的内容凸显于外。广告信息的传播，主要是通过语言文字实现的。一则广告可以没有画面和声音，但不能没有语言文字。广告文案承担着提高企业和产品声誉、促进交流与竞争、刺激需求与指导消费的重任，一则成功的广告离不开好的广告文案。

二、商品广告文案的特点

商品广告是一种带有明显功利性、实用性的宣传手段。基于商品广告的这一特性，广告文案具有如下特点。

（一）真实性与合法性

广告文案必须客观真实地反映商品的真实情况，否则将会损害消费者和竞争者的利益，造成不良的社会后果。广告文案的艺术化必须以真实为基础，不能凭空捏造，也不能让消费者产生误解。广告文案的撰写，还必须遵守国家法律法规的有关规定。

（二）新奇性与艺术性

人们对广告的接触往往是偶然的、无意识的。在短时间内使受众获得对商品清晰、难忘的印象，是作者孜孜以求的目标。要吸引受众，广告就要新奇生动，以一种独特的、出人意料的甚至是惊人的表现方式突出产品的特点及与消费者生活的关系。另外，过去为推销商品"广播式"的直接宣传，已经为艺术化的方式所替代 。广告文字与音画、实物等结合，给人以全方位的震撼，使公众在艺术享受中了解商品的有关信息，从而激发购买欲望。

三、商品广告文案的种类

根据媒体的不同，对广告文案的类型可做如下划分。

（一）视觉广告文案

视觉广告文案主要是通过报纸、杂志、书籍、路牌、车身和电子屏幕等媒介介绍商品信息的文案。鉴于媒介的视觉特征，对这类文案的语言要仔细斟酌，以经得起受众的反复推敲。对于路牌、车身广告，需要人们在瞬间牢记，所以要极其简洁，一般为标语、口号式的几句话。

随着互联网的发展，互联网广告应运而生。互联网广告一经发布，即可迅速传到世界各地，网民不仅可以随时、随意浏览，而且还可链接到相关网页。互联网广告基本上通过视觉传达，其文案的制作与普通视觉广告类似。但写作这类文案，还需要在如何吸引网民不断点击、层层深入上下功夫。

（二）听觉广告文案

听觉广告文案主要是通过电台介绍商品信息的广告文案。听觉广告文案不受空间限制，听众广泛，可通过独白、旁白和对话等语言形式，借助诗歌、小品和相声等艺术形式,生动活泼地接近受众生活。听觉广告文案的缺陷是缺少形象,而且受时间限制,广告内容转瞬即逝,不易记忆。因此,其语言应简单、清晰,同时利用音调、节奏和音响等的调节变化,以达到最佳效果。

(三)视听广告文案

视听广告文案主要是通过电影、电视等媒体介绍商品信息的广告文案。随着电视机在城乡的普及,电视广告的巨大效力越来越明显,中央电视台黄金时段广告的竞拍活动已成为知名大企业激烈拼争的大舞台。文案与声音、画面配合,集视觉、听觉于一身,可以综合利用画外音、独白、对话和字幕等形式,引人入胜,极富感染力。

根据商品广告的内容,又有食品、化妆品、药品、服装和家用电器等各类广告文案之别。

四、商品广告文案的写作和要求

广告文案写作,就是对广告语言文字部分的创意和组织安排。广告文案涉及的内容范围广,写作的风格与模式既不同于一般的应用文,也与文学作品有明显差异,需要根据不同的广告内容和广告目的灵活处理。

(一)商品广告文案主题的确定

一篇好文章要有集中、明确、新颖和深刻的主题,好的广告文案也应如此。商品广告文案的主题实际就是广告的主题,作者要根据企业战略目标,综合考察产品、市场和消费者等各方面的特点,恰当地为产品定位,使广告真正成为激发视听、诱导购买的动力。总的来讲就是,商品广告文案在确立主题时要明确两个问题:广告的诉求对象是谁;想让诉求对象知道什么。

1. 考察个性特征,突出商品优势。古代兵家有“伤其十指不如断其一指”的说法,这对广告主题的确立颇有启发。广告主题的选择范围很广,如商品的历史、性能、特点、用途、原料、制造工艺、生产设备、声誉及消费者的反应等,但不可能一一介绍。在同类商品品牌繁多的情况下,只有挖掘产品的独到之处,寻找卖点,才能使商品在竞争中脱颖而出。另外,文案主题的确定,还要考虑商品不同发展阶段宣传的侧重点。在商品的创牌阶段,广告文案应着重介绍商品的特点、用途,以便能引起消费者的注意,产生购买欲望;在商品的竞争阶段,应着重介绍本产品在同类产品中的优势和长处,使消费者不轻易改变购买趋向;在商品的保誉阶段,应着重介绍消费者或权威部门对产品的赞誉和肯定。

2. 了解消费者心态,适应受众需求。铺天盖地的广告,已经使大众对于广告宣传习以为常。通常情况下,人们不会有意识地去看广告,而是在无意中广告侵入了自己的视听领域，因而特别能引起人们注意并导致其购买行为的广告是有限的。这就需要深入实际，详细调查消费者和市场的情况，根据消费者对产品的关注点及其购买能力，选择恰当的立意角度。

（二）商品广告文案的构成

商品广告文案没有固定的结构模式，在写作实践中，往往围绕几个基本要素写作。

1. 标题。标题是广告的“眼睛”，要力求生动新颖，“吸引眼球”；同时又要明白晓畅，突出主题。美国广告界巨子大卫·欧吉沛认为，读广告标题的人数是读正文人数的5倍，而且广告标题一经写成，就等于花掉了广告费用的80%。可见，标题的重要及其制作的难度。

从形式来讲，广告标题有直接标题、间接标题和复合标题三种。

（1）直接标题。这种标题直截了当地点明主题，大多用企业名称、品牌名称和商品名称命题。如“众里寻他千百度，博雅西苑我的家”“吃火锅没有川崎怎么行？”此类标题直白易懂，一目了然。

（2）间接标题。这种标题不直接介绍广告内容，而是委婉地暗示或诱导受众。如“从12月23日起，大西洋将缩短20%”（航空公司广告标题）；“打开一扇窗，让世界了解你”（诺贝信息传播网的广告标题）。此类标题迂回婉转、耐人寻味。

（3）复合标题。这种标题由以上两种标题结合而成。如“悠悠寸草心，报得三春晖——三九胃泰的承诺”。

广告标题一要简洁凝练，二要突出题旨，三要通俗易懂，四要新颖有趣。

2. 正文。正文是广告文案的主体，是广告标题的发挥和延展，对广告内容作具体介绍、说明。如果说标题的作用在于吸引消费者，那么正文的重点在于说服消费者，使其注意、感兴趣，进而产生购买欲望，形成购买行为。在追求广告创意的今天，借助于作者独特的创意和新颖的构思，正文部分的写作日趋灵活，风格日趋多样。常见的正文体式有六种。

（1）陈述体。这种体式以平直的语言介绍商品的特点，适于介绍新产品。

（2）证明体。这种体式借助权威部门对产品的鉴定评价来宣传产品的优点，使消费者产生“信得过”的心理。

（3）问答体。这种体式以设问的形式形成悬念，通过对话或自问自答，引起消费者的好奇心。

（4）幽默体。这种体式以诗歌、相声、故事和小品等形式，风趣幽默地介绍商品信息，生动活泼，引人入胜。

(5)目录体。这种体式以罗列目录的形式进行宣传,条理清晰,适宜于期刊征订宣传。

(6)描绘式。这种体式以描写为主要表达方式,介绍产品的性能特点,或浓墨重彩,或白描传神,使受众在强烈的审美感受中产生购买欲望。

3. 广告标语。广告标语是表现企业相对稳定的广告主题的简洁有力的宣传口号。一方面,它是企业文化的重要组成部分,可以号召员工齐心协力为实现企业的目标而奋斗;另一方面,它又向消费者灌输一种简明易懂、长久不变的观念,使其产生对某个企业商品的固定、良好的印象,最终形成持续性的购买,如"海尔的承诺让您放心"。标语的作用已为越来越多的企业家所重视,有的企业甚至通过新闻媒介公开向社会高价征集广告语,把创意上乘的广告语视为企业的财富。优秀的广告语可以通过注册受到保护,不得仿效。广告标语的写作一要有好的创意;二要内容有冲击力;三要语音和谐,便于传诵。

广告标语和广告标题都处于广告文案中的醒目位置,常常被人们混淆。其实,两者的区别是很明显的。

(1)作用不同。标语的作用是树立企业或产品的形象;标题的作用是吸引受众,导入正文。

(2)位置不同。标语的位置灵活,只要与其他广告成分统一和谐,可以放在广告的任何位置;标题的位置是固定不变的。

(3)地位不同。标语表达的是独立、明确的概念,常脱离正文、音、画等独立存在;标题需要与正文、音、画一起完成信息传递的任务。

4. 随文(又称附文)。随文是传递与企业相关的信息,为与客户的业务往来服务的,一般包括企业名称、地址、联系人、开户银行、银行账号、电话、电传和网址等。

(三)商品广告文案的语言

撰制广告文案要抓住宣传要点,表达简洁准确,追求"触目惊心"的效果,这是广告语言的上乘境界。日本丰田汽车在中国的广告语"车到山前必有路,有路必有丰田车"是简洁生动之佳作。广告文案写作可以使用多种手法强化语言的表现力。

1. 使用通俗语言。如南京一复合饲料的广告:

养猪的都想猪仔肥得快,
养鸡的都想下蛋多,
这不是"梦里吃仙桃——想得美",
现在已经是"馒头吃到豆沙边——尝到甜头"啦!

这则广告是面向农民的，不能也不必使用专业术语，像列举硫酸亚铁、锌等微量元素介绍其特点之类。广告文案使用了通俗易懂的大白话、歇后语，广大农民爱听易懂。

2. 使用诗化语言。诗化语言源自中国传统的诗歌艺术，其意境优美，语音和谐，节奏明快，国人易于接受。例如，儿童乳品饮料“娃哈哈”，其中的“娃”突出消费的主要对象；“哈哈”则为笑声，表达了饮用后的美妙感受；而且三字同韵，发音响亮，朗朗上口。另外，“娃哈哈”源于流传甚广的民歌，可引发联想，产品的形象就在悠扬的歌声中树立起来了。

3. 使用修辞手法。汉语的修辞方式异常丰富，恰当选用修辞手法，可避免陈词滥调，创造出新颖独特的广告文案。如联想电脑的广告标题“人类失去联想，世界将会怎样”，用“联想”的双关义，准确形象。

目前，在广告宣传中存在不少语言问题，以下几点尤其值得注意。

(1)庸俗化。在广告中出现思想庸俗、格调低下的语句，诸如“每天给你一位新太太”，“××空调，就像一个老婆”之类。写作广告文案，应提倡思想健康、格调高雅。

(2)滥加修饰。“式样新颖、质量上乘、价格特优、誉满全球”之类的广告语，随意夸大，空洞无物。

(3)崇洋媚外。例如，大讲中外合资，或一味强调某某国进口原装，或让外国人用蹩脚的汉语向中国人推销，等等。

商品广告文案写作的随意性较大，不像一般应用文结构稳定，有板有眼，因此，虽然文字不多，但创作难度大，需要综合语言文字、市场营销、受众心理和音乐绘画等各方面的知识，运用多种思维方式，才有可能创作出既让人爱看又诱人动心，宣传效果极佳的作品。

【例5】

(广告标语)

不久前我们还认为它挺合适

(正文)

成长中的孩子一天一个样，

现在看起来合身的衣裳，

过不了多久就变了样，

富士通 C800i 系列双 CPU 设计，扩展性强，

给迅速发展的您度身定造，

为日后发展留有余地，

当企业规模扩大时，
只需购置一块 CPU，
而不是一台服务器，
便可获得足够的网络处理能力。
富士通 C800i 系列——
一台预期公司越来越大的服务器。

简析：这是富士通 C800i 系列电脑服务器广告。画面占据了广告的主体部分，两幅画面中分别有一个可爱的小男孩和小女孩。小男孩在吃力地往一只脚上穿着鞋子，但鞋小了，怎么也穿不上；小女孩在吃力地系着外衣的扣子，衣服瘦了，系不上。与画面相结合的是一句十分醒目的大字广告语："不久前我们还认为它挺合适"。这似孩子般幼稚的低语，造成了一种悬念，引起读者的好奇心。正文以简要的文字，将信息重点加以陈述。用孩子的成长比喻人们对电脑服务器处理能力需求的不断变化，反衬富士通 C800i 系列能为日后发展留有余地的优势，从而突出该品牌扩展性强的特征。该广告化无形为有形，把难以解释的科技知识具体化、形象化。它给消费者带来的好处是不言而喻的：不仅省事而且省钱。诉求点准确，表达效果强烈。

思考与练习

1. 结合例文谈谈如何确定广告文案的主题。
2. 为《商品说明书》一节的例文"贝特令"写一则广告文案。
3. 选择两篇广告文案（优劣各一）加以评析。

第六节 经济消息

一、经济消息的概念和作用

经济消息是对经济活动中有新闻价值的事实的简要报道。它是新闻媒介（报刊、广播、电视和网络等）报道经济活动时所使用的最主要的体裁。

经济消息的作用是宣传党和国家在经济领域的方针、政策，及时反映经济生活，准确把握经济动向，广泛传播经济信息，积极促进经济的健康发展。

二、经济消息的特点

经济消息是经济新闻中使用频率最高的一种文体,其经济新闻的特点极为突出。经济消息的特点主要有三点。

(一)真实性

真实是新闻的生命。经济消息中的事实必须真实可靠,不允许有任何的虚构、夸张,有关的人名、地名、数字等要准确无误。同时,作者应把握事物的本质,对事实的分析、解释,应符合事物的本来面目,不应曲解、拔高或贬低。虚假的经济消息不仅不能起到应有的作用,反而会造成极坏的社会影响。

(二)时效性

时效性首先表现在经济消息必须有新的事实,表现出新的特点与意义,其内

容必须是“现在进行时”或“现在完成时”的。要突出“新”,行动就必须快。经济消息价值的大小很大程度上取决于是否能够迅速地采写与发表。时效性还体现在报道时机要适宜,要保证社会效果,在政策许可的前提下及时报道,不能为抢消息而盲目求快。

(三)简洁性

简洁性指经济消息的篇幅短小,语言精练。经济消息的职能是迅速及时地把最新的经济事实告诉读者,这就决定了它不能像通讯那样详细地展开情节,只能抓住何时、何地、何人、何事和何果等新闻要素,以简洁精炼的文字概括地介绍事实,因而经济消息的篇幅一般都很短小,有的甚至只有几十个字。这不仅体现了时效性的需要,而且能使受众在有限的时间内了解更多的经济信息。

三、经济消息的种类

按内容和写作特点划分,常见的经济消息主要有四种类型。

(一)动态经济消息

动态经济消息是对刚刚发生或正在发生的经济事实的简要报道。其内容单一概括,篇幅短小。写作时,要求新闻要素齐全,主题集中,一事一报;直述事实,舍弃细节;选准角度,突出动感。

(二)综合经济消息

综合经济消息是围绕一个主题,选取相关经济事实所做的综合报道。它的报道面广,概括性强,在很大程度上体现着舆论导向和报道的主旋律。写作时应注意点面结合,以综述为主,辅之适当的分析。

（三）典型消息

典型消息又称经验消息，是针对经济工作中的典型经验和成功做法的集中报道。它新颖，注重探索，可拓展思路。写作时，应注意把做法和思路相结合，找到个别与一般的结合点，以充分发挥其启迪价值，体现其科学指导意义。

（四）述评消息

述评消息是对最新经济事实所进行的报道和评论。这类消息既要报道经济事实，又要对经济事实进行必要的分析、说明，具有较强的针对性和政策性。述评消息的写作常采用夹叙夹议的形式，而且需要作者具备相当的理论水平和分析概括能力。常见的有记者述评、时事述评等。

四、经济消息的结构形式

经济消息的结构形式是指经济新闻材料的安排方式。由于新闻事实内部存在着多种联系，记者的报道倾向和认识能力又因人而异，因而同一内容的新闻，在不同记者的笔下，其结构会呈现为不同的样式。常见的经济消息的结构形式有“倒金字塔式结构”“正金字塔式结构”“混合式结构”“并列式结构”等。

（一）倒金字塔式结构

倒金字塔式结构是把重要的、新鲜的和吸引人的材料放在篇首，将不重要的材料放在篇末，从导语至结尾按重要性程度递减的顺序来组织安排新闻材料，从而形成最重要—重要—次要的形式，像倒置的金字塔。倒金字塔式结构便于受众迅速掌握全文的精要，满足受众尽快获取最新消息的需求；便于记者抢新闻，将重要的新闻事实先发出去；便于编辑快速选稿、分排。另外，它还给编排提供了一定方便。这种结构适宜时效性强、事件单一的突发性新闻。但它也易于造成程式化、单一化的毛病，而且需要记者准确判断新闻材料的重要程度，合理安排。

（二）正金字塔式结构

正金字塔式结构又称时序式结构或编年体结构，这种结构以时为经，以事为纬，按时间先后顺序安排事实，叙事线索清晰，现场感强，适应受众“从始到终”“有头有尾”的认识习惯，适合写以情节取胜的新闻。其缺点是开头平淡，难以一下子吸引受众，消息的精华淹没在长篇的叙述之中，受众必须读完整篇报道，才能了解其具体内容。

（三）混合式结构

混合式结构是一种集倒金字塔式结构和正金字塔式结构的优势于一体的

结构形式。导语部分采用倒金字塔结构的形式写作，以突出新闻事实，增强新闻感。导语之后按时间顺序安排材料。其优点是既开门见山，引人入胜，又重点突出，脉络清晰；缺点是容易导致首尾重复。

(四)并列式结构

并列式结构通常把重要的信息概括在导语中，然后分述各个新闻事实。它适用于时间跨度大、范围比较广的综合消息。

五、经济消息的写作和要求

经济消息通常由标题、消息头(电头)、导语、主体、结尾及背景六部分组成。

(一)有吸引力的标题

经济消息的标题不仅是全文的"眉目"，还是对内容的高度概括，具有提示报道内容、吸引并引导受众阅读理解以及美化版面的作用。复杂的消息标题由引题、主题和副题组成。其中，引题(又称眉题、肩题和上副题)常用以介绍背景，烘托气氛，引出主题，位于主题之前；主题概括消息的主要事实或思想；副题(又称子题、辅题)用于注释、补充或印证主题，位于主题之后。常见的消息标题有三种形式。

(1)由引题、主题和副题组成的"完全式标题"，其内容丰富，表义完整。例如：

国际市场须"凭票"入内　产品"病残者"严禁入场

我2 000家企业获国际市场通行证

认证产品创汇额达30亿美元以上

(2)由引题、主题或主题、副题组成的"双标题"，有实有虚，相辅相成。例如：

"一笑"何止值千金

中欧贸易在博弈中实现双赢

(3)只有主题的"单标题"，简洁醒目。例如：

韩国济州岛打造北京人深度游

消息标题要求做到准确、鲜明、新颖、生动，既与报道内容相吻合，又能激发读者的阅读欲望。写作时，要使标题准确反映全文的主要内容和精神实质，要把作者的态度鲜明地贯彻其中；还要刻意求新，注意寻找并把握消息的个性特征，取新角度着笔，免入俗套。可以运用比喻、比拟、借代和对偶等修辞手法，还可恰当使用成语、诗词和谚语等，以增强其生动性和形象性。

(二)准确无误的消息头

"本报讯""××社××地×月×日电"的字样，即为消息头，它是对发出消息的媒介、地点和时间的说明。消息头是版权所有的标志，也是判定消息真实性与权威性的重要标志，同时也便于受众迅速地将消息与其他体裁区别开来。

(三)因文而异的导语

导语是一则消息的先导，它紧接电头，或用精练的文字概括消息的最基本、最新鲜的事实，引导全文；或揭示题旨、制造悬念，唤起受众的阅读兴趣。在一定程度上，导语是决定消息成败的关键。在信息社会快节奏的生活中，要使受众对消息一见倾心，就需要有能够先声夺人的导语。

导语的种类很多，写法各异，常见的有以下四种。

1. 直述式导语。直述式导语概述新闻要旨，突出最重要的事实，直接给人以总体的印象。写作时，应做到抓住关键，概括准确，用词简练。

2. 评论式导语。评论式导语对新闻事实进行精要的评论，旨在突出新闻的意义和价值。

3. 引用式导语。引用式导语引用成语、警句、新闻人物的典型语言以及相关文件的关键文句等，准确生动地突出主旨。

4. 提问式导语。提问式导语以提问的方式聚焦事实的关键和读者关心的问题，更多地吸引读者的注意力。

写作导语的关键是：一要抓住事物特征，从复杂的经济现象中把握主要内容和精神，突出一则消息的特点，使之具有鲜明的个性；二要简明扼要，高度凝练，不要集中太多的事实、概念；三要生动有趣，忌枯燥乏味。

(四)充实有序的主体

主体承接导语，对导语具体阐释、充实和展开，是消息的主干。主体的写作应注意以下三点。

1. 紧扣导语。导语在整条消息中起定音定调的作用，主体要展示什么内容，回答什么问题，都必须遵循导语铺设的轨迹，与导语结为有机的整体，要注意尽量避免与导语重复。

2. 层次分明。主体部分常用的结构形式有三种。

(1)纵式结构。纵式结构是根据事物发生、发展的先后顺序安排层次，能较清晰地反映事物运动的全过程，适用于单一事件的新闻写作。

(2)横式结构。横式结构是围绕主题按事物的并列关系安排层次，根据材料之间的内在联系，并列几个问题分别说明，适用于经济消息和述评消息的写作。

(3)纵横结合式结构。纵横结合式结构是前两种结构的交叉使用，尤其适用于综合消息的写作。无论采取何种结构形式，都必须理顺材料之间的关系，做到层次分明，眉目清楚。

3. 叙述为主。主体以叙述为主要表达方式。作者必须客观地叙述事实,用事实说话。但消息并非是没有立场、观点的纯客观的“有闻必录”,而是通过对事实的选择、剪裁,寓观点于事实之中。寓事于理、以事明理是一则消息的力量所在。当然,消息也不排除画龙点睛的精当议论。

(五)各具特色的结尾

精彩的结尾可深化主题,往往耐人寻味。消息结尾的方式有多种。

1. 启发式。启发方式是留下问题,启发思考。

2. 展望式。展望方式是展示前景,鼓舞人心。

另外,结尾还有总结式、评论式、补充式和引语式等,不一而足。有的则无专门的结语,写清主要事实便自然作结。

(六)客观真实的背景

背景材料是与主要事实有关的历史、环境和原因等方面的材料。背景材料可以衬托、突出主题,使消息充实饱满,富有立体感;可以代替作者的议论,增强报道的客观性;可以帮助受众全面理解新闻内容。

背景材料主要有三类:对比性材料、注释性材料和说明性材料。对比性材料是与报道事实有正反、今昔等对比关系的材料。运用对比性材料要注意材料与报道事实之间的可比性。注释性材料是对消息中不易理解的内容进行注释的材料。它往往对产品(物品)的性能特点、科技成果、技术性问题、名词术语、文史知识和风土人情等进行注释、介绍,以帮助受众掌握消息内容、增长知识和见闻。说明性材料是介绍、报道与事实有关的政治背景、地理背景、历史背景、思想状况或物质条件等情况,用以说明事物的特点、性质和状态等。背景材料在消息中位置灵活,可独立成段,也可穿插于导语、主体或结尾之中。若无必要,也可不交代背景。写作背景要简明扼要,勿喧宾夺主。

以上六部分是就通常情况下一篇完整的经济消息的构成成分而言的,并非每篇皆备,应视内容需要灵活处理。

【例 6】

银联卡今天“刷”到美国

刷卡无须手续费,每日最高限额等值人民币 5 000 元

本报讯(记者熊焱) 从今天开始,只要手中持有一张国内银行发行的银联卡,就可以在美国刷卡购物了。同时,持卡人回国后,只需按照对账单到自己的发卡银行,用人民币还款即可。

记者了解到,中国银联与华尔街银行摩根士丹利所拥有的一家信用卡公司签署了协议，该公司的网络在美国拥有逾320万个商店终端和25万部自动柜员机。

按照国家外汇管理局规定，人民币银联卡在境外仅限于购物、餐饮、住宿、交通、医疗等经常项目下的消费支出和提取小额现钞使用，在境外ATM提取现钞时，每卡每日累计不得超过等值人民币5 000元。至于赌博、跨行转账、资本项目等相关交易，银联将通过对商户特殊代码的识别，完全禁止。

持卡人在美国使用银联人民币卡时，提现和消费时的计价货币均为美元。在提现和消费完成后，中国银联将根据交易当日的市场汇率，转换成人民币金额提供给国内发卡银行，由发卡银行即时扣除持卡人的账户余额，持卡人不存在汇率风险。

持卡人在美国刷卡消费时，不需支付任何手续费用。只有通过ATM提取现钞时，持卡人才需要支付一定金额的手续费，具体收费标准将由发卡行自行决定。据调查，中国游客构成了美国旅游市场增长最快的一个细分市场，估计2005年将有36万名中国游客到美国，而这些游客平均每次旅行支出2 400美元。

中国银联总部有关负责人明确表示，除了美国外，到今年年内银联将开通的国家有日本、德国、法国、澳大利亚、新西兰、印尼、马来西亚、越南、菲律宾等。截至目前，银联已经开通刷卡业务的中国内地以外国家和地区有新加坡、韩国、泰国和香港、澳门等。

（《北京晚报》2005年12月6日）

简析：这是一则动态经济消息，结构完整，层次分明。其标题为双标题形式，内容明确，动感十足。导语采用倒金字塔式结构，突出最新鲜的事实。主体部分具体介绍如何在美国刷卡购物，还穿插了多个背景材料，对新闻事实加以解释说明。文章反映了现代生活的方便与快捷，具有很强的时代气息。

思考与练习

1. 举例说明经济消息的类型。
2. 请为上述消息另写两则导语。
3. 从近期报刊上选择两篇经济消息，评析其优劣。

第八章

日常应用文书

在行政机关公文、事务文书和专业文书之外，人们在日常的生活、工作中还需要使用到许多其他应用文，它们功能多样，使用频繁，我们将它们统称为日常应用文书。日常应用文书种类繁多，大致包括申请书、求职信等书信类；广告、海报、启事等告启类；请假条、收条等条据类；请柬、贺电、唁电等礼仪类。与公文等应用文相比，日常应用文书通常不具备官方性和专业性，带有一定的灵活性，但是它也有自身的写作规范和程式。

第一节　专用书信

书信是个人与个人之间、个人与组织之间、组织与组织之间传递信息、交流情感或办理事务时使用的应用文体。书信可以分为一般书信和专用书信。一般书信是个人与个人之间进行私人联系时使用的书信；专用书信是个人与组织之间、组织与组织之间办理事务时使用的具有专门用途的书信。常用的专用书信有申请书、求职信等。

一、申请书

申请书是个人或者集体为实现其愿望和要求，向有关组织或主管部门提出请求时使用的专用信件。申请书的适用范围十分广泛，加入社团组织、进行工作调动、解决生活困难等都需要撰写申请书。在当代社会，申请书与每个人的生活、工作紧密相连。

（一）申请书的种类

1. 思想政治方面的申请书。拟写这种申请一般是为了加入某党团组织，例如，加入中国共产党、中国共产主义青年团以及各民主党派等。

2. 工作学习方面的申请书。因学习或工作上的需要而写的申请书，例如，入学申请书、带职进修申请书和工作调动申请书等。

3. 日常生活方面的申请书。日常生活中人们遇到问题或困难，需要组织给予解决，这时需要写困难补助申请书、补发证件申请书等。

（二）申请书的写作方法

1. 标题。标题位于申请书上方居中的位置，可以直接写“申请书”或“申请”，也可以在文种名称前面加上申请事由，例如“入党申请书”“助学贷款申请书”等。

2. 称呼。位于标题下一行，顶格书写。称谓一般是受理申请的组织，例如，“××学院党支部”“××街道办事处”，也可以是具体负责人的姓名加职务，例如，“××书记”，还可以在前面加上表示尊敬的词语，例如，“尊敬的××党支部”。

3. 正文。正文是申请书的主体，这一部分要写清楚三个问题：申请事项、申请理由和申请人的态度、认识。

不同目的的申请在写作重点上是不同的。入党（团）的申请书要把写作的重点放在自己的思想认识上，而且认识要有一定的理论高度。日常生活的申请，要把写作重点放在理由的陈述上，理由要写得充分、有说服力。工作方面的申请书，往往要汇报自己的工作情况。正文的结尾部分一般要写上几句表明愿望或表示礼貌的话，例如，“请领导研究批准”“恳请尽快得到解决”等。

4. 署名和日期。正文下偏右位置写申请人的姓名或单位名称，署名下面是申请日期。

（三）申请书的写作要求

第一，申请书应遵循一文一事的原则，不要在一份申请中同时提出几个请求。

第二，提出的请求事项要明确，切忌含糊不清，同时又要实事求是，不要提脱离实际的请求。

第三，提出申请的理由要充足，作为理由的事实要真实可靠，不能弄虚作假。

【例1】

转正申请书

尊敬的××领导：

2011年6月18日，我经过国家公务员考试来到××镇政府工作，试用期满之际，我郑重向组织提出转正申请。试用期内，根据组织安排，我主要负责宣传工作。一年以来，在领导的关心和同事的协助下，本人比较圆满地完成了各项工作任务，政治思想水平和业务工作能力都有了一定提高，为今后的工作打下了良好的基础。现将一年来的工作向组织汇报如下：

一、加强自身学习，提升个人素质

1. 认真加强思想政治学习，不断提高政治理论水平。（略）

2. 继续加强专业知识学习，不断充实宣传报道业务知识。（略）

二、认真履行职责，积极开展工作

本人紧紧围绕镇党委、镇政府的工作部署，充分利用镇广播电视站这个平台，深入基层、走访田间、聆听声音，宣传报道了大批反映我镇在建设“宜居、宜商、休闲现代化小城镇”过程中所涌现的先进事迹，推广了我镇在解决“三农”问题方面积累的宝贵经验。经过本人与镇广播电视站同事的共同努力，我镇的对外宣传工作取得了一定成绩。《××日报》《××晚报》、××电台和××电视台等省、市、区新闻媒体先后刊登、播发过本人撰写的各类新闻稿件约300篇。尤其是去年6月××书记调研工业园区经济时，本人与镇广播电视站同事提前介入，积极筹备，全程跟踪，把××书记视察的全过程、书记对我镇各项工作的高度评价以及对我镇加快发展的殷切期望进行了全面的归纳提炼，在短短半月内便制作出××书记视察××的电视专辑，专辑播出后激发鼓舞了全镇人民奋发建设的热情。

三、存在的不足和今后的打算

一年来，在领导和同事的关心支持下，通过自己的努力工作，取得了一定的成绩，但是还存在一些不足：理论和实践结合的能力还有待锻炼，沟通协调能力还待提高，处理复杂问题、驾驭复杂局面的应变能力还要进一步加强。

在今后的工作中，本人一定会紧跟镇党委、镇政府的工作思路，积极配合政府各部门，进一步做好本职工作。恳请领导对我的工作表现进行考察，同意我按期转正。

此致

敬礼

申请人×××

2012年6月18日

简析：这是一封工作方面的申请书，作者在第一段开门见山提出转正申请，概括说明一年的主要工作和成绩。之后的三段是文章的主体，作者分条列项汇报了入职以来的工作，将叙述的重点放在岗位职责的履行情况上，工作内容明确具体，说服力强。结尾部分，作者重申转正请求，认真恳切。

二、求职信

求职信是求职人向用人单位介绍自身情况以求得到录用的专用文书。求职信是个人写给组织并有求于组织的信函，使用的目的是让用人单位了解自己、相信自己从而录用自己。当前，多数用人单位都要求求职者先寄送求职材料，通过求职材料对求职者有一个大致了解后再考虑是否面试。因此，求职信写得好不好，将直接关系到求职者能否得到面试的机会。

（一）求职信的分类

根据求职者的身份，可以将求职信分为毕业生求职信、待业下岗人员求职信和在岗人员求职信三类。

1. 毕业生求职信。我国每年有数以万计的各类毕业生需要联系工作，除了直接参加招聘会以外，求职信是他们联系用人单位的主要方式。

2. 待业或下岗人员求职信。毕业后未就业的学生、下岗人员，也要经常通过求职信来介绍自己，谋求工作。

3. 在岗人员求职信。试图调换工作的在岗人员也可以通过求职信表达自己的求职愿望。

（二）求职信的写作方法

1. 标题。求职信的标题形式比较简单，一般是在第一行居中的位置写上"求职信"或"求职书"这样的文种名称即可。

2. 称呼。称呼在标题下一行顶格书写，要写清用人单位的负责人或人事部门主管领导的职务和姓名，例如，"尊敬的××经理"。

3. 正文。正文一般需要写清楚三方面的内容。首先，要简单介绍自己的身份、年龄和性别等基本情况，讲明获得招聘信息的渠道和求职原因，如果有具体的求职岗位，对所谋求岗位的态度一定要明确。其次，要陈述自己的专业特长，这一部分要针对用人单位的用人需求有重点地陈述，同时对自己的评价要客观，语言要中肯，态度要谦虚。最后，要再次强调自己的求职愿望，以显示态度诚恳。

4. 署名和日期。位于正文的右下方，通常在姓名前加上"求职者"字样，姓名后面还可以使用"敬上""谨上"等字样，以示礼貌。成文日期要年、月、日俱全。

5. 联系方式。联系方式包括地址、邮编、电话和电子邮件等，联系方式一是要写得准确、具体；二是要把常用的联系方式留给对方。

6. 附件。附件是对求职者能力的一种鉴证，因此是求职信不可忽视的重要部分。附件主要包括求职者的简历和能够体现自己能力的材料,例如,专业证书、获奖证书等。

(三)求职信的写作要求

第一,求职信要简明扼要。求职信一般应在1 000字以内,让用人单位能够在较短时间内对自己的优点有所了解。

第二,评价自己要实事求是,求职态度要诚恳谦虚,切忌浮夸和狂妄。

【例2】

求职信

尊敬的领导:

您好!

我是××大学××系毕业生,近日从××网站获悉贵公司招聘财会人员,特来应聘。非常感谢您在百忙之中审阅我的求职材料。贵公司管理水平先进,业绩闻名业界,加入贵公司是我的梦想。

大学期间,我认真学习,积极实践,形成了扎实的专业基础。我全面系统地完成了包括财务会计、预算会计、成本会计、管理会计、会计信息系统在内的一系列会计专业课程的学习,各科成绩优秀,先后获得校级二等奖学金、一等奖学金。

2011年5月,我通过了会计从业资格考试,获得了从业资格证书。2010年7月至2011年6月在××公司实习,学会了使用××财务软件,熟悉了会计工作流程和会计政策法规,积累了宝贵的实践经验。

在校期间,我担任过系学生会组织部长、班团支书等职务,繁忙的工作让我懂得如何与他人合作,让我学会如何高效优质地完成工作。

我热爱我所选择的会计专业,殷切地希望能够成为贵公司的一员,在工作中发挥专长,不断提升自我,实现人生价值。

此致

敬礼

李××

2012年6月5日

通讯地址:北京市××区××路5号23号楼1门202室

邮编:100070

E-mail:li100@sina.com

联系电话：×××××××××；手机：135……6789

附件：1. 个人简历一份。

　　2. 学习成绩单。

　　3. 获奖证书、资格证书复印件×份。

简析：这是应届毕业生的求职信，包含了求职信应当具备的内容。信中诚恳明确地表明了自己的应聘愿望。对自己情况的介绍全面而又有针对性，重点突出，语言上分寸把握得当，自信而不浮夸，谦虚而不妄自菲薄。正文之后留下详细的联系方式，方便用人单位通知面试，附件可以让用人单位更进一步了解自己。

思考与练习

1. 阅读后修改下面的求职信。

××建筑公司：

前天接到我高中同学×××的来信，说贵单位招聘施工员。我是北京技术学院建筑技术专业的毕业生，在校读书时，成绩优秀，爱好体育运动，是学校篮球代表队的成员。贵公司就设在特区，我想，到特区工作正合我的心意，而且施工员的职务也和我的专业符合。不知贵公司是否同意，请立即给我回信。

此致

敬礼

×××谨上

2012 年 7 月

2. 小王于去年应聘到一家大型国企任办公室文员，目前即将试用期满。请根据实际情况替小王拟写一份转正申请。

第二节　启事

启事是单位或个人根据特定需要向公众公开说明某事，以期更多人知晓某事而使用的告知性应用文。启事可以张贴、散发，也可以在报纸、广播和电视等媒体发布。

一、启事的分类

启事的用途十分广泛,从内容和功能看,常见的有以下四种。

(一)寻觅类启事

寻觅类启事包括寻人启事、寻物启事和招领启事。寻人、寻物的启事要写清楚所寻找的人或物的基本特征、丢失时间和地点、联系方式,因为对人有所请求,措辞要恳切,应表明感谢或酬谢之意。招领启事只写明捡到物品的时间、地点,留下联系方式即可。

(二)征求类启事

征求类启事有征文启事、征物启事、征订启事、征友启事和征婚启事等。这类启事要写明征求者的意图和对被征求者的要求,征订启事主要介绍征订的书籍、报刊的性质、内容、订阅的方法以及联系方式。

(三)声明类启事

声名类启事主要有搬迁启事、更名启事和开业启事等。这类启事,因其突出的告知作用、“声明”特性,常被称为“声明”,特别是涉及证件、支票等证据性物品丢失或合法权益被侵犯,单位或个人要发布“声明”,声明遗失物品作废,或申述自己的合法权利,明确对侵权者的态度。

(四)招募类启事

朝暮类启事有招聘、招生启事等。招聘启事要写明招聘单位的基本情况、招聘原因、招聘对象,应聘人员应具备的条件及招聘方法、时间和地点。招生启事要写明办学的基本情况、招生目的、培养目标、课程设置、招生对象以及条件等。

二、启事的写作方法

启事的种类繁多,内容庞杂,基本的写作格式由标题、正文、署名和日期组成。

(一)标题

启事的标题有三种常见的形式:一种是仅写“启事”二字,这是最简单的一种;较多的标题形式是“事由+启事”,例如,“寻物启事”“招聘启事”等;还有一种标题形式是“单位名称+事由+启事”,例如,“××公司招聘销售人员启事”。

(二)正文

正文部分要写清楚向公众告知的内容,主要包括发布启事的原因、目的、内容和要求等。需要注意的是,不同类别的启事正文的写作要求不完全相同。

（三）署名和日期

在正文的右下方，分两行书写单位名称或者个人姓名及发布日期，如果是单位发布的启事，大多还要加盖公章。

三、启事与公告、通告、广告的区别

启事、公告、通告和广告都具有告知性的特性，但是公告、通告是公文，使用主体是国家机关，具有公文特有的政策性、严肃性和权威性；启事则是单位或个人都可以使用，也不具备法令性、政策性，它重在告知，没有执行的强制性和约束力。启事也不同于广告，广告的目的在于推销商品及劳务，它有突出的宣传和劝服作用，写法上常常借助各种艺术手段，而启事要求内容实事求是，风格朴素，不能夸饰。

四、启事的写作要求

第一，启事要求内容单一，即“一事一启”，如果有多个事项需要公开，则需要发布多个启事。

第二，许多启事在告知事件的同时，还希望得到受文对象的反馈，因此，相关的要求和联系方式必须写得具体、准确。

第三，启事的语言要平实，语气要诚恳，对公众要尊重。

【例3】

“学会感恩、共创和谐校园”主题征文启事

为教育引导青年学生增强感恩意识，配合院团委“学会感恩、共创和谐校园”主题教育活动，本报与院团委、香樟文学社联合开展“学会感恩、共创和谐校园”主题征文活动。

主题征文活动具体事宜如下：

一、时间安排

1. 征文：2012年3月15日至6月10日

2. 评选：2012年6月15～19日

3. 颁奖：2012年6月20日

二、参赛要求

1. 作者须为我院在校学生。

2. 体裁不限，以“我与父母（恩师、同学、母校等）”为题材，内容健康向上，篇幅限1 500字以内（诗歌限30行）。

3. 参赛作品必须系作者原创，一旦发现有剽窃、抄袭行为，将立即取消作者的评奖资格并予以通报批评。

三、参赛方式

参赛学生可在6月10日之前通过以下方式提交作品，提交作品需注明“参赛”字样，以免与自由来稿混淆。

1. 将参赛作品打印（或誊写在方格稿纸上）送“院报编辑部”（院办公楼党委宣传部）或“香樟文学社”办公室（老教学楼404室）。

2. 将参赛作品发至电子邮箱 jxgywyfk@126.com 或 xzwxs2005@126.com。

四、奖励办法

1. 参赛稿件凡达到发表要求的，院报将优先发表，并发放稿费。

2. 设一等奖2名，二等奖4名，三等奖10名，优秀奖若干名，颁发纪念品与荣誉证书。

院报编辑部
院团委
香樟文学社
2012年2月10日

简析：这是一篇征文启事，开篇点明征文目的和主题。主体部分分别说明征文时间、参赛要求、参赛方式和奖励办法。征文启事内容明确具体，条理清楚，结构合理，语言简洁，不拖泥带水。

思考与练习

1. 评改下面的寻人启事。

昨天，在泰山东路走失一位小男孩，5岁，身高84厘米，上身穿红色夹花线衣，下身穿蓝色印花线裤，脚穿白色球鞋。望知情者与沿河路46号张晓华联系，当面酬谢。

2. 评改下面的征稿启事。

征稿启事

因为帮助同学们更好地学习语文，本部准备出版《语文学习园地》专刊。欢迎同学们踊跃投稿。稿件内容按本启事要求写，文体不限，每篇最好不超过1 000字。希望在本月24号以前投入校征稿箱。

2012年2月2日
《语文学习园地》编辑部

3. 北京市某公司丢失了营业执照，营业执照的注册号为××××××，请为该公司拟写一份启事，向公众告知此事。

第三节　条据

一、条据的概念和种类

条据是单位或个人在日常的工作或生活中交流信息、存留凭证的综合性文书。它篇幅短小，使用快捷，为人们的生活提供诸多方便，在协调人际关系方面起到重要作用。

条据种类繁多，可以分为便条和单据两类。便条实际上是简短的书信，主要功能是传递信息，常见的有留言条和请假条；单据是起到证据作用的简短条据，常见的有收条、领条、借条和欠条等。

二、条据的写作方法

条据的内容大多非常简洁，常常只有几句话。

条据的标题非常简单，一般只需要写上具体文种的名称即可，如“请假条”“收条”等，有的条据甚至不需要标题，如留言条，往往没有标题。

请假条、留言条这两类条据一般有称谓，条据的称谓不像公函那样正式，大多采用“姓氏＋身份”的形式，如“张老师”，甚至只有姓氏，如“小王”。

正文的右下方要署名，有些条据，如借条、欠条还需要盖章；署名下方要写明成文日期。

不同种类的条据，其正文写作内容有所区别。

第一，请假条的正文部分重在说明请假原因、请假时间，病假一般还要附上医院证明。由于请假条带有一定的请求性，因此在正文的结尾多有礼貌用语。

第二，留言条的正文部分重在写清楚自己想要告知对方的事项。

第三，收条、借条、领条和欠条等单据要注意写清楚交涉物品或金钱的准确数量、数额。

三、条据的写作要求

第一，写条据要突出其便捷的特点，文字要极其简明，一般只写事由，不讲道理。

第二,有关款项、物品的数字要使用大写,数字后要加上对应的量词,最后还需要写上“整”字,以防增添。

第三,手写条据时要使用钢笔书写,字迹要工整、清楚,以防误认或产生分歧。

【例4】

请假条

××部长:

我因参加注册会计师考试,于2012年5月8日至2012年5月9日,请假2天,请批准。

请假人:×××
2012年5月5日

简析:具备请假条应当具备的各项内容,请假原因合理,请假时间段明确。

【例5】

留言条

李老师:

原定于今天下午3点召开的教学研讨会,因故改为明天上午10点进行,会议地点及议程不变,请准时参加。

王老师
2012年6月13日

简析:必要信息全面呈现,没有遗漏,语言简洁。

【例6】

收条

今收到教材科×××老师送来《大学语文》(2012修订版)教材伍拾本整。

此据

经手人：王颖
2012 年 2 月 3 日

简析：交接双方人员、交接物品与数量、交接时间等重要信息记录明确。

【例 7】

欠条

今欠付北京市新文化书店书款共计人民币贰万伍仟叁佰零陆元柒角整，定于 2011 年 8 月 25 日以前付清全部书款。

此据

北京职业技术学院（盖章）
经手人：张琪
2011 年 7 月 9 日

简析：欠款金额使用大写，可有效避免恶意篡改，还款时间明确。

思考与练习

1. 10 月 21 日，你因为需要参加北京市人文知识竞赛不能按时上课，请按照请假条的写作要求，写一张请假条。

2. 你在某公司人力资源部工作，6 月 3 日你到后勤部门领取签字笔 20 支，文件夹 15 个，请就此拟写一份领条。

第四节　演讲稿

在公共场所针对某个问题鲜明、完整地发表自己的见解和主张，阐明事理或抒发感情，进行鼓动宣传，这样的语言交际活动就是演讲，为演讲而拟定的文稿即演讲稿。有时即兴发表的讲话，后经整理也成为见诸文字的演讲稿。演讲稿是人们在工作和社会生活中经常使用的一种文体。它可以把演讲者的观点、主张与思想感情传达给听众或读者，使他们信服并在思想感情上产生共鸣，具有宣传、鼓动和教育等作用。

一、演讲稿的种类

根据演讲的目的和内容性质,大致可以把演讲稿分为宣传类演讲稿、公务类演讲稿、学术类演讲稿和礼仪类演讲稿。

宣传类演讲稿用来宣传方针政策、宣讲思想观念,起引导、评论、鼓动和号召作用。现在经常举行的专题性演讲比赛就属于宣传类演讲。

公务类演讲稿,主要是指在会议上以动员、布置工作和总结、交流工作经验为目的的讲话所用的底稿。这类讲话通常被称为"做报告",包括"工作报告"和"经验报告"等。

学术类演讲稿指的是学术报告。科研人员除了发表论文,还通过演讲报告科研进展情况,阐述学术见解。

礼仪类演讲稿指的是人们交际、交往过程中表达感情、表示礼仪的讲话稿,如在纪念会、追悼会、欢迎会和大型会议的开幕式、闭幕式上发表的纪念演讲、悼词、欢迎词、开幕词和闭幕词等。

二、演讲稿的特点

一般情况下,演讲稿是演讲者和听众面对面交流时使用的文稿,因此,它的写作既要考虑到演讲者,又要考虑到听众。

(一)针对性

针对性,首先是演讲所选择的话题应当是从现实生活中发掘出来的,是现实生活中需要解决的问题,是听众所关心的问题,这样,演讲才能起到应有的社会效果;其次是要懂得听众有不同的对象和不同的层次,而"公众场合"也有不同的类型,如党团集会、专业性会议、学校、社会团体、宗教团体和各类竞赛场合,写作时要根据不同场合和不同对象,为听众设计不同的演讲内容。

(二)鼓动性

演讲是一门艺术,好的演讲有一种激发听众情绪、赢得好感的鼓动性。要做到这一点,首先要依靠演讲稿思想内容的丰富、深刻,见解精辟,有独到之处,发人深思,其次是语言表达要形象、生动,富有感染力。如果演讲稿写得平淡无味,毫无新意,即使在现场"演"得再卖力,效果也不会好,甚至相反。

(三)临场性

演讲活动是演讲者与听众面对面的一种交流和沟通,听众会对演讲内容及时做出反应:或表示赞同,或表示反对,或饶有兴趣,或无动于衷。演讲者对听众的各种反应不能置之不理,因此,写演讲稿时,要充分考虑它的临场性,在保证内容完整的前提下,要注意留有伸缩的余地,要充分考虑到演讲时可能出现的种种问题,以及应付各种情况的对策。总之,演讲稿要具有弹性,要体现出必要的控场技巧。

三、演讲稿的写作方法

不同类型、不同内容的演讲稿,其结构方式也各不相同,但结构的基本形态都是由开头、主体、结尾三部分构成。

(一)开头

演讲稿的开头也称开场白,是演讲稿的导入部分,它犹如戏剧开头的“镇场”,在全篇中占据重要的地位。开头的方式主要有如下四种。

1. 开门见山,亮出主旨。这种开头不绕弯子,直奔主题,开宗明义地提出自己的观点。如 1941 年李卜克内西《在德国国会上反对军事拨款的声明》开头就说:“我投票反对这项提案,理由如下。”

2. 叙述事实,交代背景。开头向听众报告一些新发生的事实,比较容易引起人们的注意,吸引听众倾听。如 1941 年 7 月 3 日斯大林《广播演说》的开头:“希特勒德国从 6 月 22 日向我们祖国发动的背信弃义的军事进攻,正在继续着。虽然红军进行了英勇的抵抗,虽然敌人的精锐师团和他们的精锐空军部队已被击溃,被埋葬在战场上,但是敌人又从前线调来了生力军,继续向前闯进。……我们的祖国面临着严重的危险。”

3. 提出问题,发人深思。通过提问,引导听众思考一个问题,并由此造成一个悬念,引起听众欲知答案的期待。如曲啸的《人生理想追求》就是这样开头的:“一个人应该怎样对待自己青春的时光呢? 我想在这里同大家谈谈我的情况。”

4. 引用警句,引出下文。引用内涵深刻、发人深省的警句,引出下面的内容。如一个大学生的演讲稿,标题是《我的思考与奋起》,开头就很精彩:“一个人如果一辈子都不曾混乱过,那么他从来就没有思考过。”

开头的方法还有一些,不再一一列举。总之,无论采用什么形式的开头,都要做到先声夺人,富于吸引力。

(二)主体

演讲稿的主体,要层层展开,步步推向高潮。所谓高潮,即演讲中最精彩、最激动人心的段落。在主体部分的行文上,要在理论上一步步说服听众,在内容上一步步吸引听众,在感情上一步步感染听众。要精心安排结构层次,层层深入,环环相扣,水到渠成地推向高潮。

主体部分展开的方式有以下三种。

1. 并列式。并列式即围绕演讲稿的中心论点,从不同角度、不同侧面进行表现，其结构形态呈放射状四面展开，宛若车轮之轴与其辐条。而每一侧面都直接面向中心论点，证明中心论点。

2. 递进式。即从表面、浅层入手，采取步步深入、层层推进的方法，最终揭示深刻的主题，犹如层层剥笋。用这种方法安排演讲稿的结构层次，能使事物得到由表及里的深入阐述和证明。

3. 并列递进结合式。这种结构，或是在并列中包含递进，或是在递进中包含并列。一些纵横捭阖、气势雄伟的演讲稿常采用这种方式。

(三)结尾

演讲稿的结尾，是主体内容发展的必然结果。结尾或归纳，或升华，或希望，或号召，方式很多。好的结尾应收拢全篇，卒章显志，干脆利落，简洁有力，切忌画蛇添足，节外生枝。

四、演讲稿的写作要求

(一)要对听众有充分的了解

演讲是面对面的交流，了解听众十分重要，在演讲之前，必须考虑听众的基本情况，分析他们的接受能力以及他们的态度、希望和要求，据此决定演讲稿的内容和形式。

(二)主旨要鲜明

演讲稿的主旨显示着演讲者对客观事物见解的透辟程度，演讲稿主旨鲜明，能给人以可信性和可靠感，演讲稿观点不鲜明就缺乏说服力，失去演讲的作用。

(三)演讲稿要情、理结合

好的演讲稿应该既有热情的鼓动，又有冷静的分析，要把抒情与说理结合起来，做到动之以情，晓之以理。

【例8】

为“个性学生”领航

尊敬的校领导、各位老师：

大家好！

我想在座的老师都和我一样，每个学期都会遇到一些“个性学生”，那么我们应该怎样教育和引导“个性学生”？

个性学生往往爱思考，有想法，敢于表达，不喜欢被束缚，不害怕“出格”，有时甚至有点叛逆。当这份出格与叛逆挑战我们的“按部就班”“约定俗成”时，我们不妨宽容待之。我们的教育要培养富有思考能力和创新精神的人，前提便是要尊重和保护学生的个性。当学生感到自己受尊重，自己的想法可以得到老师、家长的关注和倾听时，才能进一步激发灵感，心中创新的幼苗才会茁壮成长。

在学校的升国旗仪式上，一名高二学生在发表演讲时，将之前老师“把关”过的演讲稿悄悄换掉了。在五分钟的演说中，这名学生对现行教育制度、方法提出批评，真的是引起一片哗然啊。无疑，这是位很有个性的学生，他提出的当下教育的种种缺陷，更是值得教育部门、我们和家长重视和深思。从“偷换演讲稿”事件来看，我们校方的应对是值得称道的：当这名学生“慷慨陈词”时，音响主控台就在不远处，但老师并没有关闭电源或让这名学生停止演讲，因为“那样也会打击他的自尊心，我们还是坚持让他讲完”。事后，学校也表示，本着宽容的态度，不会对这名学生进行处分。

在宽容待之的基础上，教育工作者还需要思考，如何让学生的个性更好地发展，让这种质疑精神、批判精神、独立思考能力、“跃跃欲试”的表现力，与创新精神、实践能力和社会责任意识更好地结合起来。

有这样一则教育案例令人印象深刻：英国解剖学家麦克劳德上小学时，为了搞清楚狗的身体结构，竟然偷偷杀死了校长家的宠物狗。校长用一种高明的方法“惩罚”了他，要求麦克劳德画出两张解剖图，一张是狗的血液循环图，另一张是狗的骨骼结构图。校长的教育方式不但包含了宽容，还表现出对学生兴趣特长的尊重和鼓励，使麦克劳德认识到自己的错误，并爱上了生物学，最终获得诺贝尔奖。同样，在我们的学校中，学生们的个性也是千姿百态：有的博览群书、人文素养比较深厚；有的关注时事，喜欢发表见解，针砭时弊；有的热爱某一学科，深入钻研，孜孜以求……对此，学校应提供多样化的选修课程和个性化的辅导，因材施教，增强学生学习的主动性，发挥创造性。

对于这次的这名“换演讲稿”的学生，学校除了不惩罚以外，不妨设计一些社会学课题，让这个孩子领衔或参与研究，撰写小论文，知道如何去了解一个社会现象的成因、现状，并为其改进提出建设性意见。这样，孩子也许能将一时的“慷慨陈词”，转化为日后更加深入的思考力、更加准确的判断力。

为此，我们对个性学生要尊重、鼓励，也要有责任引导。要让孩子们懂得，发扬个性应该在尊重他人、遵守规则的前提下；针砭时弊需在掌握事情真相的基础上，理性地表达所思所想；有个性的人也要善于与别人合作，有时乐于当配角。对这名学生，我们不忍苛责他的勇气，但还是想适当地提醒一句，既然演讲稿已让老师审核，彼此间就形成了“约定”，擅自全部改换，让学校和老师陷于尴尬之地，还是有点不妥。不过话又说回来，如果学校和教育部门有更多渠道让学生表达对教育制度和教育方法的意见，或许这名学生就不会出此“下策”。

通过这次的事件可以看到，“90后”“00后”的孩子中，个性学生越来越多。教育工作者需将个性学生的培养作为课题研究，培育良好土壤、施以阳光雨露、精心修剪枝叶，帮助学生“绽放”个性魅力。

谢谢大家！

简析：文章选择了一个重要的社会问题——如何教育越来越有“个性”的“90后”“00后”学生——作为演讲的主题。作者开门见山提出问题，引人思考，紧接着就一步步表明自己的态度：宽容待之，尊重学生的个性；鼓励学生的个性，把个性培养成创新能力；引导学生，使个性在合理的范围内良性发展。结尾部分提出希望，语言有感染力。作者的观点步步深入，环环相扣，每一观点之下又有事实材料作为依据，说服力强，能够引起听众的共鸣。

思考与练习

国庆节就要到了，请你以大学生如何践行爱国主义为中心拟写一份演讲稿。

第九章

各类实用论文

伴随着科技的发展，作为信息交流工具的论文在展示和保存科研成果方面发挥着非常重要的作用。提高学生的论文写作水平，是大学教育的重要工作之一。

第一节　论文的特点与类型

一、论文的性质和特点

（一）论文的性质

论文是用来表达科学研究成果和阐述学术观点的论说性文章，是对社会科学、自然科学和工程技术领域中某一课题研究成果的书面表达形式。论文是记录研究成果、传播学术信息的最为简便实用的工具。

广义的论文指的是探讨、研究、论证某种问题的文章。有理论性的，如期刊论文、毕业论文等；有应用性的，如课题研究报告、申论等。

狭义的论文通常指的是学术论文。国家标准（GB7713—87）对学术论文做出的定义是："学术论文是某一学术课题在实验性、理论性或观测性上具有新的科学研究成果或创新见解的知识和科学记录；或是某种已知原理应用于实际中取得新进展的科学总结，用以提供学术会议上宣读、交流或讨论；或在学术刊物上发表；或作其他用途的书面文件。"

（二）论文的特点

对大学生来说，了解学术论文的文体特征尤显重要。因此，此处重点介绍学术论文的特点。学术论文与一般论说文不同，它有三大特点，即学术性、科学性和创新性。

1. 学术性。学术性是学术论文区别于一般科技文章的重要标志。一般科技文章如科技成果综述、科技成果鉴定报告、科技教科书籍和科普作品等，虽然它们反映的内容是科学研究的最新成果,但是它们在根本上与学术论文不同。学术论文侧重于对事物进行抽象的概括或论证,描述事物产生、发展和变化的内在本质和规律,因此表现为知识的专业性、内容的系统性。各个专业都有自身较为独特、专门、系统的理论与知识,学术论文所论述的内容,仅限于一定的学科范围之内,且对促进学科建设有积极意义。因此,学术论文的语言与表达就要体现这种专业性,需要运用专业的概念、术语、词汇、理论和知识等来描述事物、阐明道理。

2. 科学性。科学性是学术论文在方法论上的显著特征。这种科学性是由科学研究的任务决定的。科学研究的任务就是揭示事物发展的客观规律,探求客观真理。无论是自然科学还是社会科学,都必须根据科学研究的总任务,探究本学科中的某一问题,获得某些规律。学术论文描述和论证的对象就是科学研究的过程和成果,因此这种描述和论证必须具有科学性,即能准确地反映和概括自然、社会和思维的客观规律,或能直接适用有关知识体系和基本原理,剖析客观事物的因果关系、历史与现状,从而提出自己的观点。这就要求学术论文的作者必须具有良好的科学素质,较好的专业知识,经过认真的研究,对客观事物形成理性层面的认识。在论文的研究和写作过程中,必须具有严肃的科学态度和科学精神,从选题到搜集资料,从提出论点到论证过程,都必须实事求是。做到立论客观,论据充分,论证严谨,结论真实。

3. 创新性。创新性是学术论文的灵魂,是衡量其价值的根本标准。一般科技文章只要内容科学,结构合理,阐释清楚,易于读者接受则可。而写作学术论文最重要的目的就是记录作者新的见解、观念或思路。学术论文的创新性主要是指能在前人已有研究成果的基础上有所前进,或提出了新观点,或开拓了新领域,或发现了新资料,或运用了新方法。创新的多少决定了论文价值的高低,有创新的论文则有价值,无创新的论文,即使作者妙笔生花,也毫无价值可言。

除了以上特点之外,本科生还应对学术论文的逻辑性有充分的认识。逻辑性是论说性文章的共同特征,也是一篇学术论文成功的重要保证。学术论文反映的不是一般的现象与事实,不是浅显的经验民俗,而是对事物本质和规律的深刻认识,具有较强的理论色彩。这就要求学术论文具有较强的逻辑性,论文应当相对地自成一个逻辑体系。论文的题目、大纲,文章的整体布局、篇章段落必须是一个有机的整体。

二、论文的类型

论文按研究领域和对象可以分为自然科学论文和社会科学论文,前者习惯上称理工科论文,后者称文科论文。理工类论文按照专业的不同分为理科(数学、物理、天文学等)论文和工科(建筑、纺织等)论文。文科论文按照专业不同分为文史哲类论文、经济管理类论文、法学论文和教育学论文等。本章从广义的论文概念出发,按论文实用目的的不同,将其分为期刊论文、毕业(学位)论文、会议论文、项目论文(研究报告)、公选和竞争上岗考试论文(申论)。

(一)期刊论文

期刊论文是研究者提供给学术性期刊发表的论文。它以报道学术研究成果为主要内容。学术期刊按照其影响力的大小,可以分为 SCI 收录期刊、EI 收录期刊、中文核心期刊以及一般学术期刊等。研究者通过在学术期刊发表文章介绍自己的新成果,由此接受同行的检验与评估,相当于在一个虚拟的论坛上交流学术信息。在确定拟投期刊后,首先应仔细阅读该期刊的投稿指南,根据投稿指南对论文格式规范的要求,对论文进行整理修改,使论文在形式结构上符合该期刊的要求。

(二)毕业论文

毕业论文是高等学校的毕业生所提交的一份具有一定学术价值的文章。毕业论文质量是教育部对普通高校本科教学工作水平评估指标体系重要组成部分之一。中国学位条例规定,高等学校本科毕业生完成教学计划的各项要求,并通过毕业论文,才能授予学士学位。毕业论文是对学生学术素养的一种培养与锻炼,其目的重在培养学生提出、分析、解决问题的实践能力与创新意识,是衡量教学水平、学生毕业与学位资格的重要依据。

(三)会议论文

会议论文是指提交到学术会议的论文。学术会议一般由学术机构组织国内外同行,就某一大家共同关注或感兴趣的研究议题进行广泛交流的研讨形式。其目的是为同行提供一个集体研讨、听取别人观点、发表个人观点和展示个人研究成果,以推动该领域研究和交流的平台。学术会议有中心主题或总题目,在中心主题下面设有若干子题目,大会组委会一般都会发布会议征文通知,对征文的范围有所限制。会议论文围绕中心主题而撰写,在会议结束后结集出版。

(四)项目论文

项目论文是科研课题研究成果的书面形式,往往表现为课题研究报告。它以某一问题为主要研究对象,通过调查和分析,探寻或揭示事物的规律,或得出符合客观规律的结论,兼有学术论文和调查报告的双重属性。

项目论文是论文的一种类型。不论什么类型的论文,就其理论目的来说,都是探求和揭示社会现象的发展规律。但项目论文和其他类型的论文相比,显著的区别是研究方法的差异。其他类型的论文侧重于理论的推理,依靠理论的逻辑力量论证观点。项目论文则主要采用实证的研究方法,更多的是通过调查得来的大量经验材料支撑观点。项目论文强调先调查后研究,调查是研究的手段与方法,也是研究的前提和条件,研究则是调查的目的和结果。项目论文与学术论文的另一个区别就是学术论文集中体现新观点、新方法与新材料,而项目论文还包括研究者开展实践与进行研究的过程。

项目论文(课题研究报告)也是调查报告的一种类型。调查报告一般分为两种:一种是作为事务文书的调查报告,一种是学术类调查报告。前者已在第六章"事务文书"中有详细的阐释。后者只是记录某一项科研课题的调查材料和分析结果的学术文章,从调查研究的事实分析中,提出对某一学术问题的新见解,得出某一重要结论,或提出解决问题的对策。项目论文被广泛运用于社会科学研究领域。

(五)公选和竞争上岗考试论文(申论)

申论是作者在对现实社会中的某类现象进行分析研究的基础上,就材料所涉及的主要问题及其意义申述说明、剖解评论、生发议论、阐述事理、疏通思路和寻求解决问题对策的一种实用性极强的文体。自 2000 年始,申论考试正式成为国家公务员考录的重要形式和手段。从广义上说,申论也是一种实用论文,即公选与竞争上岗考试论文。但申论与毕业论文、期刊论文、会议论文与项目论文具有不同的文体特征,因此,关于申论的性质、特征等将在本章第四节中加以具体阐释。

第二节　毕业论文的写作

毕业论文的写作是本科生最重要的学术论文的写作经历。

一、确定选题

选题就是毕业论文"写什么"的问题。这是科研活动的起点,也是学术论文写作的起点。选题在学术论文的写作中起着关键性作用,一篇毕业论文的理论价值与社会效益的大小,首先取决于作者选择的论题是什么。因此,选题的正确与否、合适与否,直接决定着毕业论文质量的高低。

(一)选题的类型

学术论文一般可分为三种类型:论证型、论辩型和述评型。

1. 论证型选题。论证型选题一般围绕一个单纯的学术问题正面展开论证,如《北京世界城市建设中的地域文化元素》。对于本科生来说,这种类型的选题关键点在于怎样“立”起自己的观点。其基本做法就是:提出论点,将论点划分为几个层面逐一展开论证。论述型选题资料搜集较为容易,论证过程也较为清楚,因此相对容易操作。

2. 论辩型选题。论辩型选题是针对他人的学术观点进行辩驳或提出质疑的论题,如《与〈会计准则能提高会计信息质量吗〉一文商榷》。论辩型选题有“破”有“立”,难点同样是“立”起自己的观点。“破”要击中要害,“立”则要言之成理。对于本科生来说,论辩型选题的写作相对较难。

3. 述评型选题。述评型选题是对某一时段内某一学术问题进行纵向或横向的梳理和评价的选题,如《如何撰写本科毕业论文文献综述》。述评型选题对写作者的学术能力提出了较高的要求。从写作能力看,要求写作者既要有“述”的能力,也要有“评”的功力。要求研究者对某一学术问题的研究状况进行纵向的梳理与描述,在描述中既能抓住重点,也能疏而不漏。这无疑需要研究者对这一学术问题有一个全面的了解。而“评”则要求研究者高屋建瓴地对其中的代表成果进行点评,这无疑需要研究者具备敏锐而准确的学术眼光。

(二)选题的原则

合适的选题能够保证写作的顺利进行,但万事开头难。选题往往是论文写作中感到最困难的一个环节。为了高效率选择合适的选题,必须遵循一定的选题原则。论文的选题原则包括价值性原则和可行性原则。

1. 价值性原则。选题的价值表现为实践价值和理论价值。实践价值是指选题具有社会效用和现实意义。所选择的论题是当前社会需要解决的问题,对经济建设、技术开发、文化发展具有指导意义。一篇论文的价值如何,首先看它对社会生活有无实用价值和实际影响。如果所选题目正是当前急待解决、人们普遍关心的问题,那么论文有可能具有很高的社会价值。理论价值也就是学术价值,选题对本学科的发展贡献,在本学科的研究范畴中有新的发现,提出新思想、新见解、新理论,或在研究途径方面有新的探索、新的设想。所选择的论题能够反映该学科国际或国内研究现状,对于学科内某一理论问题具有补充、整合或派生意义。当然,在选题时要处理好创新与本科生能力的关系。毕业论文对于大多数本科生来说是他们的第一篇规范的学术论文,其主要目的是借以学习掌握学术论文写作的原理、方法和规范。过分强调创新、强调开创性是不现实的。但在前人研究的基础上,能够提出一定的新见解、新发现,是非常必要的。

2. 可行性原则。选题的可行性原则包括主客观两个方面。

主观条件包括学生的专业能力、兴趣爱好等因素。选题首先要考虑与专业方向一致。毕业论文是大学生综合运用所学知识和能力的体现，论文的选题不能脱离学生的专业知识。同时，毕业论文实质上是学位论文，毕业论文的选题应当与学生所学专业和所要申请的学位挂钩。即使选题很好，假如与本科学习的专业毫无关联，这种选题也是很难通过的。兴趣是最好的老师。学生可以从自身对某些课程的兴趣和心得体会出发去发现问题，确定毕业论文选题。选题还应该扬长避短。毕业论文是一个独创性的研究成果，应该充分展现自己的优势。外语水平高的学生，可以选择外文资料要求比较高的选题；知识面比较丰富，有跨学科经历的学生，不妨选择交叉学科研究题目；基础知识扎实、思维功底强的学生，可以侧重理论研究的课题；有丰富实践经验的学生，可以侧重应用学科的研究。

选题还应该考虑题目范围和难度程度是否适宜。一般来说，本科生毕业论文的选题宜小不宜大，要从微观入手，要“小题大做”。论文题目有大有小，有难有易，一般来说，大的题目难度比较大，小的题目则比较容易把握。一篇本科毕业论文，一般要求在一万字左右。因此，最好从个案、微观入手，选择比较小的题目。论文题目大，需要论证的问题自然就较多，所涉及的史料范围也较广，理论知识的积累要求较为丰厚，写作技巧较为娴熟，投入的时间也较长、较多，而这些都是一般本科生难以达到的。有的学生好大喜功，盲目自信，以为题目小了，论文没有分量，因此，片面追求大题目，企图全面论述某一重大学术问题。比如，中文专业学生选题是《论宋代文化与文学的关系》，经管专业学生选题为《后现代管理研究》，法学专业学生选题为《区域经济法研究》。这些题目涉及面宽，要求有足够的知识积累与学术眼光，本科生对这样的题目只能是“大题小做”，一般就是罗列别人的观点，很难写成高质量的论文。如果抓住一个重要的小题目，集中精力和时间，细致地阅读甄别材料，充分了解前人的研究成果，深入研究论题，从各个侧面将其论证深入透彻，提出自己的见解，反而可能写成一篇有分量的论文。

客观条件包括指导教师、实验条件、资料查询和经费投入等因素。毕业论文与其他学术论文的区别就是撰写者是在教师的指导下完成论文的写作。假如选题与指导教师的研究方向一致，则能够最大可能地得到教师的帮助，为撰写一篇优秀的论文打下了坚实的基础。相反，假如选题是指导教师不熟悉的领域，指导教师对学生的帮助是有限的，论文的写作可能走很多弯路。有学生的选题既符合专业培养目标，也包含一定的实践或理论价值，同时也具备完成选题的基本专业能力，但因实验设施和图书资料不能满足完成选题的条件，造成选题无法完成。本科生毕业论文的写作往往只有三个月或半年的时间，若所选的题目不能在有限的时间内完成，那么选题就失去了意义。

二、搜集整理文献资料

论文选题、撰写过程中的一个极为重要的步骤就是要对该选题进行相关的文献检索与研究现状的综述，通过此项工作，了解选题的研究现状，知道在哪些方面已经取得了研究成果，还有哪些问题有待继续研究，从而为自己的研究明确方向。

文献资料主要有三种类型：第一，基础性资料，是指前人有关这一论题的研究成果。只有在前人研究成果的基础上得到启发，知道自己研究的内容、方法和意义等，才有可能使自己的研究超越前人。第二，论据性资料，是指用来立论、论证论题的材料，这些材料一般是被论文所引用、阐释的。第三，关联性资料，是指与论题相关的一些材料如时代背景、文化氛围等。

初学论文写作的本科生尤其要重视文献资料的搜集整理工作。随着网络技术的发展，人们已经习惯了利用百度、谷歌检索需要的信息。但如果仅仅是通过这些搜索引擎来搜集学术论文所需资料，显然是不够的。要写好一篇本科毕业论文，需要综合运用各种搜集文献资料的能力。因此，了解几种常见的文献检索工具是非常必要的。

（一）学会利用图书馆

图书馆是文献的宝库。随着教育经费的持续增加，普通高校图书馆的藏书能力得到了很大提高，基本上能够满足本科生毕业论文写作的资料需求。一般的图书馆都包括图书、连续出版物、特种文献。图书的主要类型有学术著作（专著）、教科书、丛书和工具书等，研究者可根据自己的需要检索需要的书籍。连续出版物一般包括学术期刊、报纸和年鉴等，学术期刊是论文写作必不可少的文献。特种文献包括会议文献、学位论文和政府出版物等。这类资料内容新颖、实用性强、信息量大，有较大的参考价值。

（二）学会利用网络资源

提起网络资源，本科生很容易联想到百度、谷歌等互联网搜索引擎提供的资料。目前，学生论文中最常见的文献资料也普遍来自这些搜索引擎。当然，百度、谷歌上确实能搜索到高质量的学术论文和研究报告，专业性网站、学者博客等也能提供部分学术资料。但普通网站上的资料良莠不齐，真假难辨，而且缺乏严谨性。假如使用这类网络资源，必须分析其可靠性和学术性，在甄别后加以引用。但是，最可靠、最有效的网络资源无疑是图书馆购买的学术电子资源。这是检索文献的首选。图书馆购买的电子资源一般都是各个学科或综合性的经典资源。包括数据库、电子期刊、电子图书和电子报纸等。这类资源专业性强，而且更新快、范围广，查找方便。

三、了解论文格式

一般的交流性论文，格式相对比较灵活，而毕业论文则要求有完整的规范格式，可参见国家标准《科学技术报告、学位论文和学术论文的编写格式》。此处对论文格式作一简单介绍。

（一）封面

封面是学术论文的外表面。一般的期刊论文无须封面，但毕业论文则必须有封面。封面包括的内容为：题名、作者姓名、指导教师姓名、专业以及研究方向、完成日期等。

（二）版权页

版权页是作者提供的版权声明，体现收藏单位对作者版权的尊重。版权页通常置于论文的第一页。

（三）摘要

摘要也称内容提要，是学术论文的重要组成部分，它位于学术论文正文之前，是以提供论文内容梗概为目的，不加评论和补充解释，简明确切地概述论文重要内容的短文。摘要具有客观性、独立性、完整性和简明性的特点，一般字数在300字以内。它具有替代、导引、检索的功能，能使读者在短时间内快速获得相关信息，了解有关学科的最新研究动态。

（四）关键词

关键词也称主题词。关键词是最具实质意义的检索语言，是从论文中选取出来的，最能体现文章内容、意义和价值的单词或术语。关键词的重要性主要表现在文献的检索和分类管理上，其最核心的作用是为了检索方便，可以弥补通过论文标题检索论文的局限。每篇论文的关键词一般以3～6个词为宜。

（五）目录

毕业论文一般需要编写简单的目录。目录是论文的提纲，也是论文各组成部分的小标题。将论文中的各级小标题依次排列，标明页码，便于读者阅读。

（六）正文

正文一般包括绪论、本论、结论三大部分。这些内容将在论文的写作部分中详叙。

（七）注释与参考文献

注释是对正文需要解释的地方予以说明。注释为脚注。

参考文献是论文参考的重要书籍或文章，是作者对前人研究成果的引用，应在文中引用位置用序号加方括号，标注全文参考文献表，列入论文的最后，文中的标注表示对他人知识产权的尊重，也便于读者查询原文。参考文献的格式依据国标（GB/T7714—2005）处理。引自学术期刊的文章，著录格式为：序号、作者名、文献名、文献类型、期刊名、出版年和期号、页码。引自书籍，著录格式为：序号、作者名、文献名、文献类型、出版地、出版者、出版年、页码。引自报纸，著录格式为：序号、作者名、文献名、文献类型、报纸名、出版日期。

（八）附录和后记

附录是附于文后与正文关系密切的文章、文件等资料。后记是写作背景、写作过程的简要说明，也包括致谢词，可根据需要选用。

四、撰写论文

（一）拟定论文提纲

拟写论文提纲是写作论文时的首要工作。提纲是由序数词和文字构成的逻辑图表，是为整篇论文搭起的一个骨架，是作者将自己前期的研究构思及材料搭配，用简洁的语言符号形式记录下来的论文框架体系。

编写提纲首先要思考论文的写作意图，包括选题的理由、价值和总论点等。其次要围绕总论点确定分论点，考虑论文的层次、结构和逻辑关系等。再次将思考的结果写成内容纲要。这是提纲的主要内容，也是论文结构的骨架。拟写时先要考虑从哪些方面、以什么顺序展开论述总论点；总论点安排妥当之后，再逐一安排分论点；分论点确立后，再考虑如何论证分论点，安排材料论证分论点。

较为完整正规的写作提纲一般由标题、主题句和内容纲要等部分组成。

1. 标题。论文的标题是论文不可或缺的、最显眼的有机组成部分。标题是论文主题和中心内容最集中、最鲜明的概括，对于突出论文的主旨、表达主要的学术信息有着十分重要的作用。好的标题可以帮助揭示论文主题，为论文画龙点睛，还可以提高人们的阅读兴趣，帮助读者理解论文主旨。因此，好的论文题目是文章成功的关键。

论文标题通常有单标题和双标题两种类型：单标题有的标明论题，如《论英国创意人才培养战略对我国的启示》；有的揭示论点，如《古迹是城市文化与城市精神的本体》。双标题有正标题与副标题，正标题往往标明论点或论述的对象，副标题则具体说明论文的内容与范围，对主标题进行补充、说明或限制。副标题的位置一般附设在主标题之后，换行，文字前面加破折号。例如,《高等教育大众化背景下大学生就业与学科建设初探——广东工业大学经济管理学院2003届毕业生调查分析》《对国外空间经济学集聚经济理论研究的分析——兼谈城市集聚理论的发展》。论文的标题要求准确得体、简短精练。

2. 主题句。主题句又可称为观点句或论点句,是概括全篇文章基本观点的语句。在主题句中用几句话写明文章的中心论点,有利于进一步明确观点,并且可以防止偏题跑题。

3. 内容纲要。内容纲要是论文写作提纲的主体部分,一般通过分条列项的形式将论文正文部分的结构框架清晰地表现出来。从文体类型看,学术论文是议论文中的一种,其文章结构一般称为"三段论式",即文章的绪论、本论和结论。论文作者在拟定写作提纲时,要把每个层次的结构框架清晰地表现出来。

（二）撰写初稿

拟写提纲的阶段,主要考虑的是论文的内在结构以及如何运用资料对论点进行论证的逻辑顺序和层次安排。而在论文的写作阶段,要将构思按照论文的结构形式表现出来。论文的真正核心部分是正文部分,正文的结构往往由绪论、本论和结论构成。

1. 绪论。绪论又称引言、前言、序言或导言等,是论文正文的开头部分。应是作者对论文所讨论问题的引出,也是读者通过论文认识问题的起点。因此,它既要符合作者对问题的提出顺序,又要符合读者认识事物的规律。绪论的内容一般概括为五方面:①说明研究这一课题的目的(理由和意义);②提出问题、表明作者的见解和观点;③说明作者论证这一课题所使用的方法;④概括介绍论述的内容或提示问题的结论;⑤对这一课题的研究历史作简要的回顾。

绪论的任务在于引出本论,不是文章的核心,文字不宜过长,力求开门见山、落笔见题,短小精悍,简明扼要。文字过多会喧宾夺主,使论文有头重脚轻的感觉。同时,不要用过多篇幅说客套话。

2. 本论。本论是集中表现作者研究成果的部分,是正文的主体,也是分析论证的核心。虽然有了好的选题,也提炼出了很有学术价值的论题,但如果分析论证不充分,或者分析论证不清楚,不仅会使论文大为逊色,甚至可能造成整篇论文的失败。因此,学术论文质量的高低、价值的大小关键在于本论部分的优劣。

作者在该部分对绪论提出的问题加以详细分析阐述,展开有效论证,并提出可能的解决问题的方案。本论篇幅较长,约占全文的80%~90%,主要由论点、论据和论证过程构成。其中总论点往往分解为几个分论点,有些分论点还可以分解成若干小论点,然后利用不同的论据,采取有效的论证方法,多角度、多层次进行说理、分析和求证。在论文写作过程中,要考虑总论点与分论点怎样提出,各层次与段落之间如何衔接,采用何种逻辑结构方式进行推理论证等,要注意安排好本论部分的结构层次。按照层次或段落的关系及观点排列方式的不同,可以把论文本论部分的结构形式分为并列式、递进式和综合式三种类型。

(1)并列式。并列式又称横式,是依据材料的性质等方面的因素,分为几个方面的问题分别进行阐述。论文的并列式结构法就是依据事物多角度、多侧面、多因素的特点,将本论中描述总论点的各个具有并列关系的层次、侧面平行并列,分别展开论述。这种论证方式的特点就是各分论点从不同角度、不同侧面围绕总论点展开论证。各分论点之间在逻辑上呈并列关系,不存在因果或递进关系,不分主次,彼此之间顺序也没有严格的规定。

(2)递进式。递进式又称纵式,是按照事物发生、发展的时间以及人们认识发展的规律依次安排,循序渐进,层层深入。这种论证方式的特点是各分论点之间构成一种逻辑递进的关系,没有上一层次或段落的论证,就无法展开下一个层次或段落的论证;下一个层次或段落的内容是对上一层次或段落的比较或发展。这种上下分论点之间环环相扣、层层深入,便于较好地反映客观事物发展的内在规律以及内在联系。

(3)综合式。综合式就是纵横结合式,即纵中有横,横中有纵,纵横交错展开论证。学术论文特别是长篇论文往往需要围绕总论点多角度、多层次从横纵两个方面展开说理和论证,因此,学术论文通常在整体结构上采取并列式,在各层次内部用递进式结构,或整体结构上采取递进式,各层次之间采用并列式。这样从不同侧面展开论述,能够增加论文的广度和深度。

3. 结论。结论是论文的结尾部分。论文在绪论部分提出问题,在本论部分对问题进行论证,在结论部分明确表示对该问题的看法或解决问题的思路。因此,结论在结构上是绪论的照应,在内容和意义上又是本论的归纳、延伸和升华。在写作中,要注意结论与本论紧密衔接,与绪论形成呼应,使全文形成一个有机的整体。结论部分通常会涉及以下内容:提出或强调最后的结论,对论题的研究方向、未来趋势进行展望等。结论应写得简明、扼要、有力,作者态度鲜明。

(三)修改定稿

论文的修改是论文写作的最后阶段,也是提高论文质量的重要环节。由于大学生学术论文写作训练较少,论文观点提取、文章谋篇布局等都会存在一定的问题，因此，论文修改尤显重要。

论文修改有广义和狭义两种理解。广义的修改包括写作过程中的每个环节的修改。狭义的修改则指初稿完成后的加工修改。论文修改涉及论文写作的各方面，一般来说，应从大处入手，再注重细节。简单来说，就是修改选题和观点、增删材料、调整结构和修饰语言。

1. 修改选题和观点。论文的修改首先要从审查修正选题、标题和观点入手。在选题方面应该注意的问题有：选题是否超出了自己的专业、选题范围是否恰当、选题是否有新意。标题的修改应该注意的问题有：标题是否准确、长短是否合适等。论点的修改应该注意的问题有：论点是否客观、是否鲜明、是否有独创性。

2. 增删材料。论文的材料是论点成立的基础。材料的修改应该注意的问题有：材料是否必要、真实、典型、新颖和具有说服力，引文和参考文献是否准确无误等。

3. 调整结构。论文结构是论文内容的组织安排形式，论文结构的优劣直接影响论文内容的表达效果。结构修改应该注意的问题有：结构是否完整、严密，层次和思路是否清晰等。

4. 锤炼语言。语言是论文的外在表现形式，直接影响论文观点的表达。语言的修改应该注意的问题有：语言是否准确、规范、严谨，标点符号及格式是否规范、是否有错别字等。

【例1】

金融危机对毕业生就业价值观的影响与对策研究

——以北京九所大学人力资源专业毕业生调研分析为例①

劳动经济学院人力资源管理专业　乌兰托娅　指导教师　纪韶

摘　要：目前全球经济正处于一场百年不遇的金融危机之中，这场危机对劳动力市场的影响是巨大的。2009 届毕业生是金融危机爆发以来的第一批大学毕业生，在遭遇就业寒流的过程中，他们的就业价值观是否会受到影响的问题引发了作者的思考，进而进行了实证研究。这份调查研究的结果有助于我们了解北京高校人力资源专业毕业生在金融危机下的就业价值观取向，从而认识

① 本论文选自首都经济贸易大学教务处编首都经济贸易大学 2009 届《本科生校级优秀毕业论文集》。

到在特殊时期面对大学生就业问题应该注意的问题，并借由提出的一些建议，希望能够对于缓解大学生就业压力起到一定的作用或至少引发教育者和社会舆论的思考。

本调查选取了北京市9所开设人力资源专业的全日制普通高等院校中的120名本科应届毕业生作为研究对象。问卷分为三部分:毕业生个人情况、就业价值观取向以及对策研究分析。在研究就业价值观部分，选取了毕业选择、理想工作地、对工作和专业对口的态度、期望单位的类型、就业单位的认知状况、求职时的倾向、期望薪酬、就业途径、对就业的信心等9个维度，每个维度都让被调查者对金融危机发生与否的情况做出对比。同时在问卷中还涉及国家政策与学校就业辅导的相关问题，用以做解决金融危机下大学生就业困难的对策研究。最后数据的统计分析由SPSS13.0软件完成。

在对数据的分析中发现，金融危机对大学生就业观的影响是方方面面的，本文最后针对数据分析结果，从政府、学校、毕业生自身三个层面提出了一些切实可行的建议，希望能够对金融危机中求职的应届毕业生们有所帮助。

关键词: 金融危机　人力资源专业毕业生　就业价值观

引言

2008年爆发的金融危机波及了全球的经济，引发了全球性的裁员大潮，这对本身就面临着众多就业问题的大学毕业生又增加了新一重压力。作为人力资源专业的学生，我们应该比其他专业的学生对劳动力市场的变化有着更强的敏感性，而在金融危机这个特殊的环境下，人力资源专业应届毕业生的就业价值观是否会有很大的变化，以及这些毕业生是否能够正确认识金融危机对就业的影响呢？为了弄清这个问题，作者通过调查问卷的方式对全市9所普通高等院校本科人力资源专业的应届毕业生的就业价值观进行了研究，深入了解金融危机对毕业生价值观的影响情况，并提出了一些对策建议。

1　金融危机与大学生就业价值观

1.1　金融危机对全球经济和就业的影响(略)

1.2　大学生就业难问题和大学生就业价值观

1.2.1　大学生就业难的问题由来已久

新中国成立以来，高等院校的毕业生虽然是逐年增长，但是由于有国家“包分配”，即使在1997年至2000年间，由于实行有条件的“双向选择”就业制度，毕业生没有找到接受单位，毕业时各级政府仍然保证每一个毕业生能落实工作岗位。因此，从一定角度讲，2000年前并不存在“大学生就业难”问题。

为了适应经济全球化和加快经济发展的人才储备，1999年国家开始实行

“扩大高等教育招生规模”的战略,高等教育开始了跨越式的发展历程。随着招生规模的不断攀升,从2001年开始大学毕业生的数量突破以往百分之几的增长幅度,变为递进式的、跳跃式的增长。……

1.2.2 金融危机对大学生就业的影响(略)

1.2.3 大学生的就业价值观简述(略)

1.3 调查简述及实际应用价值

1.3.1 调查目的及研究方法(略)

1.3.2 本调查及对策研究的实际应用价值(略)

1.3.3 本调查的未来研究方向(略)

2 调查样本与问卷设计

2.1 调查样本的选择与发布(略)

2.2 问卷设计与数据基本结构(略)

2.2.1 毕业生的个人情况问卷设计与数据(略)

2.2.2 毕业生就业价值观取向问卷设计与数据(略)

2.2.3 毕业生就业的对策研究问卷设计与数据(略)

3 问题与思考(略)

4 对策研究

4.1 政府层面的对策建议(略)

4.2 学校层面的对策建议(略)

4.3 大学生自身层面的对策建议(略)

参考文献(略)

附录

金融危机对北京人力资源专业本科应届毕业生就业价值观影响的调查问卷

简析:该篇毕业论文选题大小适中,符合毕业论文选题的价值性原则与可行性原则。首先,金融危机与大学生就业问题是引起公众关注的热点问题,有深入研究的必要,该论文因此具有了理论价值与实践价值。而将二者结合起来,探讨金融危机与大学生就业价值观之间的关系,较之金融危机与大学生就业问题而言选题明显缩小,适合毕业论文的容量,又体现了一定的创新性。其次,作为首都高校的大学毕业生,选择以北京9所高校学生为研究对象,以毕业生就业问题为研究对象,切实可行,具备撰写优秀论文的主客观条件。该论文在结构上也比较规范,行文思路非常清晰,以“从金融危机与大学生就业价值观”“调查样本与问卷设计”“问题与思考”“对策研究”四个部分展开,依次提出论题、展开调查与分析、发现问题,最终提出解决问题的对策。该论文不足之处在摘要部分,论文摘要应简明确切地概述论文的重要内容,而该摘要第一段主要阐释该论文选题的意义与目的。这部分内容完全可以简洁一些,某些内容可以在引言中加以阐释。

第三节 项目论文的写作

指导大学生开展科研课题研究,对大学生综合素质的培养、创新和攻坚能力的提高具有十分重要的意义。最早开展大学生科研训练的是美国麻省理工学院(MIT)。1969 年,麻省理工学院创设了“本科生研究机会计划”(The Undergraduate Research Opportunities Program,UROP),鼓励和支持达到一定条件的本科生参与教师的科学研究项目。从 20 世纪 90 年代开始,我国清华大学、浙江大学、中国科技大学也实行了大学生科研训练计划。进入 21 世纪以来,越来越多的院校加入这一行列。各高校对大学生科研训练计划的支持力度逐年增大,参加学生人数也在稳步上升。然而,大部分学生对于怎样有效申报科研课题,如何撰写项目论文并不清楚。因此,了解项目论文的写作十分必要。

一、选题的概念

目前,各高校对于大学生科研训练计划项目有不同的规定,有些高校在课题选择上分为两种:一为规定课题,一为自选课题,二者比例各占 50%;有些高校则完全由学生自己选择课题,择优入选。不论是规定课题还是自选课题,都必须对选题的原则有所了解。只有对选题原则有准确的把握,才能做到有的放矢,从而成功中标。因此,大学生科研训练计划项目首先必须解决选题的问题。

(一) 选题原则

科研项目的选题原则,虽然与学术论文具有共同性,都应该遵循价值性原则与可行性原则,但学术论文选题更多体现的是研究者个人的兴趣,而科研项目课题更多体现的是课题资助方的意志,更应重视课题的实用性与创新性。

1. 实用性。毕业论文可以针对某一理论问题展开研究,而项目论文的选题则相对较少,更多地突出了与现实的关联度。应关注国家、地区的相关方针政策,力争围绕国家和本地区政治、经济、文化和社会发展的大方向,坚持以应用为主、现实为本进行选题。重点考虑选题对于解决社会问题、国民经济问题等是否有一定的科学意义,力求将创新性、实用性与大学生的社会责任感紧密结合。

从近年情况看,大学生创新科研项目更重视具有现实意义与应用价值的选题。如北京某高校2010年通过的选题有《社会工作者在居家养老中作用的调查研究》《医疗纠纷中的举证责任》《团购模式创新之路与未来发展》。反映大学生科研实力的全国性科研论文竞赛活动“挑战杯”竞赛中，选题广泛涉及外来务工人员、社区医疗和留守儿童等社会高度关注的民生热点问题。比如，大学生“村官”计划在十几年间，从个别省份试点工程发展到全国战略工程，也成为严峻就业形势下新的热点话题。《大学生“村官”机制建设：基于1 260个乡村实证调查研究》项目通过对浙江省内各个地区及部分省（直辖市）的大学生“村官”、村干部、村民开展问卷和访谈等形式的调查，全面反映了大学生“村官”计划总体状况，并在充分学习政策和认真分析数据的基础上，对大学生“村官”机制建设提出了19项具体且操作性较强的建议。

2. 创新性。创新是科研课题得以成立的根本条件。第十二届“挑战杯”大学生研究论文竞赛活动的总体要求就是：“鼓励参赛同学认真学习理论，深入社会实际，用建设性的态度和改革发展的眼光，了解新情况，反映新问题，学习新经验，参加新实践，了解社会，亲近群众，典型调查，以小见大，独立思考，创新认识，拓展视野。”某些高校甚至将校级大学生科研活动命名为“大学生科研与创新训练项目”。学生在选题时首先要考虑申报的项目是否具有创新性，不仅需要了解学术前沿、社会热点问题，还应该关注立项部门在申报之前发布的相关文件、通告等，了解资助范围、资助的项目类别等信息，而且还需查阅历年来已立项的相关项目，避免重复研究，这样才能真正做到创新。比如，随着中小学教学布局结构的调整和留守儿童数量的增加，农村小学中寄宿、半寄宿制小学所占比重逐年增加。但与此同时，农村小学的教育也出现了一些新问题。《陕西省农村寄宿制小学学生饮食营养、身体、心理状况调查研究报告》，以陕西省农村寄宿制小学学生调查和体检收集的数据为基础，分别从学生营养摄入、身体发育和心理发展三方面入手，对寄宿小学生和非寄宿小学生进行了比较分析，并找出造成二者之间差距的可能性原因，同时有针对性地提出改进的措施。其独特之处表现为：研究的视角新颖，以农村小学寄宿生的身心健康为研究出发点；研究结论新，目前还没有普遍的、大规模的、定量研究中国寄宿制小学生身心健康的项目。

（二）选题方法

学术研究需要不断地追踪科学技术发展的前沿课题，但更应该在社会实践中寻找课题，在社会、经济、文化、科技、教育和教学等领域中寻找新问题，并同相关的学科相结合，寻找课题的突破口。大学生科研创新课题可以在以下四个方面进行选题的搜集。

1. 社会热点问题。要关注相关研究领域的前沿动态和热点,有无新的学术增长点,是否是立项部门优先发展、重点资助的学科领域。

2. 地域性发展问题。要做到选题有特色,不妨结合当地的资源特点和优势进行选题,与地方经济社会联系最为直接,就最易得到所在项目出资方的支持。有特色的项目是立足当地做出的前瞻分析,其结果亦将直接为地方经济和社会发展服务,无形中又实现了大学服务社会的本质功能。比如,江西是中国傩文化的重点省区,江西某大学学生进行的《留住民族记忆的背影——傩文化保护与传承问题研究》选题,选取具有典型性和代表性的萍乡市上栗县东源乡小枧村的傩文化作为考察重点,就傩文化保护与传承中存在的问题及其原因进行了详细分析研究,并有针对性地提出了若干建设性的意见。北京某高校学生课题《北京市公交车门夹人事故原因分析及其对策思考》《关于北京地区外资零售商对国内零售商的影响》等都具有鲜明的北京特色。

3. 高校特色问题。高校作为培养人才的殿堂,在社会生活中还扮演着多重角色。充分研究高校的社会责任同样是大学生力所能及的事。比如,非物质文化遗产的保护刻不容缓,非遗保护工作仅依靠政府部门远远不够。安徽某大学学生的选题《高校参与非物质文化遗产保护工作的实践与思考——基于安徽省高校参与"非遗"保护工作的实证研究》,选取"高校"作为研究对象,重点归纳安徽省高校参与非遗保护工作的开展状况,指出安徽省高校在参与非遗保护工作中的不足,最后概括出当前高校在参与非遗保护工作过程中面临的两大困境,构建了"三主体六结合"的非遗保护对策体系。高校周边与校园环境建设也是大学生关心的问题,北京某高校学生的选题《××路西段交通设施与安全状况调查报告》直接将某高校所处周边环境作为研究对象,针对性非常强。

4. 大学生群体面临的问题。在校大学生最熟悉、最关心的是他们自身所处的群体,因此,将大学生群体作为研究对象也是不错的选择。比如,《完善高校贫困生资助体系的理性思考》《大学生短期支教效果调查——以西部阳光行动为例》《大学生兼职市场税收及福利待遇缺陷研究》《中国社交网站对大学生社会化的影响——以人人网为例》都是以大学生群体为切入点的选题。

二、申报书

申报书是课题研究的总体规划和设计。高质量的项目申报书是项目申报成功的前提。申报书一般包括以下四方面内容。

(一)立项依据

立项依据是申报书的灵魂部分,是解决"为什么研究"的问题。一般包括相关研究综述、选题的理论和现实意义。相关研究综述就是概述本选题的研究成果和研究进展，它反映了申报者对项目研究所在领域的了解程度、知识结构和所研究目标的重要性。只有充分了解前人的研究状况，以前人研究的终点为起点，才能从中发现现有研究成果的不足和尚待改进之处，从而寻找自己可能的创新点和突破点。选题的理论和现实意义就是准确概括本研究项目在理论上的发展、实践上的应用价值。写作中应实事求是，既要表明本课题的创新意义和对以前研究成果的一定超越，也要肯定自己的研究是对他人研究成果的继承和深化。

（二）研究目标及其内容

研究目标及其内容是申报书的重点部分，是解决"研究什么"的问题。研究目标是申报者想要完成的研究问题。研究目标应翔实、具体、明确。研究内容是指为达到目标而进行的主要研究工作，研究内容不可太多，工作量要适度，应与研究目标相呼应，与课题研究期限与研究团队相匹配。表述上应逻辑严密，层次清楚，详略得当，重点突出。这部分还要对研究的重点和难点做出预先估计，要对问题进行客观分析，并提出解决问题的办法。

（三）研究方案与工作思路

研究方案与工作思路是实施项目的计划方案，是解决"怎样研究"和"何时研究"的问题，包括研究的方法和进度计划。研究方法主要由研究内容的性质决定。一般来说，人文社科类课题主要有文献分析法、实证研究法等。进度计划是指研究方案的具体实施安排，包括项目研究过程中各阶段要完成的具体任务、要达到的具体目标、要实施的具体工作方案及采取的措施和将要取得的研究成果等。

（四）研究基础

研究基础是解决"有能力研究"的问题，包括前期工作基础、实验条件、已承担科研项目情况、申报人资历与学术水平和课题组人员专业结构等。申报人及主要参加者所做的与本项目有关的研究工作和已取得的研究成果要尽可能详尽地在申报书中反映。参加大学生科研训练计划的学生一般都是大二、大三的学生，大多数都是初次参加科研项目，因此，与其他级别的申报者情况有所不同。一般来说，他们大多数并没有前期的成果积累，因此这部分内容的填写相对薄弱。但应尽可能突出自己的优势，比如，有些学生在前期可能参与了教师的科研课题，得到了学术能力的锻炼；有些学生可能在假期参与了社会实践活动，获得过一手资料。这些都可以在申报书中体现出来。如果二者都没有，学生也能寻找自己的优势，比如，专业基础与兴趣爱好等。规定课题中往往会兼顾不同专业特色而设置课题,《文学语言的审美特征》无疑是倾向于中文专业的,《广告中传统文化元素》是倾向于广告专业的,而《人人网的大学生交际模式》是倾向于传播专业的。如果传播、广告、中文三个专业的学生同时申报科研课题,应选择与自己专业有关的课题,这样成功率大。因为,就大学生而言,专业知识本身就是一种从事科研活动的基础。当然,也不是说广告、传播专业的同学就不能选择类似于《文学语言的审美特征》等课题,但如果与中文专业同学竞争,则必须体现自己的实力,这种实力或许就是兴趣与前期研究成果,或许是跨学科的研究视野,能够从一个不同的角度审视这类课题,为其注入新的活力。

三、结题报告

结题报告的概念在某些书籍中有些含糊,有的是指课题结项时提交的结题报告书,有的是指代表课题研究成果的论文、研究报告、调查报告和设计报告等。结题报告书一般都有规定的模式,而且以表格的形式居多,其中的内容和申报书与研究报告有交叉的地方,写作起来相对容易些。这里的结题报告指的是课题研究报告。

课题研究报告是一种专门用于科研课题结题验收的实用性报告类文体。它是研究者在课题研究结束后对科研课题研究过程和研究成果进行客观、全面、实事求是的描述,它不仅要详细地叙述研究工作的经过,更要引出研究和思考的观点。它是课题研究所有材料中最主要的材料,也是科研课题验收的主要依据。

课题研究报告与申报书存在千丝万缕的联系。申报书是课题研究的总体规划和设计,是对研究问题的假设,提供了解决问题的探索途径;课题的论证,主要说明此课题有价值进行研究;研究者有条件开展研究以及准备如何实施研究等内容。课题研究报告是课题研究完成之后,研究者反思研究过程、总结研究成果的一种方式,是对研究方案中假设的验证,重在阐述做了什么,怎么做,得到了什么,达到了什么目标等。前者是研究前的预设,是研究的蓝图;后者是研究过程的精炼和研究成果的体现,是研究后的总结与反思。一方面,两者之间存在逻辑关联。课题研究报告的有些内容应与申报书中的相应内容相呼应,如申报书中阐述研究目标是构建模式,报告就应有模式构建的具体步骤与措施。另一方面,两者也有区别。虽然二者的结构部分相同,如都有研究内容、研究成果等,但前者是预设,后者是实际完成的情况。

课题研究报告与学术论文相似,但存在细微的区别。从写作目的看,学术论文是以阐述作者的科学见解为目的,是探求新理论、新论点、新解释、新规律的。课题研究报告则以报道研究结果和进展为目的。在内容要求上,学术论文是记叙研究课题中最富创造性的部分，是选用最精彩最具说服力的、与论证内容有关的数据，经过科学整理、综合分析和判断推理，以形成论点，因而在写作上应包括明确的论点、充足的论据和科学的论证，而不应包括一般过程的叙述，不应包括与论点无关的具体观察所得。研究报告则是科学研究结果的真实记录，包括整个工作的重要过程、方法、观察结果及对结果进行讨论等细节。一般来说，课题研究报告的精髓部分可转换成学术论文。

课题研究报告的格式一般由封面、中英文摘要、目录、正文、参考文献、附录和致谢等部分组成。其核心内容是向课题委托方或读者介绍自己的研究过程和结果，主要介绍要做什么（研究的课题名称）、是谁做的（课题组负责人与课题组成员）、为什么要做（课题的背景、意义、依据与目标）、做了什么（课题的主要内容）、怎样做的（课题研究的方法、步骤及主要过程）、做得怎样（课题研究成果）、体会（课题研究存在的主要问题及今后的设想）以及参考文献。具体写作方式可参考毕业论文的写作流程。

第四节　申论论文的写作

一、申论的性质

自 2000 年始，申论考试正式成为国家公务员考录的重要形式和手段。申论是作者在对现实社会中的某类现象进行分析研究的基础上，就材料所涉及的主要问题及其意义申述说明、解剖评论、生发议论、阐述事理、疏通思路和寻求解决问题对策的一种实用性极强的文体。“申”即申述、申说、表明、说明和引申，“论”即议论、论说、论证、评论和辩论。申论重在“论”，难也在“论”。

同样是“论”，但申论与我们平时所写的论说文还是有所不同的。

第一，申论现为公务员考试专用文体；而论说文则用处多多，可以应试，可以发表，可以交流，可以应用。

第二，申论考试要模拟公务员日常工作情景，其必然要选择符合公务员工作实际的现实性话题，其论证也必然集中在解决问题的对策的必要性、可能性和合理性上；而一般论说文论题不必局限于此，且并不一定要解决某个问题或拿出什么具体的办法。

第三，申论必须围绕给定材料展开论证；而论说文可以就材料发议论，也可以引申、生发、联想，借题发挥，择取一定角度，放开手脚，兴之所至，议之所至，比较自由。

第四，申论文风朴实严谨，以严肃之笔论严肃之事，呈现出一定的公文风格;论说文则不尽然,其风格多样,追求个性化,可以自由地运用多种表现手法,甚至不乏文学之笔。

二、申论考试的特点

(一)普遍性和现实性

申论考试提供的题材类型和论题指向都很宽泛,且多样化,其内容涉及政治、经济、法律、教育、文化和科技等社会生活的方方面面,是大家都比较关心,可以接触到,有所了解,愿意思考,也与群众利益密切相关的一些重大问题。公务员日常要处理的都是现实生活中迫切需要解决的问题,因此,申论考试内容必定有很强的现实针对性,即针对现实生活中群众瞩目、影响较大、亟待解决且可能解决的重大事情。

(二)注重考查综合能力

对于公务员来说,最重要的是综合素质。申论考试重在测试考生综合运用所掌握的知识来处理解决实际问题的能力,因此是一种全面的、综合的测试。试题一般包括三个部分:①概括要点;②提出对策方案;③论证分析。三部分包括了知识积累、信息搜集处理、发现问题、判断思考、梳理分析材料、逻辑推理、综合归纳、概括提要、选择角度、制定对策和文字表述等各个环节考生应具备的能力。考生的思考深度、思维的逻辑性、视野的开阔性、学识的厚度和生活经验积累的丰瘠等都能得到真实的检验。综合能力强,才有潜质,才有优势,才有良好的发展前景。

(三)灵活多样,不拘一格

虽然考试指导思想、基本思路不变,但具体到题材、题型、题量和试题结构等,年年都有较大的变化,显示了一定的灵活性。历年考试给出的材料涵盖面极广,飞速发展变革着的社会不断为申论提供无尽的题材,考试的内容每年都是全新的。考试的灵活性还体现在命题角度及试题设计上。最早的题型为:①概括主要内容;②提出对策;③拟题论证。其后演变成为领导撰写讲话稿,以此代替了一般论证。再后来,作文部分则是以虚拟的政府主管部门负责人的身份撰写报告,等等。

三、申论考试诸环节及应试方法

申论考试的题目一般包括四项基本内容,虽然不断有所调整,但基本思路变化不大。其实,无论怎样变化,目的都是对考生进行全面考查,检测考生的阅读、概括、分析综合、论证和语言表达必备的能力;考查知识储备、思维品质、经验积累和创新意识等综合素质。

申论试卷通常由三个部分组成:

第一部分是注意事项。申明考试目的,对应试提出指导性建议和要求。

第二部分是给定材料。材料内容涉及社会生活的方方面面,形式多种多样,这是申论作答的依据。

第三部分是申论要求。对考试各环节提出具体要求,一般包括三个方面。

第一,阅读、分析、归纳和综合所给定的材料,就某一方面进行概括。

第二,就材料所反映的主要问题提出解决方案、对策和建议。

第三,针对主要问题及相应的方案、对策进行分析论证。

根据申论考试的内容和要求,要精心完成四个基本环节的任务。

(一)阅读材料,审视思考

审读给定材料是完成后面各环节任务的前提,它为全部考试奠定基础,因此需要扎实的阅读基本功。用40分钟左右的时间对给定的材料进行认真的分析、研究,尽快理解和把握,要读懂、读准、读全、读透。

(二)概括要义

概括要义要求在梳理材料的基础上,用精练的文字(一般150字左右)对所提供的材料加以准确概括,目的在于对阅读材料进行小结,正确理解并准确把握材料的要义、中心,找出问题,为后面提出对策和论证做好准备。若抓不住、抓不准中心,都会造成后面环节的失误。

(三)提出对策

这一环节至关重要。在阅读分析材料和概括要义的基础上,找出中心问题,根据题目的要求,结合材料的内容、导向及从中受到的启发,运用自己的知识、经验,针对问题,提出具有实际意义的、切实可行的解决办法、方案、策略和意见。该项内容是对考生拥有的知识量、掌握的信息量、工作经验、视野的开阔度、思维的活跃度、应变能力、创新能力和处理解决问题能力的全面考查。这对一个合格的公务员来说至关重要。

1. 提出对策的原则

(1)有明确的针对性。提出对策的目的是为了解决问题,应该紧紧扣住阅读材料时提炼出的中心问题,有的放矢地发表见解,拿出解决问题的方法。

(2)从实际出发。申论考试一贯紧密联系社会现实,其目的就是要考查考生是否能随机处理在公务活动中所遇到的种种实际问题。因此,考生要从实际出发设计对策,绝不能脱离实际,漫无边际地遐想,主观臆断地设想一些缺少现实可能性的办法。应届大学毕业生因生活经验不足,在考试中容易出现这方面的问题。

(3)具有可操作性。对策必须合理、合法、合情、可能和可行,可以在实践中操作实施,经过努力可以办到。对策应该明确这样做的根据、条件、理由是什么,由谁来负责实施,采取怎样的措施和步骤,会出现哪些问题,将达到什么样的效果。这些都应该写得很具体。

(4)富有创意。理想的对策应该富有创意。创意如果来自实际而非主观臆想、稳妥而非华而不实,则弥足珍贵,它会给人很多启发,激活思维,开阔思路,为解决问题提供契机。不过,创意不仅来自思维的活跃,更需要丰厚的经验积累。一种富有创造性的想法,一个崭新的思路突然浮现出来,为解决问题找到了突破口,其实这都是日常生活和工作中密切关注、长期反复深入思考的必然结果,考试不过是激发器、催化剂。

2. 提出对策的方法

(1)明确问题。反复研读题目,充分领会题目要求。这个题目大多包含在所概括的内容中,也可能另外提出,但不管怎样设问,需要提出对策的问题一定是材料所限定的重大问题。

(2)确定身份。根据考题规定,选择提出对策的角度、立足点,这就涉及身份。要有明确的身份意识,这个身份虽然是虚拟的,但考生必须进入情境,从所规定的身份出发设计对策。

(3)汇集信息。设计对策需要宽泛的知识和丰富的信息,要紧扣材料,以材料为导向,迅速调动起平时的积累,搜索相关信息。掌握的信息越多,越有利于在整合信息中激活思维,产生出富有创造性的解决问题的思路、办法。

(4)多样设计。广开思路,力求设计出尽可能多的解决问题的对策。方案不可单一,办法应该越多越好,尽量全面。

(5)评价筛选。对各种对策进行分析、比较和评价,以确定最终的对策。

(6)简要表达。深思熟虑后所设计的对策,需要用简要的语言清晰有序地表达出来,一般要求用350余字进行陈述,故要反复推敲,惜墨如金。只要结论,不需过多说明、展开议论。分条列项排列,显得从容,很有顺序,呈现出一定的逻辑性。

(四)论证

论证是申论的最后环节。围绕主要问题,充分利用给定材料,纵横议论,详尽、具体和全面阐述自己对论证对象的态度、见解、认识、观点、意见和方法等。它是对考生全面素质的最终检验,是对其知识储备、实践能力、理论水平、思维能力和语言能力等各种知识和能力的全面、真实、最具说服力的检验。申论考试灵活多样,论证可能会以其他的形式出现,比如,讲话稿、情况汇报和论证报告等,但不管怎样变化,围绕解决问题而阐发见解,生发议论,应该是该环节不变的基本要求。

1. 论证的基本条件。论证的基本条件包括四项:①宽泛的知识,丰富的信息;②读透材料,掌握要旨;③长于析理,思维缜密;④善于布局,行文晓畅。

2. 论证的方法。申论的论证环节实际上就是我们常见的就给定的材料自拟标题写论说文或变相的论说文,比照一般论说文写作即可。

(1)拟定恰当的标题。标题是文章的眼睛,关系到全文行文的方向,拟定标题务必审慎推敲。一般来说,论说文的标题或者揭示论点、表明态度,或者点出论题、引发议论。不管哪种形式,都要求题目在意义上涵盖文章的整体内容,必须做到贴切、文题一致。

(2)选择最佳角度确立论点。申论中的"论"属正面立论。根据试题要求,针对话题,选取理想角度,确定全文的中心论点,这是论证成败的关键。

(3)围绕论点精心选择材料。论点确定之后,就要根据论点的需要汇集和挑选材料。论证不能脱离试卷所提供的基本材料,要充分利用其中最具说服力的典型材料。此外,还要迅速调动自己长期储备的相关信息资料,作为重要论据来支持论证。选用的材料应该紧紧围绕论点,直接说明论点;论据应该典型,具有一定代表性和强大说服力,以一当十,以最简要的文字充分说明问题,发挥材料的最大效用;应该真实可靠,绝不能想象杜撰,授人以柄;应该追求新意,在论点难以求新的情况下,运用新材料无疑会为论证增添活力,避免陈腐老套、让人生厌。

(4)疏通思路,严守逻辑,结构文章。论证是具有极强逻辑性的表述过程,文章结构即是这一过程的具体化和表现形式,它将成熟合理的思路落实为具有严密逻辑性的结构,让思想得到合理顺畅的表达。提出问题—分析论证问题—解决问题,或引论—本论—结论,或总—分—总,是论说文的一般结构形式。本论为全文的主体和中心,中心论点要靠分论点或论据来支持,各个分论点之间、各个论据之间会形成多种逻辑关系:并列、顺承、递进、转折、引申、正反和因果等。在展开论证时,应根据具体情况按照一种或数种逻辑关系安排好本论各部分的内容,文章才会清晰明了。因此,结构文章从总体上看,就是处理好整体与部分、部分与部分之间的联系,把材料合理地组织起来,使整篇文章条理化、有序化,体现出内在的逻辑性。为了让论证井然有序,避免因思路不清而受到干扰,最好在正式行文前拟定一个结构提纲,将全文的层次段落用简要文字固定下来,显示出文章的脉络及各部分间的内在逻辑联系。

(5)灵活运用各种论证方法展开论证。在论证的过程中,根据需要采取相应的方法进行论证,才能保证有说服力。论证方法包括:第一,据事论理,即用事实说话,摆事实讲道理。第二,因果分析。事物之间普遍存在着因果联系。论证中,或重在解剖结果,寻找导致该结果的原因;或重在分析原因,以推导出必然的结果。第三,辩证析理。有时需要就理论理,进行分析、推演、论辩。通过对问题的解剖、事理的论析,阐明论点的正确性,做到以理服人。第四,比较说明,即将两种或两种以上事物联系起来进行比较分析以说明观点。一切事物都处在不断发展和相互联系中,因此可以将相关事物加以纵向或横向的比较,进而说明某个道理。

(6)把握文风,驱遣文字,流畅表达。申论考试的各个环节都要通过文字表述得以实现,论证部分则最能显现个人的语言水平。按照一般议论文的文体风格,遣词用语应该准确、简要、明晰、朴实、得体和规范。就申论而言,特别强调的是注意两点:第一,论证主要使用陈述、说明、议论的表达方式,一般不需要文学化的描写、抒情等手法,要把握好文体特征,不要写成散文、随笔、漫谈之类的文章;第二,力戒"学生腔",语言要自然得体,平易通俗,不要矫揉造作,故作高深,用一些生僻艰涩的词语,写一些连自己也不一定能解释明白的话,更不要讲外行话,不懂装懂,或借题发挥,写成脱离论题的自由谈。

【例2】

2013年中央、国家机关公务员录用考试《申论》真题(省部级)

一、注意事项

1. 申论考试与传统的作文考试不同,是分析驾驭材料的能力与表达能力并重的考试。

2. 作答参考时限:阅读资料40分钟,作答110分钟。

3. 仔细阅读给定的资料,按照后面提出的作答要求依次作答在答题纸指定位置。

4. 答题时请认准题号,避免答错位置影响考试成绩。

5. 作答时必须使用黑色钢笔或圆珠笔,在答题纸有效区域内作答,超出答题区域的作答无效。

二、给定资料

1. "良辰吉时已到,婚礼开始! 一拜天地,二拜高堂……"2012年 月6日中午,在江南某村,一对"85后"新人的传统结婚仪式正在举行。

"这对小夫妻年纪不大,倒愿意举办农村的传统婚礼,真稀奇。"人们七嘴八舌地议论着。据了解,这是当地几名大学生村官策划的第一场农村传统婚礼。

看惯了西式婚礼的走红毯、切蛋糕、倒香槟等流程，这场农村传统婚礼，让年轻的新郎新娘感到别有一番韵味。

新郎东平怀着欣喜而忐忑的心情望着新娘丽丽。在婚车上，新娘用糙茶洗好脸后，就盖上大红盖头，小鸟依人般挽着新郎的手走下婚车，鞭炮声中，新郎新娘踩着印有“喜”字的麻袋走进堂屋，麻袋又称“代代子孙”，寓意新人早生贵子。这时，空中下起了一场“花瓣雨”，围观的孩子欢呼雀跃。

“接下来是‘过火盆’”，红红火火。在婚庆策划人员的提示下，新郎新娘绕着院中的三堆火走三圈后正式进入堂屋，婚庆策划人员【和】记者、新人跨过门槛时要先抬右脚，这是“顺脚”，寓意婚后的日子顺顺利利。

堂屋主桌上摆放着成双的龙凤花烛、果品和用于挑起红盖头的喜称“称心如意”，“新郎官，你不看看新娘长啥样嘛?”人群中有人喊道，新郎笑着拿起“称心如意”，小心翼翼地挑起红盖头一角，露出新娘的嘴角。“虽然他们并不像古时候那样等到拜堂才头一次见面，但挑红盖头是传统婚礼仪式的一部分，所以我们也写进了策划书。”婚庆策划人员说。

大学生村官 W 是婚庆策划主力之一，她与同为村官的 Z 和 L 策划了这场农村传统婚礼。W 表示，他们十分看好传统婚庆仪式的前景，也希望能借此施展自己的策划能力。

记者在婚礼结束后向婚庆策划人表达了自己观摩婚礼的感动心情。当被问到为什么要策划一场传统婚礼的时候，W 说:“与新式婚礼比较，传统婚礼更注重过程和仪式，半年前这对新人就按严格的传统习俗精心策划和准备，这种漫长的筹备过程让新郎新娘都显得格外郑重，他们也非常接受这种传统婚礼，我相信，对这一对新人来说，这也是一次心理和精神的升华过程，这种传统婚礼仪式会影响他们一辈子。”Z 则补充说:“传统婚庆仪式不仅仅是一种世代沿袭的乡村习俗，也承载着传统精神的内涵，甚至是传统文化的某种载体和形式。传统文化与习俗在某种意义上观望着农村青年的文化和精神的归属感，甚至传承着某种民族精神。”

2. 某网站发表了如下一篇文章:

几十年间，中国的经济总量翻了好几番，中国的面貌几乎每天都在刷新，我们有足够的理由为这种速度自豪。然而，我们是否意识到，中华民族几千年积累的巨大文化财富，或许正在我们手中悄无声息地流失。

祖宗流传下来的国宝，有许多在海外才能看到，有人统计，世界上 47 个国家的 200 多个博物馆中，有不下百万件的中国文物。这意味着我们及我们的后人，要想一睹那些先人留下来的珍宝，不得不漂洋过海。

在某国倒卖中国文物贩子的住宅里，挂着一张中国地图，一些重要的考古发现地点被标注出来，形同“作战地图”。一些文物大省，集团性的盗墓以及贩卖文物已经形成了行业。近几年全国盗挖古墓案有10多万起，被毁古墓20多万座。即使是一些有人管理的地上文物也没能幸免。外国博物馆中的中国文物却不断得以充实。

据我国长城学专家董先生介绍，作为中华民族精神象征的万里长城，目前只有三分之一基本完好，另有三分之一残破不全，三分之一已不复存在。北京市郊一段在考古学上有重要研究价值的明长城被人挖去做砖石，做了植树用的“鱼鳞坑”。山西某村想把两个砖厂合二为一，中间却有一段长城碍事，村长一声令下，这段历史遗产顷刻间湮灭。

与有形文物的流失比起来，那些无形的非物质文化遗产的毁灭更加触目惊心，譬如鲁迅笔下的“社戏”“五猖会”，我们小时候看过的皮影戏，农村过去家家过年贴的剪纸和年画……也许有人会说，这也是“文化遗产”？这些不登大雅之堂的东西有什么价值？这些问号，正好反映了中国非物质文化遗产面临的危机。

从某种意义上说，这些无形的非物质文化遗产是比长城、故宫还要重要的财富。长城、故宫是古老文明留下的躯壳，和博物馆中的恐龙标本一样，失去了实用性，是死的东西。而那些无形的文化遗产，大多是活的。活生生的文化遗产的流失，就更令人感到心痛。中国的无形文化遗产之丰富，在世界上首屈一指，然而，伴随着现代经济的迅速发展，民间文化形态迅速消亡，村村寨寨的节庆活动没人张罗了，流行歌曲取代了地方戏，动画片挤走了民间故事和皮影戏。过去的农村姑娘个个会绣嫁妆，现在结婚时则到集市上去买廉价而缺少灵气的印花纺织品。而戏曲、秧歌、剪纸和刺绣这些活着的文化，集中体现着古老东方文化的独特、优美与神秘，表明着我们中国人之所以为中国人。

民间文化的消失，其速度远快于生物物种的灭亡速度，而后果和生物物种的灭亡同样严重。祖先留下的千姿百态的民间文化和历经数千年的乡土艺术、民俗器物，大部分在还没有得到完整的记录和保存前就已经消失。它们一旦毁灭，就无法再生。这样下去，中国数千年的民族民间文化将面临断裂的危险。

另一个值得重视的问题则是某些政府官员在文化理解上存在误区。不少地方斥亿万巨资生造“文化”和虚假民俗，拆掉古城而改建的粗制滥造的“仿古街”比比皆是，有些地方还把一些历史传说和文学故事中有道德污点的人物也尊为“名人”供奉。以上种种均反映了对文化的曲解，这种曲解不仅没有增加文化内涵，反而是对文化的一种伤害。

3. 时间到这里仿佛变慢了。秋天早晨的菊儿胡同刚睡醒，一进一进的院子走入，粗斜的老树仍在，院子中央整齐地码了几十盆花草。有人趿拉着拖鞋走出屋，揉着眼睛背着手浇花。两位老人坐在墙根下晒太阳。站在胡同里，市声渺远，只觉几千年几百年的日子就这么悠悠地过了下来，这里依然是风雨不动的世上人家。

这就是诗意栖居的代表作——“菊儿胡同”，是吴良镛在北京四合院基础上设计出的现代民居。1987 年，菊儿胡同还是积水、漏雨、杂乱无章的地方，早年建造的四合院已成了破旧拥挤的大杂院，吴良镛受邀设计改造。他的“有机更新”理论认为，住房是城市的细胞。新建房应自觉地顺应城市的传统肌理，于是有了“类四合院”，既保留了天井、院中的老树，又能容纳更多住户。房屋为白墙黛瓦，错落别致。吴良镛非常留意娱目之景：在坡顶修建楼阁和平台，可远眺景山、北海、白塔；在院中配置不同姿态的树种，使院落小景丰富有变；甚至楼阁的高度不一，增加建筑群轮廓线的变化，屋顶亦因此有了韵律美。如今住在高层小区里的北京人，是无法享受到郁达夫笔下“故都的秋”了，菊儿胡同里的人却仍可坐拥旧时的景色：“早晨起来，泡一碗浓茶，向院子一坐，你也能看到很高很高的碧绿的天色，听得到青天下驯鸽的飞声。”“我并不是要所有的房子都盖成菊儿胡同，而只是探索了一条传统建筑发展的路子。”2012 年 10 月 16 日上午，在北京“2012 年中国建筑学会年会”的开幕式上，这位中国两院院士、国家最高科学技术奖获得者做了题为《人居环境与审美文化》的主题报告，讨论如何将“艺文”融入人居环境。

游客张女士说，来豫园本来只是随便逛逛，听导游讲解之后才发现好些建筑都有故事有门道。站在豫园九曲桥上，还可以看到远处的东方明珠、环球金融中心等建筑，景观确实不错。

豫园旅游区是上海老城厢的发源地，近年来逐步形成了以豫园、城隍庙、上海老街等为中心的旅游风景区，九曲桥、湖心亭尤其享有盛名。民俗工艺小商品、上海及全国特色小吃、上海本土文化及民间文化在此得到重生与发展，成为市民节庆庙会地。豫园作为留存完好的江南古典园林，被誉为“东南名园冠”。豫园商城于 20 世纪 90 年代经过大规模扩建，成为规模宏伟的仿明清商业建筑群，既有历史渊源，又有民族风格，豫园被塑造成一个文化综合体。为了再现民俗风情，豫园商城推出了“豫园中国节”的概念。正月有新春民俗艺术灯会，三月有中华美食节，四五月是春季庙会和茶文化节，夏季有少数民族风情节，秋季有庙会和赏菊啖蟹节，冬季有冬至膏方节等。尤其是元宵灯会在春节期间的上海最有人气，充分显示了民俗文化强大的生命力，并因此成为上海的一项非物质文化遗产。

中国历史文化名镇枫泾镇，素有“芙蓉镇”的美誉。这里文化资源丰富，有保存完好的明清建筑；有古老质朴的蓝印花布、色彩鲜艳的刺绣；有式样各异的花灯、编织、剪纸、泥塑；有粗犷洒脱的灶壁画，特别是享誉国内外的金山农民画；有久负盛名的枫泾四宝：丁蹄、状元糕、五香豆腐干、枫泾黄酒；还有许多蕴藏在民间的传奇故事，喜闻乐见的体育项目。所有这些家乡民间文化原有的特色，为枫泾古镇增添了无穷的魅力。

人们用“枫泾寻画”四个字概括古镇的魅力，可谓一语双关，既有诗情画意，又留有悬念，充分表达了枫泾古镇美丽如画的景色，又告诉人们枫泾拥有深刻的历史文化沉淀。枫泾留下的是历史的原貌，是原来真实的景，不增加什么新东西，在保护过程中原样原修，保留原材料、原工艺、原样式、本来的风貌，从而保留了一种难能可贵的原真性。

同时，枫泾不是保留一座桥、一块碑、一个房子、一座店铺，而是一条街、一道河、一个古镇的整体保留。这里的水墙门，如同周庄的前街后河、乌镇的水阁房，现在已经不多见了。它与枫泾古镇引人入胜的桥、房子、街道、廊，相得益彰，构成的是浑然的一个整体。

4. 妈祖，又称天妃、天后、天上圣母、娘妈，是历代船工、海员和渔民共同信奉的神祇。古代在海上航行经常受到风浪的袭击而船沉人亡，航海者就把希望寄托于神灵的保佑，在起航前要先祭天妃，祈求保佑顺风和安全，在船上还立天妃神位供奉。

妈祖就是这样一位天神。中国沿海的地方或内陆河道，以及世界各地有华侨聚集的大小埠头，几乎都有她的宫庙。据不完全统计，全世界共有3 000多座妈祖庙以及2亿多崇信者。她的影响力从南方沿海辐射开去，遍及港澳台以及亚洲、北美等20多个国家地区。

公元960年农历三月二十三日，妈祖出生在福建莆田一户普通的林姓人家，因为不爱啼哭，起名林默。因她识些天文，懂点医理，又急公好义，助人为乐，所以为乡人所信赖。附近渔民也渐渐相信她可以“预知吉凶”，从而一传十，十传百，渐渐将她神化成可以“逢凶化吉”的保护神。她过世不久，当地乡民便在莆田湄洲岛为她建庙祭祀，这座“落落数像”的简陋祠庙，也是最早的妈祖庙，当时已经香火非常旺盛。

在民间有着广泛影响力的佛教也将妈祖演绎进自己的神话世界，称林默是东海龙王的女儿，有一次游玩遇险，被观音菩萨挽救，从而成为观音的侍女，并渐渐幻化为与观音菩萨平起平坐的主神。儒家也对这一优质的文化载体予以高度重视，对妈祖神话进行了儒家式的“改造”，增添了惩恶扬善的故事，力图去除妈祖浓厚的巫女色彩，将其塑造成为儒家的道德楷模和精神典范。

历代统治者也不断对妈祖进行加封行赏。公元1281年，忽必烈便诏封妈祖为“护国明珠天妃”。虽然妈祖是汉族人，可加上一个“天”字，成为天神，那就没有种族划分的界线了。元朝统治者对这位深得民心的海神推崇备至，源于对海运的重视和依赖：一方面是元时海外贸易的持续繁荣，另一方面则是供应京师的海上运输线。公元1329年，元朝的皇帝曾派遣“天使”进行了一次规模空前的进香之旅，耗时半年，行程万里，沿途拜谒淮安、苏州、杭州、绍兴、温州、福州、湄洲、泉州等重要港口的十五座妈祖庙，并代表皇帝呈献祭文。至此，妈祖已升为国家级的航海保护神。而清代的妈祖信仰进入发展的全盛期，从康熙到同治，有六位皇帝十余次加封，妈祖的称号也由明代的天妃升至天后，封号长达64个字，在同时代女神中名号最长，地位尊贵，无以复加。

妈祖信仰的范围在明清时代不断扩大，很大程度上和当时的移民潮有关。譬如四川，明清时代的客家移民由广东福建等地迁入，妈祖作为老家的神明也就在巴蜀扎根落户。清代中后期，巴蜀地区的妈祖庙已超过两百座。

当贫瘠的土地无法提供足够的粮食时，明清时代大量广东、福建的民众不断流动，每到一处都要兴修妈祖庙。譬如澳门妈祖庙，起初便是由漳州、泉州、潮州三地商人修建，称为三州会馆，距今已有五百多年的历史。即便是澳门(MACAU)的名字也与妈祖庙有关。台湾的妈祖信仰也十分普遍，全岛共有大小妈祖庙510座。妈祖的信仰，也随着先民的南渡遍布于南洋各地。

面朝大海，高度42.3米，全球最高妈祖圣像于2012年9月28日落成，作为第六届天津妈祖文化旅游节的重要活动，2 500余名游客和表演家以鼓乐、舞蹈等传统民俗方式，向这位和谐女神致敬。一条从水中央建起的6.5公里长的通道将来自港澳台的游客带到了妈祖圣像面前。他们虔诚地站立在圣像下，见证着这座妈祖圣像的落成。

从台湾赶来的某女士说，这是她第一次看到坐落在海上的妈祖圣像。妈祖圣像的落成将加强两岸文化交流。妈祖信仰的盛行，还在于她是集无私、善良、亲切、慈爱和英勇等传统美德于一体的精神象征和女性代表。她的亲和力更是别的神灵无法比拟的。如今，海外还有游子没有归家，他们还需要神灵护佑，还需要妈祖守望。那么，就让我们借妈祖之名，以亲情的名义祈祷四海归一，天下一家吧。

5. 平阳鹤溪百年缸窑不仅有着厚重的历史，而且还曾在中国外交史上留下一段佳话。去年，平阳县公布了第一批县级历史文化村镇，鹤溪因缸窑而榜上有名。

早在上周时期，浙南先民就已经掌握了最原始的制陶技术。这一点可以从平阳龙山头石棚墓中出土的大量商周时期的陶片得到证明。瑞安的陶山瓷窑、泰顺大安陶窑等，均凸显了温州地区生产陶瓷历史的悠久、分布的广泛，平阳则以鹤溪缸窑的创建时间为最早，历史也最富传奇色彩。

据《平阳县志》记载，明万历四十七年(1619 年)，鲁通、鲁明等人利用腾蛟凤巢的优质陶土，在后庄村建窑烧制陶器。后逐渐兴盛，发展到 18 座窑，后庄村亦改名为缸窑村。1940 年，当地人谢伯和出资创办缸窑陶瓷厂。次年，群众集资 4 300 银园，创办缸窑陶器运销合作社，共有社员 72 人，年产陶器 5 万只。1946 年，在化学专家苏步青先生的帮助下，开始生产化学工业用的耐酸坛，产品远销南京、上海等地，深受用户欢迎。

新中国成立后，制陶工艺得到迅猛发展。1954 年，由苏增财、谢如观等人带头成立了凤巢陶器生产合作小组；1957 年扩大为生产合作社；1959 年升格为平阳耐酸器材厂，属地方国营性质，职工增到 300 多人，并新建倒焰窑 1 座。开始采用机械化生产，这是缸窑烧陶工业的全盛时期，其产品畅销南京、上海、杭州等地；1964 年，我国为支援阿尔巴尼亚修建炼焦炉，需要一批质量上乘的缸砖，而在国内一时找不到合适的货源。后来，经有关部门推荐，他们找到了缸窑。

于是，生产缸砖的重任就由缸窑耐酸器材厂承担。在上海援外部门的指导下，工人日夜奋战，缸砖试产成功。后送上海鉴定，质量完全合格。缸砖的试产成功，不仅解决了我国的援外任务，而且也同时解决了上海焦化厂无缸砖的后顾之忧。这一辉煌时刻永久载入史册。

20 世纪六七十年代，缸窑烧陶在浙南地区有一定的影响，瑞安等地纷纷派人前往学习，同时缸窑也有不少烧陶师傅到周边地区传授技艺，帮他们建厂烧窑。20 世纪 80 年代，由于需求旺盛，缸窑曾一度空前繁荣，除满足温州各地日常生活所需外，产品还销往台州、丽水和福建等地。此后，由于缸窑生产设备简陋，技术落后，又恢复了私人作坊方式，便逐步走向衰落，但至今仍顽强地生存着。

鹤溪镇缸窑村位于平阳县西北部，距县城 18 公里，属半山区，以农业生产为主。境内有大溪流经。缸窑就坐落于缸窑山西麓，这里背山面水，风光秀丽，陶土资源丰富。烧陶必备的水、柴、土三个条件在这里一应俱全，难怪缸窑村的先祖不远千里从闽南迁徙于此建窑烧缸。缸窑整个布局错落有致、依山就势。总占地面积 9 000 平方米，共有三进单层简易砖木结构陶瓷作坊，每进作坊大概有 17 间房子。新中国成立初期，缸窑共有 4 条完整的窑床，现尚保留 2 座，每座窑床长约 30 米，最多一个窑一次可烧 500 个左右器物。据缸窑传承人之一的谢孝夏先生介绍，20 世纪 70 年代间，缸窑手工艺人达百余人，然后逐年减少，现今只剩 8 人。这些还在以传统工艺制陶的工人，或许是这座百年缸窑的最后守护人了。

鹤溪缸窑作为温州地区保留至今为数不多的原始陶瓷作坊，是浙南山区传统民间手工艺的缩影。它的保留为研究浙南地区陶瓷发展史提供了鲜活的史料。

6. 作为中国民间文艺家协会赴宁夏考察团的成员之一，作家 F 来到了宁夏，在雄浑的贺兰山前，一幅幅原始古朴的岩画激荡着他的情绪。F 看完贺兰山岩画，内心颇有感触，他特意为此题字："岁月失语，惟石能言。"

逝去的无形无迹的光阴正镌刻在一幅幅粗朴的岩画中，F 说："原古先民以默默的文化符号表现出他们对生活的勇气和情感，对观者内心形成强烈的冲击。"

贺兰县的皮影戏也令他感慨。他认为，贺兰皮影戏有自己的地域特色。"古迹"要素保持得非常好，表演皮影的民间艺人张进绪有优秀的禀赋，声情并茂，其家族式的传承则保证了皮影戏的架构完整。道具乐器等"老家快"也保存着，但难得，政府应把贺兰县的皮影戏当宝贝保护。

谈到宁夏的文化发展和保护，F 认为，经过深厚积淀的回族文化和西夏文化都是本地独有的文化优势。从这点来说，保护文化是第一位，不善子孙后代还没有了解。独有的文化已经消失了，保护文化必须投入资金，宁夏文化首先考虑的是做精做细，只有文化做精，才有强大的可能。

作家 F 被人誉为"民间文化的抢救人"，对此，F 说："这源于知识分子的文化责任感。"F 认为，物欲横流更容易导致精神被轻视。我们的民族精神在经受着精神价值的淡漠和外来文化的冲击，坚守民族的特性，延续民族文化的血脉显得尤为重要。保护非物质文化遗产，最重要的是保护其本身蕴含的精神："我们现在所要保护、抢救的也是中华文化的神。如果我们不抢救自己文化的神，那么我们玩来玩去都是玩洋人的神，就没自己的神了。"

F 认为，在民间文化遗产保护过程中一直存在困难，但每个阶段的情况不同。初期的困难是你的声音没有反响，想在空气里呐喊，没人回应，现在好了，上上下下都有了反响。但这项工作在很多地方又被政绩化，表现出来往往是在"申遗"之前下功夫，"申遗"一旦成功反而不用了。因为不少地方喜欢做面上的，能够很快出效果的事情，而"申遗"以后日常的保护与政绩"解钩"。实际上文化遗产更需要"申遗"之后的保护，F 提出了两个观念，第一是不应该只是政府保护或专家保护，因为文化是属于全民的，只有全民行动才能保护好，全民保护是个关键。

（资料来自互联网，有些地方有误，仅供参考）

三、作答要求

（一）"给定资料 2"中的文章作者认为："从某种意义上说，这些无形的非物质文化遗产是比长城、故宫还重要的财富。"请结合"给定资料"，谈谈你对这一看法的见解。（15 分）

要求:全面、简明。不超过250字。

(二)我国有不少地区在保护和发展具有地方特色的文化方面都取得了一些成功的经验。如果你是某市负责地方文化保护工作的人员,请认真阅读“给定资料3”,概括从中可以获得哪些启示。(10分)

要求:全面、准确、简明。不超过150字。

(三)有关部门拟在全球最高的妈祖圣像落成周年纪念日举办妈祖文化旅游节活动,需要一批志愿者向游客讲解妈祖文化。请你根据“给定资料4”,为志愿者写一份示范性的讲解稿。(20分)

要求:(1)内容具体,切合主题;(2)准确全面,逻辑清楚;(3)表述生动,对象明确;(4)总字数400~500字。

(四)假如你是平阳县的大学生村干部,请根据“给定资料5”,为政府网站写一篇短文,向社会介绍鹤溪缸窑,以期促进缸窑的恢复与发展。(20分)

要求:(1)内容具体,符合实际;(2)通俗易懂,表达简明;(3)不超过400字。

(五)“给定资料6”中的题字“岁月失语,惟石能言”能触发人们许多思考和感情,请参考“给定资料”,以“岁月失语,惟石能言”为题,写一篇文章。(35分)

要求:(1)自选角度,立意明确,有思想性;(2)联系实际,不拘泥于“给定资料”;(3)内容充实,语言畅达;(4)800~1 000字。

附录一

党政机关公文处理工作条例①

第一章　总　则

第一条　为了适应中国共产党机关和国家行政机关（以下简称党政机关）工作需要，推进党政机关公文处理工作科学化、制度化、规范化，制定本条例。

第二条　本条例适用于各级党政机关公文处理工作。

第三条　党政机关公文是党政机关实施领导、履行职能、处理公务的具有特定效力和规范体式的文书，是传达贯彻党和国家方针政策，公布法规和规章，指导、布置和商洽工作，请示和答复问题，报告、通报和交流情况等的重要工具。

第四条　公文处理工作是指公文拟制、办理、管理等一系列相互关联、衔接有序的工作。

第五条　公文处理工作应当坚持实事求是、准确规范、精简高效、安全保密的原则。

第六条　各级党政机关应当高度重视公文处理工作，加强组织领导，强化队伍建设，设立文秘部门或者由专人负责公文处理工作。

第七条　各级党政机关办公厅（室）主管本机关的公文处理工作，并对下级机关的公文处理工作进行业务指导和督促检查。

第二章　公文种类

第八条　公文种类主要有：

（一）决议。适用于会议讨论通过的重大决策事项。

（二）决定。适用于对重要事项做出决策和部署、奖惩有关单位和人员、变更或者撤销下级机关不适当的决定事项。

（三）命令（令）。适用于公布行政法规和规章、宣布施行重大强制性措施、批准授予和晋升衔级、嘉奖有关单位和人员。

（四）公报。适用于公布重要决定或者重大事项。

（五）公告。适用于向国内外宣布重要事项或者法定事项。

（六）通告。适用于在一定范围内公布应当遵守或者周知的事项。

---

① 中共中央办公厅、国务院办公厅：中办发〔2012〕14 号。

（七）意见。适用于对重要问题提出见解和处理办法。

（八）通知。适用于发布、传达要求下级机关执行和有关单位周知或者执行的事项，批转、转发公文。

（九）通报。适用于表彰先进、批评错误、传达重要精神和告知重要情况。

（十）报告。适用于向上级机关汇报工作、反映情况，回复上级机关的询问。

（十一）请示。适用于向上级机关请求指示、批准。

（十二）批复。适用于答复下级机关请示事项。

（十三）议案。适用于各级人民政府按照法律程序向同级人民代表大会或者人民代表大会常务委员会提请审议事项。

（十四）函。适用于不相隶属机关之间商洽工作、询问和答复问题、请求批准和答复审批事项。

（十五）纪要。适用于记载会议主要情况和议定事项。

第三章 公文格式

第九条 公文一般由份号、密级和保密期限、紧急程度、发文机关标志、发文字号、签发人、标题、主送机关、正文、附件说明、发文机关署名、成文日期、印章、附注、附件、抄送机关、印发机关和印发日期、页码等组成。

（一）份号。公文印制份数的顺序号。涉密公文应当标注份号。

（二）密级和保密期限。公文的秘密等级和保密的期限。涉密公文应当根据涉密程度分别标注“绝密”“机密”“秘密”和保密期限。

（三）紧急程度。公文送达和办理的时限要求。根据紧急程度，紧急公文应当分别标注“特急”“加急”，电报应当分别标注“特提”“特急”“加急”“平急”。

（四）发文机关标志。由发文机关全称或者规范化简称加“文件”二字组成，也可以使用发文机关全称或者规范化简称。联合行文时，发文机关标志可以并用联合发文机关名称，也可以单独用主办机关名称。

（五）发文字号。由发文机关代字、年份、发文顺序号组成。联合行文时，使用主办机关的发文字号。

（六）签发人。上行文应当标注签发人姓名。

（七）标题。由发文机关名称、事由和文种组成。

（八）主送机关。公文的主要受理机关，应当使用机关全称、规范化简称或者同类型机关统称。

（九）正文。公文的主体，用来表述公文的内容。

（十）附件说明。公文附件的顺序号和名称。

（十一）发文机关署名。署发文机关全称或者规范化简称。

（十二）成文日期。署会议通过或者发文机关负责人签发的日期。联合行文时，署最后签发机关负责人签发的日期。

（十三）印章。公文中有发文机关署名的，应当加盖发文机关印章，并与署名机关相符。

有特定发文机关标志的普发性公文和电报可以不加盖印章。

（十四）附注。公文印发传达范围等需要说明的事项。

（十五）附件。公文正文的说明、补充或者参考资料。

（十六）抄送机关。除主送机关外需要执行或者知晓公文内容的其他机关，应当使用机关全称、规范化简称或者同类型机关统称。

（十七）印发机关和印发日期。公文的送印机关和送印日期。

第十条 公文的版式按照《党政机关公文格式》国家标准执行。

第十一条 公文使用的汉字、数字、外文字符、计量单位和标点符号等，按照有关国家标准和规定执行。民族自治地方的公文，可以并用汉字和当地通用的少数民族文字。

第十二条 公文用纸幅面采用国际标准 A4 型。特殊形式的公文用纸幅面，根据实际需要确定。

第四章 行文规则

第十三条 行文应当确有必要，讲求实效，注重针对性和可操作性。

第十四条 行文关系根据隶属关系和职权范围确定。一般不得越级行文，特殊情况需要越级行文的，应当同时抄送被越过的机关。

第十五条 向上级机关行文，应当遵循以下规则：

（一）原则上主送一个上级机关，根据需要同时抄送相关上级机关和同级机关，不抄送下级机关。

（二）党委、政府的部门向上级主管部门请示、报告重大事项，应当经本级党委、政府同意或者授权；属于部门职权范围内的事项应当直接报送上级主管部门。

（三）下级机关的请示事项，如需以本机关名义向上级机关请示，应当提出倾向性意见后上报，不得原文转报上级机关。

（四）请示应当一文一事。不得在报告等非请示性公文中夹带请示事项。

（五）除上级机关负责人直接交办事项外，不得以本机关名义向上级机关负责人报送公文，不得以本机关负责人名义向上级机关报送公文。

（六）受双重领导的机关向一个上级机关行文，必要时抄送另一个上级机关。

第十六条 向下级机关行文，应当遵循以下规则：

（一）主送受理机关，根据需要抄送相关机关。重要行文应当同时抄送发文机关的直接上级机关。

（二）党委、政府的办公厅（室）根据本级党委、政府授权，可以向下级党委、政府行文，其他部门和单位不得向下级党委、政府发布指令性公文或者在公文中向下级党委、政府提出指令性要求。需经政府审批的具体事项，经政府同意后可以由政府职能部门行文，文中须注明已经政府同意。

（三）党委、政府的部门在各自职权范围内可以向下级党委、政府的相关部门行文。

（四）涉及多个部门职权范围内的事务，部门之间未协商一致的，不得向下行文；擅自行文的，上级机关应当责令其纠正或者撤销。

（五）上级机关向受双重领导的下级机关行文，必要时抄送该下级机关的另一个上级机关。

第十七条　同级党政机关、党政机关与其他同级机关必要时可以联合行文。属于党委、政府各自职权范围内的工作，不得联合行文。党委、政府的部门依据职权可以相互行文。部门内设机构除办公厅（室）外不得对外正式行文。

第五章　公文拟制

第十八条　公文拟制包括公文的起草、审核、签发等程序。

第十九条　公文起草应当做到：

（一）符合国家法律法规和党的路线方针政策，完整准确体现发文机关意图，并同现行有关公文相衔接。

（二）一切从实际出发，分析问题实事求是，所提政策措施和办法切实可行。

（三）内容简洁，主题突出，观点鲜明，结构严谨，表述准确，文字精练。

（四）文种正确，格式规范。

（五）深入调查研究，充分进行论证，广泛听取意见。

（六）公文涉及其他地区或者部门职权范围内的事项，起草单位必须征求相关地区或者部门意见，力求达成一致。

（七）机关负责人应当主持、指导重要公文起草工作。

第二十条　公文文稿签发前，应当由发文机关办公厅（室）进行审核。审核的重点是：

（一）行文理由是否充分，行文依据是否准确。

（二）内容是否符合国家法律法规和党的路线方针政策；是否完整准确体现发文机关意图；是否同现行有关公文相衔接；所提政策措施和办法是否切实可行。

（三）涉及有关地区或者部门职权范围内的事项是否经过充分协商并达成一致意见。

（四）文种是否正确，格式是否规范；人名、地名、时间、数字、段落顺序、引文等是否准确；文字、数字、计量单位和标点符号等用法是否规范。

（五）其他内容是否符合公文起草的有关要求。

需要发文机关审议的重要公文文稿，审议前由发文机关办公厅（室）进行初核。

第二十一条　经审核不宜发文的公文文稿，应当退回起草单位并说明理由；符合发文条件但内容需作进一步研究和修改的，由起草单位修改后重新报送。

第二十二条　公文应当经本机关负责人审批签发。重要公文和上行文由机关主要负责人签发。党委、政府的办公厅（室）根据党委、政府授权制发的公文，由受权机关主要负责人签发或者按照有关规定签发。签发人签发公文，应当签署意见、姓名和完整日期；圈阅或者签名的，视为同意。联合发文由所有联署机关的负责人会签。

第六章　公文办理

第二十三条　公文办理包括收文办理、发文办理和整理归档。

第二十四条　收文办理主要程序是：

（一）签收。对收到的公文应当逐件清点，核对无误后签字或者盖章，并注明签收时间。

（二）登记。对公文的主要信息和办理情况应当详细记载。

（三）初审。对收到的公文应当进行初审。初审的重点是：是否应当由本机关办理，是否符合行文规则，文种、格式是否符合要求，涉及其他地区或者部门职权范围内的事项是否已经协商、会签，是否符合公文起草的其他要求。经初审不符合规定的公文，应当及时退回来文单位并说明理由。

（四）承办。阅知性公文应当根据公文内容、要求和工作需要确定范围后分送。批办性公文应当提出拟办意见报本机关负责人批示或者转有关部门办理；需要两个以上部门办理的，应当明确主办部门。紧急公文应当明确办理时限。承办部门对交办的公文应当及时办理，有明确办理时限要求的应当在规定时限内办理完毕。

（五）传阅。根据领导批示和工作需要将公文及时送传阅对象阅知或者批示。办理公文传阅应当随时掌握公文去向，不得漏传、误传、延误。

（六）催办。及时了解掌握公文的办理进展情况，督促承办部门按期办结。紧急公文或者重要公文应当由专人负责催办。

（七）答复。公文的办理结果应当及时答复来文单位，并根据需要告知相关单位。

第二十五条　发文办理主要程序是：

（一）复核。已经发文机关负责人签批的公文，印发前应当对公文的审批手续、内容、文种、格式等进行复核；需作实质性修改的，应当报原签批人复审。

（二）登记。对复核后的公文，应当确定发文字号、分送范围和印制份数并详细记载。

（三）印制。公文印制必须确保质量和时效。涉密公文应当在符合保密要求的场所印制。

（四）核发。公文印制完毕，应当对公文的文字、格式和印刷质量进行检查后分发。

第二十六条　涉密公文应当通过机要交通、邮政机要通信、城市机要文件交换站或者收发件机关机要收发人员进行传递，通过密码电报或者符合国家保密规定的计算机信息系统进行传输。

第二十七条　需要归档的公文及有关材料，应当根据有关档案法律法规以及机关档案管理规定，及时收集齐全、整理归档。两个以上机关联合办理的公文，原件由主办机关归档，相关机关保存复制件。机关负责人兼任其他机关职务的，在履行所兼职务过程中形成的公文，由其兼职机关归档。

第七章　公文管理

第二十八条　各级党政机关应当建立健全本机关公文管理制度，确保管理严格规范，充分发挥公文效用。

第二十九条　党政机关公文由文秘部门或者专人统一管理。设立党委（党组）的县级以上单位应当建立机要保密室和机要阅文室，并按照有关保密规定配备工作人员和必要的安全保密设施设备。

第三十条　公文确定密级前，应当按照拟定的密级先行采取保密措施。确定密级后，应当按照所定密级严格管理。绝密级公文应当由专人管理。公文的密级需要变更或者解除的，由原确定密级的机关或者其上级机关决定。

第三十一条 公文的印发传达范围应当按照发文机关的要求执行；需要变更的，应当经发文机关批准。涉密公文公开发布前应当履行解密程序。公开发布的时间、形式和渠道，由发文机关确定。经批准公开发布的公文，同发文机关正式印发的公文具有同等效力。

第三十二条 复制、汇编机密级、秘密级公文，应当符合有关规定并经本机关负责人批准。绝密级公文一般不得复制、汇编，确有工作需要的，应当经发文机关或者其上级机关批准。复制、汇编的公文视同原件管理。复制件应当加盖复制机关戳记。翻印件应当注明翻印的机关名称、日期。汇编本的密级按照编入公文的最高密级标注。汇编，确有工作需要的，应当经发文机关或者其上级机关批准。复制、汇编的公文视同原件管理。

复制件应当加盖复制机关戳记。翻印件应当注明翻印的机关名称、日期。汇编本的密级按照编入公文的最高密级标注。

第三十三条 公文的撤销和废止，由发文机关、上级机关或者权力机关根据职权范围和有关法律法规决定。公文被撤销的，视为自始无效；公文被废止的，视为自废止之日起失效。

第三十四条 涉密公文应当按照发文机关的要求和有关规定进行清退或者销毁。

第三十五条 不具备归档和保存价值的公文，经批准后可以销毁。销毁涉密公文必须严格按照有关规定履行审批登记手续，确保不丢失、不漏销。个人不得私自销毁、留存涉密公文。

第三十六条 机关合并时，全部公文应当随之合并管理；机关撤销时，需要归档的公文经整理后按照有关规定移交档案管理部门。

工作人员离岗离职时，所在机关应当督促其将暂存、借用的公文按照有关规定移交、清退。

第三十七条 新设立的机关应当向本级党委、政府的办公厅（室）提出发文立户申请。经审查符合条件的，列为发文单位，机关合并或者撤销时，相应进行调整。

第八章 附 则

第三十八条 党政机关公文含电子公文。电子公文处理工作的具体办法另行制定。

第三十九条 法规、规章方面的公文，依照有关规定处理。外事方面的公文，依照外事主管部门的有关规定处理。

第四十条 其他机关和单位的公文处理工作，可以参照本条例执行。

第四十一条 本条例由中共中央办公厅、国务院办公厅负责解释。

第四十二条 本条例自 2012 年 7 月 1 日起施行。1996 年 5 月 3 日中共中央办公厅发布的《中国共产党机关公文处理条例》和 2000 年 8 月 24 日国务院发布的《国家行政机关公文处理办法》停止执行。

附录二

校对符号及其用法[1]

1　主题内容与适用范围

本标准规定了校对各种排版校样的专用符号及其用法。

本标准适用于中文(包括少数民族文字)各类校样的校对工作。

2　引用标准

GB 9851　印刷技术术语

3　术语

3.1　校对符号(Proofreader's mark)

以特定图形为主要特征的、表达校对要求的符号。

4　校对符号及用法示例

编号	符号形态	符号作用	符号在文中和页边用法示例	说明
一、字符的改动				
1	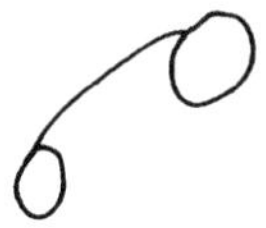	改　正	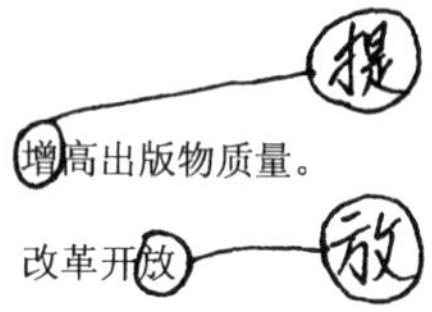	改正的字符较多,圈起来有困难时,可用线在页边画清改正的范围 必须更换的损、坏、污字也用改正符号画出
2		删　除		
3		增　补		增补的字符较多,圈起来有困难时,可用线在页边画清增补的范围

① GB/T 14706—93　国家技术监督局 1993－11－16 批准,1994－07－01 实施。

续表

编号	符号形态	符号作用	符号在文中和页边用法示例	说明
4	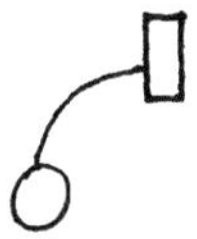	改正上下角	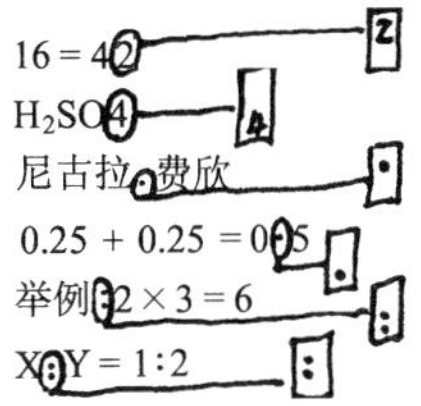	
二、字符方向位置的移动				
5		转　正	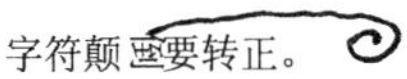	
6		对　调		用于相邻的字词 用于隔开的字词
7		接　排	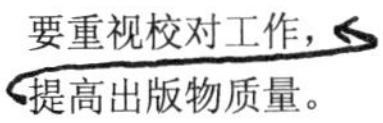	
8		另起段	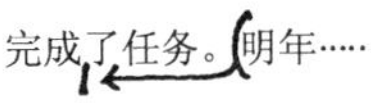	
9		转　移		用于行间附近的转移 用于相邻行首末衔接字符的推移 用于相邻页首末衔接行段的推移
10	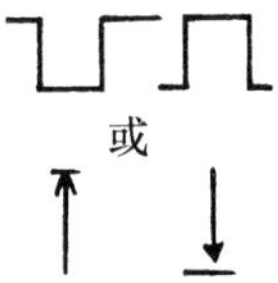	上下移	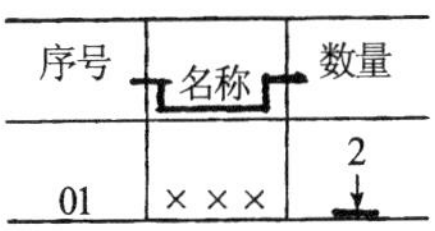	字符上移到缺口左右水平线处 字符下移到箭头所指的短线处

续表

编号	符号形态	符号作用	符号在文中和页边用法示例	说明
11	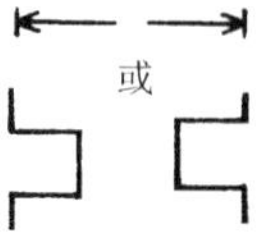	左右移	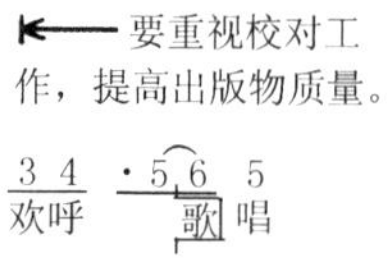	字符左移到箭头所指的短线处 字符左移到缺口上下垂直线处 符号画得太小时，要在页边重标
12	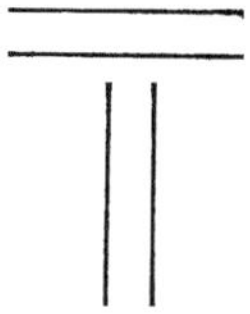	排　齐	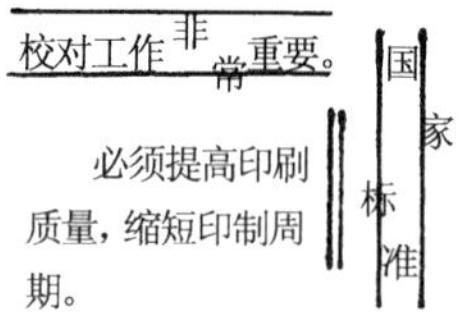	
13	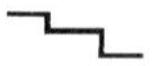	排阶梯形		
14	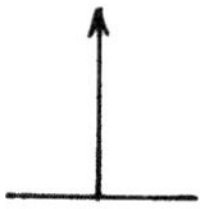	正　图		符号横线表示水平位置，竖线表示垂直位置，箭头表示上方
		三、字符间空距的改动		
15		加大空距	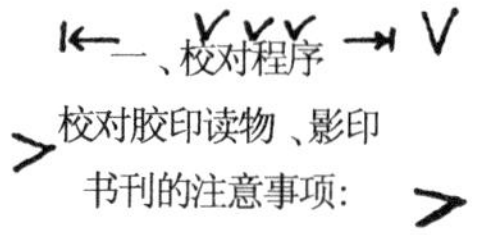	表示在一定范围内适当加大空距 横式文字画在字头和行头之间
16		减小空距	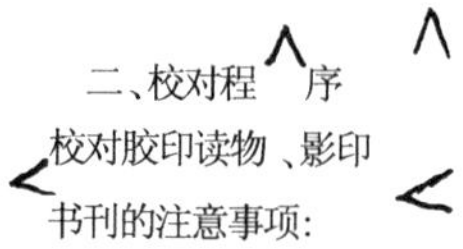	表示不空或在一定范围内适当减小空距 横式文字画在字头和行头之间
17		空 1 字距 空 1/2 字距 空 1/3 字距 空 1/4 字距		多个空距相同的，可用引线连出，只标示一个符号

续表

编号	符号形态	符号作用	符号在文中和页边用法示例	说明
18	Y	分　开	GoodYmorning　Y	用于外文
		四、其　他		
19	△	保　留	认真搞好校对工作。 △	除在原删除的字符下画△外，并在原删除符号上画两竖线
20	○＝	代　替	兰色的程度不同，从淡兰色到深兰色具有多种层次，如天兰色、湖兰色、海兰色、宝兰色…… ○＝蓝	同页内有两个或多个相同的字符需要改正的，可用符号代替，并在页边注明
21	∘ ∘ ∘	说　明	改黑体 ∘∘∘ 第一章 校对的职责	说明或指令性文字不要圈起来，在其字下画圈，表示不作为改正的文字。如说明文字较多时，可在首末各三字下画圈

5 使用要求

5.1 校对校样，必须用色毛(墨水笔、圆珠笔等)书写校对符号和示意改正的字符，但是不能用灰色铅笔书写。

5.2 校样上改正的字符要书写清楚。校改外文，要用印刷体。

5.3 校样中的校对引线要从行间画出。墨色相同的校对引线不可交叉。

附录三

2016全新标点符号使用大全①

问号(?)

1. 在多个问句连用或表达疑问语气加重时,可叠用问号,通常应先单用,再叠用,最多叠用三个。

例:这就是你的做法吗? 像你这个经理是怎么当的?? 你怎么竟敢这样欺骗消费者???

2. 问号也有标号用法,即表示存疑或不详。

例1:马致远(1250? —1321)

例2:钟嵘(? —518)

叹号(!)

1. 表示声音巨大或声音不断加大时,可叠用叹号;表达强烈语气时也可以叠用叹号,最多叠用三个。

例1:轰!! 在这天崩地塌的声音中,女娲猛然醒来。

例2:我要揭露! 我要控诉!! 我要以死抗争!!!

2. 当句子包含疑问、感叹两种语气且都比较强烈时,可在问号后再加叹号。

例1:这点困难就把我们吓倒了吗?!

例2:他连这点起码的常识都不懂,还敢说自己是高科技人才?!

顿号(、)

1. 相邻或相近两数字连用表示概数通常不用顿号。

例:飞机在6 000米高空水平飞行时,只能看到两侧八九公里和前方一二十公里范围内的地面。

2. 标有引号的并列成分之间、标有书名号的并列成分之间通常不用顿号。若有其他成分插在并列的引号之间或并列的书名号之间,宜用顿号。

例1:“日”“月”构成“明”字。

① 人民日报公布。

例 2:《红楼梦》《三国演义》《西游记》《水浒传》是我国长篇小说的四大名著。

例 3:李白的“白发三千丈”(《秋浦歌》)、“朝如青丝暮成雪”(《将进酒》)都是脍炙人口的诗句。

引号(“”和‘’)

独立成段的引文如果只有一段,段首和段尾都用引号;不止一段时,每段开头仅用前引号,只在最后一段末尾用后引号。

例:我曾在报纸上看到有人这样谈幸福:

“幸福是自己喜欢什么和不喜欢什么。……

“幸福是自己擅长什么和不擅长什么。……

“幸福是在正确的时间做了正确的选择。

……”

括号(圆括号( )、方括号[ ]、六角括号〔 〕、方头括号【 】)

1. 标示下列各种情况,均用圆括号:

①标示注释内容或补充说明

例:我校拥有特级教师(含已退休的)717 人。

②标示订正或补加的文字

例 1:信封上写着:“阿夷(姨),你好!”

例 2:建筑工程全部达到优良工程(的标准)。

③标示序次语

例:思想有三个条件:(一)事理;(二)心理;(三)伦理。

④标示引语的出处

例:他说得好:“未画之前,不立一格:既画之后,不留一格。”(《板桥集·题画》)

⑤标示汉语拼音注音

例:“的(de)”这个字在现代汉语中最常用。

2. 标示作者国籍或所属朝代,可用方括号或六角括号

例 1:[英]赫胥黎《进化论与伦理学》

例 2:〔唐〕杜甫著

3. 报刊标示电讯、报道的开头,可用方头括号。

例:【新华社南京消息】

4. 标示公文发文字号中的发文年份时,可用六角括号

例:国发〔2011〕3 号文件

5. 标示被注释的词语时,可用六角括号或方头括号。

例 1:〔奇观〕奇伟的景象。

例 2:【爱因斯坦】物理学家。

书名号(《》〈〉)

1. 标示书名、卷名、篇名、刊物名、报纸名、文件名等

例1:《红楼梦》(书名)

例2:(《论雷峰塔的倒掉》(篇名)

例3:《人民日报》(报纸名)

例4:《全国农村工作会议纪要》(文件名)

2. 标示电影、电视、音乐、诗歌、雕塑等作品名称及简称

例1:《渔光曲》(电影名)

例2:《追梦录》(电视剧名)

例3:《勿忘我》(歌曲名)

例4:《沁园春·雪》(诗词名)

例5:《光与电影》(电视节目名)

例6:《庄子研究文献数据库》(光盘名)

例7:《植物生理学系列挂图》(图片名)

3. 标示全中文或中文在名称中占主导地位的软件名

例:科技人员研制《电脑卫视》杀毒软件。

4. 不能视为作品的课程、课题、奖品奖状、商标、证照、组织机构、会议、活动等名称,不应用书名号。下面均为书名号误用的示例

①下学期本中心将开设《现代企业财务管理》《市场营销》两门课程。(×)

②明天将召开《关于“两保两挂”的多视觉理论思考》课题立项会。(×)

③本市将向70岁以上(含70岁)老人颁发《敬老证》。(×)

④本校共获得《最佳印象》《自我审美》《卡拉ok》等六个奖杯。(×)

⑤《闪光》牌电池经久耐用。(×)

⑥《文史杂志社》编辑力量比较雄厚。(×)

⑦北京将召开《全国食用天然色素应用研讨会》。(×)

③本报将于今年暑假举行《墨宝杯》书法大赛。(×)

分隔号(/)

1. 诗歌接排时分隔诗行(也可以用逗号和分号)

例:春眠不觉晓/处处闻啼鸟/夜来风雨声/花落知多少

2. 标示诗文中的音节节拍

例:横眉/冷对/千夫指,俯首/甘为/孺子牛。

3. 分隔供选择或可转换的两项,表示“或”。

例:动词短语中除了作为主体的述语动词之外,还包括述语动词所带的宾语和/或补语。

4. 分隔组成一对的两项,表示“和”

例1:T13/14特别快车

例2:羽毛球女双决赛中国组合杜靖/于洋两局完胜韩国名将李孝贞/李敬元。

5. 分隔层级或类别

例:我国的行政区划分为:省(直辖市、自治区)/省辖市(地级市)、自治州/县(县级市、区)/乡(镇)。

连接号(短横线 -　一字线—　波纹线 ~)

1. 以下情况均用短横线“-”(占半个字的位置):

标示化合物的名称或表格、插图编号;连接号码,包括门牌号码、电话号码,以及用阿拉伯数字表示年月日等;在复合名词中起连接作用;某些产品的名称和型号;汉语拼音、外来语内部分合等。

例1:3-戊酮为无色液体。

例2:安宁里东路23号院3-2-11室

例3:联系电话:010-88842603

例4:2011-02-15

例5:吐鲁番-哈密盆地

例6:让-雅克·卢梭(“让-雅克”为双名)

2. 标示下列各种情况,一般用一字线(占一个字的位置),有时也可用波纹线(占一个字的位置):

①标示相关项目(如时间、地域等)的起止

例1:沈括(1031—1095)

例2:2011年2月3日—10日

例3:北京—上海特别快车

②标示数值范围

例1:25~309

例2:第五~八课